아름다움과 악

1권

신학적 미학 서설

손호현

한들출판사

아름다움과 악 제1권 신학적 미학 서설

지은이   손호현
펴낸이   정덕주
펴낸곳   한들출판사
         서울시 종로구 연지동 136-46 기독교회관 710호
         등록 제2-1470호 1992

발행일   2009년 7월 10일 초판 1쇄 발행

E-Mail   handl2006@hanmail.net
홈페이지 www.ehandl.com
전화   편집부 741-4068~69
         영업부 741-4070 FAX 741-4066

ISBN 978-89-8349-480-1 94230
ISBN 978-89-8349-479-5 94230 (세트)

* 잘못된 책은 바꾸어 드립니다.

머리말

　아름다움은 악을 극복하는가? 얼마 전 이창동 감독의 영화 「밀양」은 신의 섭리와 인간의 고통 사이의 화해될 수 없는 상처를 집요하게 다루었다. 원래 이청준의 소설 《벌레 이야기》를 원작으로 만든 것이다. 소설에서 알암이라는 소년은 자신이 다니던 학원 원장에게 경제적 이유에서 살해당하게 된다. 공황상태에 빠졌던 엄마는 새롭게 가지게 된 기독교 신앙의 힘으로 다행히 정상적인 모습으로 되돌아온다. 아들을 죽인 살인범을 어렵게 용서하리라 마음먹고 사형을 앞둔 그를 교도소로 찾아갔을 때, 엄마는 그가 이미 기독교인이 되어 자신의 죄를 하나님으로부터 용서받았다고 말하는 것을 듣는다. 그녀는 절망한다. 자신이 아직 용서하지 않았는데 하나님이 이미 살인자를 용서했다는 것이다. "나는 새삼스레 그를 용서할 수도 없었고, 그럴 필요도 없었어요. 하지만 나보다 누가 먼저 용서합니까. 내가 그를 아직 용서하지 않았는데 어느 누가 나 먼저 그를 용서하느냔 말이에요. 그의 죄가 나밖에 누구에게서 먼저 용서될 수 있어요? 그럴 권리는 주님에게도 있을 수 없어요. 그런데 주님께선 내게서 그걸 빼앗아가 버리신 거예요. 나는 주님에게 그를 용서할 기회

마저 빼앗기고 만 거란 말이에요. 내가 어떻게 다시 그를 용서합니까. … 아내의 심장은 주님의 섭리와 자기 '인간' 사이에서 두 갈래로 무참히 찢겨 나가고 있었다." 소설에서의 결말은 영화와는 달리 알암이 엄마가 자살하는 것으로 끝난다. 도스토예프스키는 아름다움이 하나님과 악마가 인간의 마음을 두고 싸우는 전쟁터라고 《카라마조프의 형제들》에서 말한다. 그러나 신문과 방송을 통해 보는 우리의 지극히 산문적인 일상에서는 악마적 아름다움만이 그 어둡고 장엄한 위엄을 자랑하고 있는 듯하다. 하나님은 이제 부재하는 아름다움인가? 아름다움은 악을 극복하는가?

《아름다움과 악》제1권은 신학과 미학 사이의 대화로서 '신학적 미학'(神學的 美學)이 가능한가라는 물음을 묻고 있다. 1장은 폰 발타자와 리차드 빌라데서의 신학적 미학과 폴 틸리히와 유동식의 예술신학을 분석한 후에 그러한 대화가 철학적 차원의 기초신학적 미학, 교리적 차원의 조직신학적 미학, 행동적 차원의 실천신학적 미학이라는 세 가지 차원에서 가능하다고 제안한다. 2장은 이러한 신학적 미학의 일반적 가능성을 아름다움이 악을 극복한다고 보는 '미학적 신정론'(美學的 神正論)은 가능한가라는 물음을 통해 보다 구체화시키고 있다. 그런 의미에서 나머지 세 권의 책이 제공하는 아우구스티누스, 화이트헤드, 그리고 헤겔의 신학적 미학과 미학적 신정론 분석을 이해하는데 1장과 2장은 중요한 방법론적 토대를 제공한다. 3장은 중세의 서방 교회에서 성당 벽에 그려진 성화가 글을 모르는 가난한 자의 성서라고 옹호한 그레고리우스 1세의 기독교 예술교육론을 실천신학적 미학의 예로 분석한다. 4장은 보이지 않는 하나님의 로고스가 성육신을 통해 눈에 보이는 하나님의 이콘이 되셨다는 중세 동방 교회의 이콘의 신학을 일종의 조직신학적 미학으로서 제시한다. 5장은 몰트만의 놀이의 신학을 기초신학적 미학과 조직신학적 미학을 동시에 결합한 다중차원적 접근의 예로서 연구한다. 6장은 한국적 문화신학의 방법론으로 예술신학을 제시한 유동식의 사상을 조직신학적 미학의 예로서 살펴볼 것이다.

제2권은 기독교 신학의 아버지라고도 할 수 있는 아우구스티누스(Aurelius Augustinus)의 미학과 신학, 미학과 신정론을 분석한다. 악에 대한 그의 신학적 순례의 길을 시대 순으로 저작들을 통해 더듬어보면서, 자유의지(自由意志 free will)의 도덕적 신정론이 그의 대표적인 입장이라는 통상적인 해석을 비판적으로 반대하면서 그것조차도 포괄하는 보다 근본적인 조화(調和, harmony)의 미학적 신정론이 존재하였다고 제안할 것이다. 여기서 악을 극복하는 아름다움의 논리는 추함과 아름다움이 함께 조화를 이루고, 그렇기에 섭리의 전체적인 아름다움을 위해서는 인간 자유의 상처라는 악조차도 필요하다는 대조적 조화의 논리이다. 하나님의 아름다운 "우주-만들기 신정론"(cosmos-making, cosmogenetic theodicy)이라고 필자가 부르는 아우구스티누스의 입장은 전체 우주의 풍경을 한층 돋보이게 하는 미학적 효과를 위해서 천사와 악마, 현재의 인간 육체와 부활한 인간 육체, 괴물민족과 정상민족, 아담의 첫 번째 자유와 부활 후의 두 번째 자유, 구원받은 자와 유기된 자, 천국과 지옥, 그리고 궁극적으로는 선과 악이라는 대조를 예술가 하나님이 사용하신다고 본다. 인간이 이러한 섭리의 조화를 세계에서 발견하지 못하는 이유는 그가 천사적인 존재로 선재하던 때의 범죄로 인해 추락해서 시간이라는 거대한 우주적 직물(織物) 여기저기에 조그만 헝겊조각처럼 꿰매어져 더 이상 전체의 아름다움을 볼 수 없게 되었기 때문이라는 것이다. 하지만 시간의 끝에 도래하는 영원한 안식일에는 하나님의 우주 만들기 과정에서는 지옥조차도 그 아름다움을 가진다는 것을 보게 될 것이라고 한다. 마지막으로 이러한 지옥의 아름다움에 대한 비평가들의 논의도 살펴보게 될 것이다.

제3권은 과정신학의 창시자인 화이트헤드(A. N. Whitehead)의 미학과 모험(冒險, adventure)의 미학적 신정론을 연구한다. 수학적 아름다움과 가을적 아름다움에 기초한 그의 이중적 미학이론을 먼저 살펴본 후에, 여기에 기초하여 그의 미학적 신정론이 지닌 세 가지 논리를 구체적으로 분석하게 된다. 첫째는 모험의 선택이다. 태초에 하나님은 우주를 아메바와 같이 저속한 형태의 사소한 조화에 그대로 남겨둘지, 혹은 위험한 모험을 통해 보다 높고 진화된 미학적 완성을 향해 아름다움의 유혹을 제공할지의 선택 상황에서 후자를 선택하셨다. 이 때문에 발생하게 될 악의 가능성에도 불구하고, 우주의 목적론적 구조는 아름다움의 생산을 지향하게 되었다는 것이다. 둘째는 보편적 자유의 창조성이다. 화이트헤드는 전통적으로 하나님에게만 돌려졌던 자기 원인자(causa sui)의 칭호를 인간만이 아니라 자연의 모든 존재에게도 적용함으로써 창조성의 형이상학적 민주화를 가져오게 된다. 이는 고전적인 자유의지 신정론을 존재론적으로 확장시킨 것으로 이해될 수 있다. 셋째, 시간의 산물로 실현된 자유로운 창조의 가치는 하나님의 기억 혹은 존재 속에서 객체적인 영원불멸성을 획득하게 된다. 가을적 아름다움이 다시 수학적 아름다움으로 전환되는 것이다. 이러한 과정을 통해 하나님의 존재는 미학적 확장의 진보를 한다. 아우구스티누스의 "우주-만들기 신정론"과는 정반대의 논리로서, 화이트헤드는 모든 현실적 존재들의 "하나님-만들기 신정론"(God-making, theogenetic theodicy)이라는 것을 제시하는 것이다. 악이 극복되는 이유는 우주가 아니라 하나님이 아름답게 만들어지기 때문이라는 것이다.

제4권은 하이데거가 서구 형이상학의 완성자라고 부른 헤겔(G. W. F. Hegel)의 미학과 테오드라마(theo-drama)의 미학적 신정론을 연구한다. 필자는 헤겔의 신정론이 아우구스티누스의 "우주-만들기 신정론"과 화이트헤드의 "하나님-만들기 신정론"을 하나의 영(靈)의 테오드라마라고 하는 "존재신학-만들기 신정론"(ontotheological making, ontotheogenetic theodicy)을 통해 구조적으로 중재하는 가능성을 조심스럽게 살펴보고자 한다. 아름다운 우주 만들기와 아름다운 하나님 만들기는 둘이 아니라 하나의 존재신학적 만들기 과정의 두 얼굴일 수 있는 것이다. 이러한 중재의 필요성은 기독교 신정론이 두 가지 필수불가결한 요소를 요구한다고 보기 때문이다. 첫째는 철저한 유일신론의 원칙이다. 악은 모든 존재하는 것들의 최종적 기원으로서 하나님의 형이상학적 궁극성을 훼손시키지 않는 방식으로 설명되어져야 한다. 둘째는 휴머니즘의 원칙이다. 인간의 행동이 단지 하나님의 섭리의 플롯을 그림자처럼 기계적으로 반복하는 것이 아니라, 우주의 과정에 그것이 방향성을 잃게 만들지 않는 한도 내에서 무언가 중요한 공헌을 할 수 있다는 사실을 통해 인간 존재의 품위와 가치가 옹호되어야 하는 것이다. 이처럼 섭리와 창조성, 드라마의 정해진 플롯과 배우의 자유로운 행동, 조화의 아름다움과 모험의 아름다움이 영의 역동적이면서도 구조화된 즉흥성에 기초한 테오드라마의 아름다움이 지닌 필수불가결한 두 측면으로 해석될 수 있는지를 보고자 한다. 헤겔의 존재신학(onto-theo-logy)이란 존재(on), 신(theos), 학(logos)이 공동으로 연출해 나가는 포괄적 삼위일체 혹은 세계적 삼위일체를 가리키며, 이러한 존재-신-학의 사회적 무한성의 전체를 그는 하나님이라고 부르는 것이다. 물론 헤겔의 신정론이 실제적으로 이들을 성공적으로 중재할 수 있는지의 여부는 여전히 질문으로 남게 될 것이다.

《아름다움과 악》에서 우리는 악을 극복하는 아름다움의 세 가지 "만들기" 방식을 생각해보고자 한다. 세계를 구원하는 아름다움이 이중에서 어떤 것인지 우리는 알지 못한다. 혹은 이중에는 없을 수도 있을 것이다. 신정론은 대답하기 위해서라기보다는 묻기 위해서 존재한다. 하지만 이제 분명한 것은 아름다움이 결핍된 신학은 결코 아무도 설득하지 못할 것이라는 사실이다. 아름다움의 깊이를 결핍하는 신학은 이미 기독교 신학의 중심적 영역을 벗어나 있다. 발타자가 말한 것처럼 "아름다움과 그리스도 사이의 사건의 유비"(analogia eventus pulchri et Christi)가 있었기에, 신학은 "아름다움의 유비"(analogia pulchri)라는 좁은 다리를 건너야 하는 것이다(《주님의 영광》 vol. 1, 61-65).

이 책들이 출판될 수 있도록 연구비를 보조해주신 한국학술진흥재단에 감사드린다. 그리고 전문적인 학술서적임에도 관심을 가지고 기꺼이 출판에 동의해 주신 한들출판사의 정덕주 목사님에게도 감사를 드린다.

마지막으로 사유의 길에 들어서도록 이끌어주신 선생님들, 나를 있게 해주신 부모님, 그리고 가족에서의 부재를 견디어준 처와 산유와 인우에게 감사드린다.

아름다움과 악

〖1권〗
신학적 미학 서설

1장 신학적 미학: 세 가지 차원들 ················· 15
   I. 신학적 미학의 의미 / 17
     1. 미학 / 18
     2. 발타자와 빌라데서의 신학적 미학 / 21
     3. 틸리히와 유동식의 예술신학 / 27
   II. 신학적 미학의 세 가지 차원들 / 33
     1. 기초신학적 미학 / 39
     2. 조직신학적 미학 / 57
     3. 실천신학적 미학 / 65

2장 아름다움은 악을 극복하는가: 미학과 신정론 ················· 71
   I. 신정론 담론의 공동체 / 75
   II. 신정론 변증의 목적 / 79
   III. 신정론 성공의 척도 /85
   IV. 미학적 신정론 / 96

3장 그림은 가난한 자의 성서인가: 서방 교회의 예술교육론 ········· 109
   I. 그레고리우스 I세와 "가난한 자의 성서" / 111
   II. 종교개혁과 칼빈의 반(反)예술교육론 / 122
   III. 신학적 예술교육론을 향하여 / 128

4장 이콘의 신학: 동방 교회의 성상파괴 논쟁 135
    I. 성서와 이콘 / 137
    II. 반이콘 신학들과 이콘의 신학들 / 139
    III. 동방 정교회 성상파괴논쟁의 역사적 전개 / 146
    IV. 이콘의 승리: 성상파괴논쟁의 신학적 분석 / 148
        1. 성서와 전통 / 148
        2. 기독론 / 151
        3. 성만찬 / 154
    V. 계시와 예술 / 155

5장 몰트만의 놀이의 신학 159
    I. 놀이의 현실 전복성: 노동의 인간에서 놀이의 인간으로 / 163
    II. 놀이의 창조론: 왜 하나님은 세계를 창조하셨는가? / 170
    III. 놀이의 기독론: 왜 하나님은 인간이 되셨는가? / 174
    IV. 놀이의 종말론: 역사의 궁극적 목적은 무엇인가? / 178
    V. 놀이의 신론: 하나님은 아름다우신가? / 180

6장 한 멋진 삶의 풍경화: 유동식의 예술신학 연구 187
    I. 한국 최초의 예술신학자 유동식 / 187
    II. 서양의 논리적·과학적 마음 바탕,
       동양의 예술적·미학적마음 바탕 / 191
    III. 예술 기독론과 기독 예술론 / 195
    IV. 삼위일체 하나님과 한·멋·삶 / 201
    V. 최초의 예술가 하나님 / 204
    VI. 예수와 예술 / 206
    VII. 행위예술로서의 성례전 / 209
    VIII. 악에 대항하는 저항의 힘으로서의 예술 / 211
    IX. 나오는 말: 성령의 피리가 되어 / 214

참고문헌 / 216

《 2권 》
아우구스티누스의 미학과 신정론

I부 선악의 풍경 17

1. 마니교도 수사학자 아우구스티누스: 악으로부터의 순례 / 21
2. 《아름다움과 적합성에 관하여》(380): 고대 미학론이 끼친 영향들 / 22
3. 카시키아쿰의 피정과 행복한 책읽기: 플로티누스 / 29
4. 《아카데미우스 학파를 반박하며》(386-387):
   필로소피아와 필로칼리아 / 38
5. 《질서에 관하여》(386-387): 아름다움은 악을 필요로 한다 / 41
6. 개종 후 초기 저작들: 신앙의 미학 / 54
7. 《음악에 관하여》(387-391): 음악의 6단계 사다리 / 74
8. 《자유의지론》(388-396): 악의 저자는 하나님인가 인간인가 / 90
9. 《고백록》(397-401): 아름다운 지옥 / 110
10. 《신국론》(413-427): 그리스도의 아름다움과 칸티쿰 그라두움 / 119

II부 지옥의 아름다움 139

11. 아우구스티누스 미학의 해석자들:
    영적 아름다움과 성례전적 아름다움 / 141
12. 데이비드 그리핀: 아무도 자유로울 수 없는 우주 / 144
13. 폴 리꾀르와 존 힉: 도덕적 하나님과 미학적 하나님 / 149
14. 도스토예프스키와 아돌프 폰 하르낙:
    미학적 낙관주의를 거부하는 죄 없는 공포들 / 159
15. 한스 우어스 폰 발타자: 악의 도덕적 우연성과 미학적 필연성 / 163
16. 아서 러브조이: 풍부함의 미학 비판 / 166
17. 아름다울 수 없는 지옥 / 168

18. 사적 에필로그 / 175
약어표 / 14
참고문헌 / 179

◀ 3권 ▶
화이트헤드의 미학과 신정론

1장 서론: 아름다움의 전진 ·· 15

2장 화이트헤드의 미학: 수학적 아름다움과 가을적 아름다움 ········ 29
   I. 형이상학으로서의 미학: 철학, 과학, 미학 / 32
   II. 미학으로 본 선악의 풍경 / 52
      1.《과정과 실재》의 미학적 상황 / 53
      2.《관념의 모험》의 미학적 상황 / 59

3장 화이트헤드의 신정론 ·· 91
   I.《과학과 근대세계》에서의 신정론 / 92
   II.《형성과정에 있는 종교》에서의 신정론 / 97
   III.《과정과 실재》에서의 신정론 / 110
      1. 신정론 I 혹은 형이상학적 일원론의 거부 / 111
      2. 신정론 II 혹은 존재론적 자유의지 신정론 / 124
      3. 신정론 III 혹은 객체적 불멸성 / 128

4장 화이트헤드의 비평가들 ··· 147
   I. 심판대에 선 전능자: 신정론은 일원론의 문제인가 / 148
      아니면 힘의 문제인가
   II. 나는 과연 살아남는가: 개인의 개별적인 삶 속에서의 / 154

악의 극복
　　Ⅲ. 주사위를 던지는 하나님: 우주 전체 속에서의 악의 극복 / 169
　　Ⅳ. 아름다움의 복음: 악에 대한 균형 잡기와 승리 / 177

5장 결론 ·· 181
　　Ⅰ. 일곱 가지 명제들을 통한 요약 / 181
　　Ⅱ. 사적 에필로그 / 191
참고문헌 / 201

◀ 4권 ▶
헤겔의 미학과 신정론

들어가는 말 / 15

1장 헤겔의 악 개념 분석 ·· 19
　　Ⅰ. 실제적 악이 아닌 자연적 악 / 19
　　Ⅱ. 허영 혹은 아이러니로서의 도덕적 악 / 25
　　Ⅲ. 자기중심성으로서의 사변적 악 / 30
　　Ⅳ. 악의 기원과 테오고니 / 42

2장 헤겔의 신정론 ·· 53
　　Ⅰ. 철학 혹은 학문으로서의 신정론 / 56
　　Ⅱ. 역사로서의 신정론 / 70
　　Ⅲ. 존재신학으로서의 신정론 / 82

3장 헤겔의 신학적 미학 ·· 105
　　Ⅰ. 철학의 미학적 토대 / 108

Ⅱ. 역사의 이콘으로서의 예술 / 123
　　Ⅲ. 테오드라마의 미학적 신정론 / 131

4장 헤겔의 비평가들 155

5장 아름다움과 악, 그 결론에 어정쩡하게 서서 171

참고문헌 / 204

1장 신학적 미학: 세 가지 차원들

칼 바르트(Karl Barth)는 신학을 "모든 학문들 가운데 가장 아름다운 학문"이라고 선언한다.[1] 신학이 성찰하는 대상은 모든 아름다운 존재 중 가장 아름다운 존재이기 때문이다. 바르트의 진술을 두고 폰 발타자(Hans Urs von Balthasar)는 이렇게 해석한다. "그 대상으로 인해 신학은 '학문들 가운데 가장 아름다운 학문'이라고 부르는데 있어 바르트는 안셀름을 따르고 있으며, 그 내용들의 아름다움을 열거함으로 바르트는 신학의 아름다움을 증명한다."[2] 발타자는 구체적으로 하나님의 존재, 삼위일체, 그리고 성육신을 신학의 내용들로 제시한다. 가장 아름다운 존재를 대상으로 하는 신학은 그 형식에 있어서도 여기에 적합해야만 한다. 신학은 단순히 고고학적 반복이 아니라 희열에 찬 신앙의 문학적 고함침이어야만 할 것이다. 가장 아름다운 학문을 하는 자가 수도사의 일곱 가지 죄 중의 하나인 지겨움(taedium)을 느낀다는 것은 이미 그가

---

1) Karl Barth, *Church Dogmatics*, II.1 (Edinburgh: T&T Clark, 1957), 656.
2) Hans Urs von Balthasar, *The Glory of the Lord: A Theological Aesthetics*, Volume 1: Seeing the Form (San Francisco: Ignatius Press, 1998), 56.

전혀 신학적이지 못하다는 표시일 뿐이다. 그 본질에 있어 신학은 기쁨(*delectatio*)의 표현이기 때문이다.

하지만 현대의 신학은 아름다움을 아직도 기억하는가? 에드워드 팔리(Edward Farley)는 그 결핍과 주변성을 아프게 지적하고 있다. "(역사신학, 실천신학, 철학적 신학, 조직신학 등의) 형태들과 (신종교개혁적, 변증적, 여성신학적, 흑인신학적, 해방신학적, 상관방법론적) 접근들 모두는 아름다움에 대한 무관심이라는 최소한 한 가지 공통점은 가진다.… 아름다움은 개신교 보수주의 신학, 신종교개혁적 고백주의 신학, 해석학적 신학, 상관방법론적 신학, 해체주의적 혹은 후기구조주의적 신학에서 아주 사소한 역할조차도 하지 못한다. 또한 우리는 미국흑인신학, 흑인여성신학, 남미신학, 민중신학, 철저한 페미니즘 신학, 여성신학과 같이 20세기 후반 세계적으로 가장 널리 퍼져나갔던 해방의 실천적 신학들이나 정치신학들에서도 아름다움을 발견할 수는 없다."[3] 신학의 아름다움에 대한 기억상실증은 뿌리가 깊고 전(全)지구적이다. 아름다움은 이제 신학의 중심이 아니라 주변에서조차도 없어 보인다.

세계는 세 번 보아야 제대로 본다고 한다. 세계는 진·선·미의 세계이다. 칸트는 진·선·미의 세 가지 질문을 물었다. 무엇을 알 수 있는가? 무엇을 해야 하는가? 무엇을 희망하는가? 그의《순수이성 비판》,《실천이성 비판》,《판단력 비판》을 탄생하게 한 질문들이다. 하물며 하나님은 세 번 보아야 희미하게라도 본다. 하나님의 진·선·미를 조금이라도 보자는 것이 논리신학, 도덕신학, 미학신학의 화두이다. 신학은 보는 것에서 시작한다. 예수의 성육신에 드러나는 하나님의 미학적 영광을 먼저 보는 것에서 신학은 시작한다. 가시관을 쓴 채 십자가에서 산산이 부서진 신성한 아름다움을 볼 줄 아는 미학적 회심이 먼저 일어나야 하는 것이다. 부서진 아름다움의 호소를 들을 수 있어야 한다. 오직 그러한

---

3) Edward Farley, *Faith and Beauty: A Theological Aesthetic* (Aldershot: Ashgate, 2001), 7-8.

역설적 아름다움을 체험한 후에야, 우리는 윤리적 삶을 시도할 용기를 가질 수 있다. 그리고 우리가 보통 신학이라고 부르는 논리적인 고찰은 마지막에야 비로소 가능한 것이다. 신학은 아름다움에 의한 감동으로 시작되고, 감동은 행동을 불러오며, 그러한 행동이 성찰로 이어지는 것이다. 미학신학, 도덕신학, 논리신학은 나눠질 수 없는 신학의 세 유기체적 단계이다.

우리는 여기 1장에서 단지 첫 번째 화두의 서설로서 신학적 미학의 조감도만을 그려보고자 한다. 실제적인 신학적 건축은 다음 기회를 기다려야 할 것이다. 먼저 신학과 미학의 대화로서의 신학적 미학이 어떻게 정의될 수 있는지를 살펴볼 것이다. 그런 후에 그것의 하위 개념으로 기초신학적 미학, 조직신학적 미학, 실천신학적 미학이라는 서로 다른 차원에서의 대화도 가능하다는 것을 제시할 것이다. 각각의 주제들에 대한 최근의 몇몇 저자들과 저작들이 소개될 것이지만, 우리가 의도하는 것은 어떤 신학자가 어떤 유형에 구분될 수 있는지 나누어보자는 것이 아니라 신학적 미학의 다차원성과 다중차원성이 지니는 풍부한 개방성을 강조하려는 것이다. 다차원성(多次元性, multidimensionality)이란 신학과 미학 사이의 대화가 기초신학, 조직신학, 실천신학 등등의 여러 차원에서 이루어질 수 있다는 것이다. 다중차원성(多重次元性, multiplexity)이란 그러한 대화가 동시에 여러 차원들에서 복합적으로 이루어질 수 있다는 것이다.

I. 신학적 미학의 의미

먼저 미학의 철학적 의미를 간략하게 살펴본 후, 발타자와 빌라데서가 사용하는 신학적 미학과 미학적 신학의 구분 이유를 고찰하고자 한다. 또한 예술신학이라는 대안적 개념을 제시한 틸리히와 유동식의 사상을 연구한 후에, 필자 자신이 생각하는 신학적 미학의 개념을 제안하고자 한다. 필자는 신학적 미학을 감각적 지식/상상력, 아름다움, 예술이라는 미학의 세 차원과 기초신학의 변증의 과제, 조직신학의 해석의 과제, 실천신학의 행동의 과제라는 신학의 세 차원 사이의 다차원적이고 다중차원적인 대화라고 이해한다.

1. 미학

미학은 어려운 말이다. 하나의 말이 여러 가지 뜻을 그 개념사에서 가지기 때문이다. 첫째로, 미학은 그 문헌학적 용례를 볼 때 감각적 직관과 상상력 등과 같은 "감각적 인식의 학문"을 의미한다. 바움가르텐과 칸트의《순수이성 비판》에서 이러한 의미로 사용된다. 개념적 혹은 논리적 인식과 구별되는 독특한 몸의 감각적 인식, 상상력, 직관 등을 다루는 인식론적 학문이 미학이다. 둘째로, 미학은 "미론"(美論)을 연구하는 아름다움에 관한 학문이다. 한자의 번역 美學이 이를 충실히 전달하고 있다. 서양에서는 첫 번째 의미와 구분되어 아름다움의 학문으로서의 미학을 표현하기 위해 한때 칼로스학(Callistics)이라는 말을 사용하기도 하였다. 그리스어 '칼로스'(καλλος)는 아름다움을 가리킨다. 바움가르텐, 쉴러, 칸트의《판단력 비판》, 헤겔 등에서 이러한 의미로 미학이 이해되기도 한다. 마지막 셋째로, 미학은 "예술론"(藝術論)으로도 이해된다. 우리가 가장 일반적으로 미학을 사용하는 방식이며 쉴러, 칸트의《판단력 비판》, 헤겔의 예술 강의들 등이 이런 의미에서 미학을 사용한다.[4] 미학의 다차원성을 보다 자세히 보도록 하자.

서양 지성사에 있어 "미학"(美學 aesthetics)이라는 말은 1735년에 바움가르텐(Alexander Gottlieb Baumgarten)이 자신의 저작《시의 몇몇 측면에 관한 철학적 성찰》(*Meditationes philosophicae de nonnullis*

---

[4] 리차드 빌라데서/ 손호현 옮김,《신학적 미학》(서울: 한국신학연구소, 2001), 32-35 참조.

ad poema pertinentibus)에서 처음으로 사용하였다. 흥미로운 사실은 바움가르텐이 사용한 원래적 의미에 있어서 미학은 아름다움(美)과는 아무런 관계도 가지지 않았다는 것이다. 미학이라는 용어를 최초로 사용한 이 저작에서 아름다움은 거의 언급되지 않는다. 오히려 여기서 바움가르텐의 주요 관심은 순수한 사유의 영역인 논리학으로부터 독립된 또 다른 감각적 인식 형태에 대한 학문의 가능성에 있었다. 그는 이 책에서 논리학을 "사물들을 철학적으로 아는 학문"이며 "진리를 이해하는 데 있어 보다 고차원적인 인식 능력을 지도하는 학문"이라고 부르며, 이러한 논리학과는 구분되게 "사물들을 감각적으로 아는데 있어 보다 저차원적인 인식 능력을 지도하는 학문"이 존재할 수도 있다고 제안한다. 그리고 이어서 이러한 저등한 감각적 인식의 학문을 가리켜 라틴어로 "미학"이라고 처음으로 불렀다.

> 그리스 철학자들과 교회 교부들은 '감각적으로 인식된 사물들'(αισ-θητα, *aistheta*)과 '사유를 통해 알려진 사물들'(νοητα, *noeta*)을 섬세하게 이미 구분하였었다. 그들이 사유를 통해 알려진 사물들을 감각적으로 인식된 사물들과 동일시하지 않았다는 것은 매우 분명하다. 그들은 이러한 이름을 통해서 또한 감각으로부터 (따라서 이미지로부터) 분리된 사물들을 숭상하였다. 따라서 사유를 통해 알려진 사물들은 논리학의 대상이 되는 고차원적인 인식 능력에 의해 알려지게 되며, 감각적으로 인식된 사물들은 감각적 인식의 학문, 곧 미학(AESTHETICA)의 대상이 되는 저차원적인 인식 능력에 의해 알려지게 된다.[5]

바움가르텐은 논리학과 미학 사이의 구분을 분명히 하기 위해서 미학이라는 말을 만들어낸 것이다. 이런 식으로 철학의 영역에서 미학이라는 말이 처음으로 사용되게 되었다. 그러나 1750년에 출판된 《미학》

---

5) Alexander Gottlieb Baumgarten, *Reflections on Poetry,* trans. Karl Aschenbrenner and William B. Holther (Berkeley and Los Angeles: University of California Press, 1954), 77-78. 인용문은 78.

(Aesthetica)의 제1권 1절에서 바움가르텐은 자신의 초기의 미학 개념을 더욱 확장시켜 다음과 같은 다양한 의미를 포괄하는 것으로 사용한다: "인문학의 이론"(theoria liberalium artium), "열등한 인식론"(gnoseologia inferior), "아름답게 사유하는 기술"(ars pulcre cogitandi), "유비적 이성의 기술"(ars analogi rationis), 그리고 "감각을 통한 인식의 학문"(scientia cognitionis sensitivae). 뒤의 14절에서 "심미감을 형성시키는 기술"(arts formandi gustum)이라는 측면이 추가된다.[6] 빌라데서가 지적하듯 보다 후기의 바움가르텐의 다차원적인 미학 개념에는 감각적 인식의 학문, 아름다움의 학문, 예술작품을 연구하는 학문이라는 세 가지 중요한 요소들이 이미 맹아적으로 모두 들어있다. 논리적 사유와는 구분되는 감각적 인지의 측면은 여전히 중심적으로 강조하면서도, 예술작품의 감상을 통한 심미감의 형성을 또한 언급하고 있기 때문이다. 그리고 바움가르텐에 따르면, "미학의 목적은 감각적 인식 그 자체의 완성에 있다. 하지만 이 완성은 다름 아닌 아름다움이다."[7] 이 책에서 필자는 빌라데서의 제안을 따라 미학이 감각적 인식과 상상력의 연구, 아름다움의 연구, 그리고 예술의 연구라는 크게 세 가지 뜻을 포괄하는 것으로 사용할 것이다.[8]

신학적 미학이란 신학과 미학의 대화의 시도라는 형식적 정의가 가능하다면, 미학이라는 의미가 지니는 다차원성은 부정적인 것이라기보다는 오히려 신학에게 많은 자극과 접근법을 제공하는 것으로 볼 수 있다. 예를 들어 감각적 인식이 지닌 세계의 계시성에 대해 신학이 관심할 수도 있을 것이다. 혹은 상상력이라는 인간의 창조적 구성능력과 신학적

---

[6] Alexander Gottlieb Baumgarten, Aesthetica (1750; Hildesheim: Georg Olms Verlagsbuchhandlung, 1961). Aesthetica의 2권은 1769년에 출판된다. 빌라데서,《신학적 미학》, 32-33 참조.

[7] Baumgarten, Aesthetica, 14절. 빌라데서,《신학적 미학》, 33에 재인용된다.

[8] 빌라데서,《신학적 미학》, 35. 미학의 개념사에 대한 보다 자세한 논의로는 빌라데서의 같은 책 32-41을 참조하라.

방법론의 유비관계를 성찰하고자 할 수도 있다. 아름다움이 하나님의 존재론적 구조를 드러내는지 질문할 수도 있고, 종교예술의 여러 신들에 대한 표현이 어떻게 그 당대의 신론들을 구체화하고 있는지 연구하고자 시도할 수도 있을 것이다. 이처럼 신학과 미학 사이의 대화는 신학의 또 다른 중요한 영감의 원천일 수 있다.

2. 발타자와 빌라데서의 신학적 미학

하이데거가 철학사를 존재 망각의 역사라고 불렀듯이, 발타자(Hans Urs von Balthasar)는 신학사를 하나님 존재의 아름다움을 망각한 역사라고 본다.[9] 신학의 논리적·윤리적·미학적 차원이 서로에게서 완전히 분리될 수 없음에도 불구하고, 가톨릭이나 개신교에 있어 크게 차이가 없이 아름다움에 대한 기억상실증은 하나님을 논리적으로나 도덕적으로만 빈곤하게 사유하는 경향성을 가져왔다. 신학과 미학이 서로를 만날 때 이러한 망각과 편식의 역사가 수정될 수 있는 것이다. 유럽과 북미권에서 이러한 만남을 널리 "신학적 미학"(神學的 美學, theological aesthetics)이라 부르고 있는 사실은 발타자의 영향력을 잘 드러내어 준다. 사실 이러한 이름의 기원에는 신학적(神學的) 미학과 철학적(哲學的) 미학을 구분하고자 하는 발타자의 의도가 중요한 역할을 하였다. 신학이 단지 이 세상적이고 세속적인 아름다움을 지향하는 "철학적 미학"(philosophical aesthetics)을 비판 없이 그대로 수용한다면, 그러한 성찰은 조만간 진정한 의미에서의 신학적 미학이기를 그치고 오히려 현대의 변화하는 철학적·미학적 사조에 신학의 본질을 팔아넘기는 초라한 배신에 그칠 것이다.[10] 발타자의 세속적 예술과 철학적 미학에 대한 이러한 불신은 어떤 완고한 원리주의적인 태도로 반드시 이해될 필요는 없

---

9) Balthasar, *The Glory of the Lord*, vol. 1, 45-57, 그리고 70-79 참조.
10) Balthasar, *The Glory of the Lord*, vol. 1, 117.

을 것이다. 동방 정교회의 이콘의 제작, 바실리카와 로마네스크 혹은 고딕 양식의 성당들의 건축, 그리고 여러 조각과 회화의 예들에서처럼 인간의 예술과 기독교의 계시가 만났던 "역사적인 카이로스"의 때도 있었다고 그는 보기 때문이다.[11] 하지만 이러한 때는 더 이상 우리의 시대는 아니다. 우리는 이제 이 둘의 영역 사이의 유사성보다는 차별성을 강조해야만 하는 현대에 서있다. 마치 헤겔이 하나님을 표현하는 지고의 신성한 과제에 있어서 예술은 이제 우리에게 과거의 지나간 것에 불과하다고 선언하였듯, 발타자도 이러한 역사적인 카이로스는 더 이상 우리의 시대는 아니라고 본다. 발타자는 이러한 분리의 결정적인 요인 중 하나로 오늘날 인간의 주관주의적 심미관을 꼽는다. "오직 자기 자신을 감동시키는 것만을 아름답다고 부르는 인간의 습관은 최소한 이 땅에서는 극복될 수 없어 보인다."[12] 이러한 주관주의적 미학과는 대조적으로 발타자는 일종의 객관적이고 존재론적인 그리스도의 아름다움을 옹호한다. 신학적 미학은 그리스도의 객관적 아름다움의 계시에서 출발해서 신학의 내재적 방법론을 가지고 자신만의 고유한 미학적 견해를 발전시켜야만 한다는 것이다. 세상은 가시관을 쓴 그리스도를 아름답다고 보지 못한다. 바로 여기에 신학적 미학이 철학적 미학과 대결해야 할 필요성이 있는 것이다.

> 신학적 미학은 세상적인 철학적 미학(무엇보다도 詩)의 비신학적인 범주들을 가지고 주로 작업하는 신학이 아니라, 계시 자체의 데이터로부터 출발해서 진정한 신학적 방법론을 가지고 스스로의 미론(美論)을 발전시키는 신학을 의미한다.[13]

발타자는 신학적 미학의 진정한 깊이에 도달하지 못한 신학자들의 철학

---

11) Balthasar, *The Glory of the Lord*, vol. 1, 37.
12) Balthasar, *The Glory of the Lord*, vol. 1, 38.
13) Balthasar, *The Glory of the Lord*, vol. 1, 117.

적 미학을 조롱하는 의미에서 "미학적 신학"이라고 부른다.

> [이 세상적인 미학과 철학적 미학이 제공하는] 그러한 개념들을 사용하는 신학은 조만간에는 '신학적 미학'이기를, 다시 말해 신학의 차원에서 신학의 방법들을 가지고 미학을 하려는 시도이기를 그칠 것이다. 그것은 당시에 유행하는 이런 저런 아름다움의 세계 내재적 신학(an inner-worldly theology of beauty)의 관점에 신학의 본질을 팔아넘기고 배신하는 '미학적 신학'(aesthetic theology)으로 전락할 것이다.[14]

리차드 빌라데서(Richard Viladesau)는 이 세상적인 아름다움에 주목하는 "미학적 신학"과 하나님의 아름다움에 주목하는 "신학적 미학"이라는 발타자의 다소 교의학적(敎義學的, dogmatic) 차원의 구분을 용어상에 있어서 수용하면서도, 이를 다시 일종의 방법론적(方法論的, methodological) 차원의 구분으로 재해석한다. 발타자가 조직신학적이고 교의학적인 차원에서 미학의 문제를 다루었다면, 빌라데서는 보다 기초신학적인 차원에서 그렇게 하고자 의도한 것이다.[15] 신학적 미학과 철학적 미학, 신학적 미학과 미학적 신학의 대결이라는 발타자의 구도를 빌라데서는 신학과 미학이 서로 만나는 두 가지 방법론적 방향성(methodological directionality)의 문제로 재설정하는 것이다. 우선 그는 넓은 의미에서 신학과 미학의 대화를 가리키는 신학적 미학이론을 다음과 같이 정의한다.

> 신학적 미학이론(theological aesthetics)은 '하나님,' '종교,' 그리고 '신학'이라는 대상을 '감각적 지식'(감각, 상상력, 감정), '아름다움,' 그리고 '예술'과 관련하여 성찰한다. 이러한 관계들은 물론 다양할 것이다.[16]

---

14) Balthasar, *The Glory of the Lord,* vol. 1, 38.
15) 발타자의 조직신학적 접근법과 빌라데서의 기초신학적 접근법의 차이에 대해서는 빌라데서,《신학적 미학》, 8-9를 참조하라.
16) 빌라데서,《신학적 미학》, 42.

다시 말해 넓은 의미에서 신학적 미학이론이란 신학의 세 고유한 관심(신론, 종교론, 신학적 방법론)과 미학의 고유한 세 관심(감각적 인식론, 미론, 예술론)이 서로 대화하고 만나는 것으로 형식적으로 정의될 수 있다는 것이다. 그리고 끝의 문장에서도 드러나듯, 이 두 영역이 만나는 방법은 강조점을 어디에 두는가에 따라 크게 두 가지로 달라질 수 있다. 신학을 통해서 미학을 공부하자는 것을, 그리고 상상력, 아름다움, 예술이라는 미학적 주제들이 지닌 계시적 함의를 이해하자는 것을 협의의 "신학적 미학"(theological aesthetics)이라고 제안한다.[17] 반면 미학을 통해서 신학을 공부하는 것을, 그리고 방법론적으로 볼 때 신학이 지닌 예술적이고 미학적인 함의를 성찰하는 것을 "미학적 신학"(aesthetic theology)이라고 빌라데서는 나누고 있는 것이다. 이를 좀 더 살펴보도록 하자.

첫째로, 미학적 신학(美學的 神學)의 개념부터 보자. 신학과 미학 사이의 대화의 방향성이라는 문제를 성찰할 때, 우선 우리는 미학에서 출발하여 신학을 향해 움직여나갈 수 있다. 즉 미학의 다양한 가치, 개념, 방법 등을 수용하고 그러한 미학적 안경을 끼고서 신학의 주제들을 설명하고자 시도할 수 있는 것이다. 이는 발타자가 "철학적 미학" 혹은 "미학적 신학"이라고 비판했던 것을 빌라데서가 보다 중립적인 방법론으로 변용한 것이다.

> 위에서 묘사된 "미학적 신학"은 그 언어, 내용, 방법, 그리고 이론에 있어 다양한 정도에 따라 미학적 영역에 의존하는 신학의 형태를 가리킨다: 즉 미학적 신학이란 "상상적인(표상적인) 그리고/혹은 아름다운 담론의 실천"과 "거기에 대한 이론들"을 신학과 접목시킨, 즉 "신성한 시작"(詩作, theopoiesis)과 "신성한 시학"(詩學, theopoetics)의 신학적 결합이다.[18]

---

17) 이처럼 협의와 광의의 "theological aesthetics"를 구분하기 위해《신학적 미학》에서 번역자는 각각 협의의 "신학적 미학"과 광의의 "신학적 미학이론"이라는 표현을 일관되게 사용하였다. 그리고 엄밀한 의미에서 빌라데서의 저작《신학적 미학》은 이러한 협의의 신학적 미학으로 이해되어야 한다.

여기서 강조점은 미학에 있다. 예술이나 미학에서 사용하는 언어, 내용, 방법, 비평이론 등등의 미학적 안경을 끼고 신학을 살펴보면, 우리는 이제까지 놓쳐왔던 예술로서의 신학이라는 모습들을 재발견하게 된다는 것이다. 미학적 안경은 보다 구체적으로 실천적인 안경과 이론적인 안경으로 나누어진다. 우선, 신학도 미학적 실천의 한 형태이다. 예술적이고 미학적인 실천의 차원에서 신학도 보다 시적이고 문학적인 스타일을 채용할 수 있다. 이를 빌라데서는 신학적 시 쓰기의 행동, 곧 "신성한 시작"이라고 부른다. 우리는 아우구스티누스의 《고백록》의 문학적 스타일을 일례로 떠올릴 수 있을 것이다. 신학은 시를 통해서 이루어질 수도 있다. 신학 자체가 아름다운 담론일 수 있는 것이다. 또한 신학은 그림을 통해서도 이루어질 수 있다. 모든 성화(聖畵)는 미학적 신학의 암묵적인 실천인 것이다. 다른 한편으로 미학적 신학 안에도 신학에 대한 보다 이론적인 접근, 곧 시적이고 메타포적인 접근보다는 보다 산문적이고 개념적인 접근도 가능하다. 빌라데서는 이를 일종의 미학비평이론으로서의 신학, 곧 "신성한 시학"이라고 부른다. 예를 들어 성서를 연구할 때 구조주의라든지 양식비평과 같은 문학비평이론의 안경을 사용할 수도 있을 것이다. 혹은 빌라데서가 자신의 저작인 《신학과 예술》에서 시도하고 있듯, "수사학"(rhetoric)이라는 미학비평 장르를 통해 설교와 신학이 지니는 목회적 순기능 혹은 이데올로기적 역기능을 분석하고자 한 것도 여기에 속할 것이다.[19] 요컨대 미학적 신학이란 미학에서 출발해서 신학을 향해 움직이는 방향성, 미학의 안경을 통해 신학을 보는 것을 가리킨다.

반대로, 신학적 미학(神學的 美學)이란 신학에서 출발하여 미학을 향해 움직여나가는 방향성, 신학의 안경을 통해 미학을 보는 것을 가리킨다. 우리는 신학의 고유한 관심, 가치, 교리 등과 같은 신학의 안경을 쓰고 미학의 주제들을 살펴보고 그 종교적·신학적 함의를 발견할 수도

---

18) 빌라데서, 《신학적 미학》, 56.
19) Richard Viladesau, *Theology and the Arts: Encountering God through Music, Art and Rhetoric* (New York and Mahwah, NJ: Paulist Press, 2000), 5, 167-171.

있는 것이다. 이는 발타자의 조직신학적인 "신학적 미학"을 수용적으로 받아들인 것이다. 예를 들어, 빌라데서의 저작《신학적 미학》은 계시(revelation)라는 교리적인 관심에서 출발하여 미학적 담론이 제기하는 상상력, 아름다움, 예술의 문제가 하나님의 자기 계시의 통로로서 작용할 수 있다는 것을 보여주고자 한다. 보다 구체적으로 빌라데서는 자신의 협의의 신학적 미학이 다음의 요소들에 대한 신학적인 성찰을 포함한다고 설명한다: "1. 감정과 상상력의 차원에 있어서의 인간 지식에 대한 신학적 설명", "2. 아름다움의 신학", 그리고 "3. 예술과 개별적 예술 형식들에 대한 신학적 사유."[20]

요컨대, 포괄적 의미에서 빌라데서가 제시하는 신학적 미학이론은 이러한 신학과 미학의 만남이 지니는 두 방향성, 즉 미학적 신학과 신학적 미학 둘 다를 가리키는 것이다.

> "신학적 미학이론"(theological aesthetics)은 이야기적/메타포적 접근과 형이상학적 접근을 모두 포함한다. 따라서 신학적 미학이론은 신학의 대상들인 하나님, 신앙, 그리고 신학 자체를 미학적 연구의 방법론을 통해 해석하는 "미학적 신학"(aesthetic theology)과, 미학의 대상들인 감각적 인식, 아름다움, 예술을 종교적이고 신학적인 방법론적 출발점에서 접근하는 보다 좁은 의미에서의 "신학적 미학"(theological aesthetics)을 둘 다 포함한다.[21]

미학에서 출발해서 신학을 해석하고자 하는 "이야기적/메타포적" 접근법은 미학적 신학이다. 반면 신학에서 출발해서 미학을 해석하고자 하는 "형이상학적" 접근법은 협의의 신학적 미학이다. 넓은 의미에서 신학적 미학이론은 미학적 안경을 통해 신학을 보는 것과, 신학적 안경을 통해 미학을 보는 것 둘 다를 통칭하는 것이다.

---

20) 빌라데서,《신학적 미학》, 63.
21) 빌라데서,《신학적 미학》, 63. 번역에 "미학적 연구의 방법론을 통해"라는 부분이 빠지는 오류가 있었으며, 이 책의 번역자였던 필자는 여기서 그것을 수정하여 인용하였다.

3. 틸리히와 유동식의 예술신학

신학과 미학, 종교와 예술 사이의 대화를 발타자나 빌라데서가 "신학적 미학"이라고 부른 반면, 폴 틸리히(Paul Tillich)와 유동식(柳東植)은 "예술신학"(藝術神學 theology of art)이라고 부른다. 틸리히는 1961년의 글 "조형예술과 건축의 신학에 대하여"에서 예술신학을 예술을 통해 계시되는 하나님에 대한 교리라고 정의한다.

> 실제적이라기보다는 용어상으로 문제가 되는 것이 바로 "예술신학" (*Theologie der Kunst*)이라는 개념 자체이다. 테오스(theos)에 대한 로고스(logos) 혹은 하나님에 대한 담론으로서, 신학은 하나님을 그 대상으로 가지는 듯 보인다. 그렇다면 어떻게 예술이나 조형예술이나 건축과 같은 두 번째 대상이 여기에 추가될 수 있단 말인가? 그것은 문법적으로도 불가능하게 보인다. 하지만 신학이 다른 대상들 가운데 한 대상으로서의 하나님에 대한 담론이 아니라—보다 본질적으로 그래야 하듯—모든 존재들 안에서 그리고 모든 존재들을 통해서 드러나는 신성함의 계시에 대한 담론으로 이해될 때, 그것은 가능하다. 예술의 신학은 예술적 행동과 그 창작 속에 드러나는 신성함의 계시의 교리이다.[22]

틸리히는 예술신학을 그의 보다 포괄적인 문화신학(文化神學)의 한 구체적 형태로 여겼다. 그는 현대문화 너머의 어떤 초월적 지평에만 존재하는 '너머의 하나님' 혹은 과학적 설명의 간격에만 존재하는 '틈의 하나님'을 추구하기보다는, 현대문화를 포함한 모든 존재의 저변에 흐르며 다양한 민족적·문명적·예술적 표현을 통해 표출되는 '깊이의 하나

---

22) Paul Tillich, "Zur Theologie der bildenden Kunst und der Architektur," Main Works / Hauptwerke, ed. *Carl Heinz Ratschow* (Berlin and New York: De Gruyter, 1990), vol. 2, 334. 영어 번역으로는 Paul Tillich, "On the Theology of Fine Art and Architecture," *On Art and Architecture,* ed. John Dillenberger and Jane Dillenberger (New York: Crossroad, 1987), 205-206.

님'을 추구한다. 궁극적 관심으로서의 종교는 문화의 심층적인 핵심의 미를 구성하고 있으며, 세속적 문화는 그런 종교적 본질이 다양한 외부적 형태로 표출된 것이다. 그의 유명한 격언처럼, "종교는 문화의 본질이고, 문화는 종교의 표현형식이다."[23] 틸리히는 종교적 본질을 표현하는 문화의 다양한 형식들 가운데, 예술이 특히 중요한 역할을 한다고 보았다. 마이클 팔머(Michael F. Palmer)는 틸리히의 문화신학과 예술신학의 관계를 이렇게 설명한다.

> 틸리히의 주요 관심은 종교와 문화의 관계에 대한 것이었으며, 따라서 성스러운 영역과 세속적 영역이라는 '파괴적인 분리'를 극복할 수 있는 신학을 구성하는 것이었다. 그 결과가 바로 유명한 그의 '문화신학' 이다. 많은 해석자들은 문화신학을 틸리히의 가장 위대하고도 가장 지속적인 지적 성취라고 본다. 그리고 이러한 신학 안에, 예술이 특권적 위치를 차지하는 것이다. 틸리히에 따르면, 이러한 두 영역들이 합류하는 것을 볼 수 있는 곳이 바로 예술이기 때문이다. 그래서 그는 우리가 화가들, 소설가들, 조각가들의 작품을 성찰하도록 요구한다. 신학자들과 사회학자들의 교과서를 읽는 대신에 피카소나 뭉크와 같은 그림을 연구함으로써 우리가 문화와 종교에 대해 더 많은 것을 배울 수 있다고 그는 말한다. 따라서 예술은 틸리히의 관심 주변부에 서 있지 않다. 오히려 다른 어떤 것들보다도 예술은 문화신학 자체를 설명하고 동시에 예증하는 그 활동인 것이다.[24]

문화신학은 예술신학을 통해 자신을 구체화하는 것이다. 보다 방법론적인 관점에서, 필자는 틸리히의 예술신학이 일종의 '대조'(對照, contrast)의 예술신학이라고 부를 수 있다고 제안한다. 예술은 실존과 실

---

23) Paul Tillich, *Theology of Culture* (New York: Oxford University Press, 1959), 42. Cf. idem, *What is Religion?* (New York: Harper & Row, 1969), 73; Gesammelte Werke (Stuttgart: Evangelisches Verlagswerk), 1:329.

24) Michael F. Palmer, *Paul Tillich's Philosophy of Art* (Berlin: Walter De Gruyter, 1984), vii.

존의 이상적 상황이라는 대조를 통해 계시하는 것이다. 예술이 표현하고 있는 실존적 상황이란 인간의 집 없음이다. 예술은 단지 자본주의 문화의 자기충족성이라는 환상을 드러낼 뿐 아니라, 그 이후의 전쟁과 혁명으로 이것이 부서지고 새로운 집 없음의 상황, 자기충족적이지 못한 상황까지 드러낸다. 자본주의자들의 자기충족성은 인상주의(Impressionism)에 의해, 그리고 그 이후의 전쟁으로 인한 새로운 혁명주의자들의 상황은 표현주의(Expressionism)에 의해 표현된다. 실존의 물음으로서 예술은 하지만 자기 대답적일 수는 없다. 물음이 대답할 수는 없기에, 대답은 다른 근거를 지닌다. 이러한 틸리히의 예술을 통한 실존적 상황의 계시 경험은 제1차 세계대전 당시 28살의 군목으로 겪었던 자신의 경험에 대한 술회에서 생생하게 드러나고 있다. 그는 잠시 휴가를 내어 베를린에 있는 카이저 프리드리히 미술관에 갔고, 산드로 보티첼리(Sandro Botticelli)의 「성모와 여덟 천사」(*Madonna and Child with Singing Angels*)를 보게 된다. 조잡한 군대용 예술 화보집에서 수없이 자주 보았던 그림이지만, 그는 거기서 계시의 충격으로 흔들려서 돌아왔다고 한다.

> 그것을 올려다보면서 나는 자기초월성(ecstasy)에 가까운 상태를 느꼈다. 그림의 아름다움 속에는 아름다움 자체가 있었다. 마치 중세 성당의 스테인드글라스 창문을 통해서 한낮의 빛이 비추이듯, 아름다움 자체가 그림의 색채를 통해서 비추고 있었다. 아주 오래 전에 그 화가가 꿈꾸었던 아름다움에 목욕하듯 잠겨 거기 서있을 때, 모든 존재들의 어떤 신성한 근원이 나를 통과해서 갔다. 나는 흔들려서 돌아왔다. 그 한 순간이 내 삶 전체에 영향을 끼쳤고, 인간 실존을 해석하는 열쇠를 주었으며, 생생한 기쁨과 영적인 진리를 가져왔다. 나는 그것을 보통 종교의 언어에서 계시(revelation)라고 부르는 것과 비교한다. 어떤 예술적 경험도 하나님의 현존의 능력 안에 붙잡혀진 예언자들의 경험과 같을 수는 없다는 것을 알지만, 그럼에도 불구하고 나는 계시와 내가 느꼈던 것 사이에는 유사성이 존재한다고 믿는다. 두 경우 모두에 있어서 경험은 우리의

일상생활 속에서 현실을 만나는 방식을 넘어서는 것이다. 그것은 다른 어떤 방식으로도 경험될 수 없는 깊이를 열어준다.[25]

예술은 그것이 본질적일 때, 어떠한 미화의 시도도 없이 인간 상황의 소외와 절망이 가지는 깊이를 보여준다. 따라서 예술이 정직할 때, 그것은 우리의 현재적인 실존적 상황의 가장 정확하고 민감한 진단이 되는 것이다. 물음으로서의 예술은 그래서 중요하다. 대답은 물음 속에서만 대답이 되는 것이다. 실존의 물음을 떠난 어떠한 대답도 진정한 의미에서 종교적 대답이 아니다. 하지만 예언자들이 그러하듯, 예술은 실존적 어두움을 폭로할 뿐 아니라 또한 거기에 대한 전망도 동시에 폭로한다. 소외의 부정적인 계시는 새로운 존재의 힘이라는 긍정적인 계시에 대립되고 대조되는 것이다. 실존의 소외와 새로운 존재, 전쟁의 참혹함과 마돈나와 아기 예수의 성스러운 아름다움, 그리고 궁극적으로는 문화와 종교가 거대한 대조로서 함께 드러나는 것이다. 틸리히에 따르면, "예술은 세 가지 일을 한다: 예술은 표현(表現)하고, 전환(轉換)하고, 예감(豫感)한다. 인간이 발견하는 현실에 대한 인간의 공포를 예술은 표현한다. 일상의 현실에게 그 자신의 것이 아닌 어떤 것을 표현하는 힘을 주기 위해서 예술은 그것을 전환시킨다. 주어진 가능성들을 초월하는 존재의 가능성들을 예술은 예감한다."[26] "따라서 예술 안에서 구원이 예감된다고 말할 수도 있을 것이다."[27] 질문으로서의 예술은 구원하지는 않는다. 예술에는 구원이 없다. 하지만 예술은 구원을 예감한다. 바로 여기에 예술이 지닌 신학적 의미가 담겨있는 것이다.

서양의 예술신학에 틸리히가 있었다면, 한국 최초의 예술신학자로는 소금(素琴) 유동식(柳東植)이 있다. 유동식은 자신의 풍류신학의 여정이 예술신학이라는 항구에 도달하게 된 것을 이렇게 표현한다. "예술신학

---

25) Tillich, "One Moment of Beauty," *On Art and Architecture*, 235.
26) Tillich, "Art and Society," *On Art and Architecture*, 18.
27) Tillich, "Art and Society," *On Art and Architecture*, 21.

은 풍류신학의 본론인 동시에 결론이기도 하다."[28] 유동식의 예술신학은 틸리히의 예술신학의 흐름을 잇고 있다.[29] 틸리히가 예술과 종교의 관계를 '질문-대답' 혹은 '표면-깊이'의 구조를 가진다고 보았다면, 유동식은 그것을 '전경-후경'의 구조로 재해석한다.

> 작품은 예술가의 의도를 담은 내용과 그 표현형식의 통합체이다. 따라서 작품은 그 자체로서 존재하는 전경(前景)과 그것이 담고 있는 이념적 세계 곧 후경(後景)으로 구성되고 있다. 사람이 아름다운 것은 눈에 보이는 전경 때문이 아니라, 그가 지닌 후경 곧 하나님의 형상 때문이다.[30]

드러나는 전경으로서의 예술적 표현이 그 배후의 깊은 신학적인 함의에서 분리될 때, 예술은 생명력을 상실하게 되는 것이다. 이러한 예술과 종교의 '전경-후경'의 구조분석은 유동식의 미론(美論)에서도 재확인된다. "아름다움"이란 마치 밤알이 영글어서 밤송이를 열고 자신을 드러내듯, 후경의 "불변의 진실"이 전경의 예술작품으로 "표현"된 진여(眞如)이다.[31] 틸리히와 유동식 모두 예술의 계시적 기능에 주목하는 것이다. 유동식은 예술신학을 다음과 같이 정의한다.

> 예술신학은 예술의 신학인 동시에 신학의 예술이다. 예술현상에 대한 신학적 해석인 동시에 신학에 대한 예술론적 해석이다.[32]

예술신학은 한국적 신학이다. 한국인의 미학적 마음 틀에 가장 적합한 신학이 예술신학인 것이다. 유동식 신학의 대전제는 신학이 한국인을

---

28) 한국문화신학회 엮음,《한국문화와 풍류신학 : 유동식 신학의 조감도》(서울: 한들출판사, 2002), 219. 유동식의 예술신학에 대한 보다 자세한 분석으로는 뒤의 6장과 심광섭,《기독교 신앙의 아름다움》(서울: 다산글방, 2003), 468-470을 참조하라.
29)《한국문화와 풍류신학》, 246.
30)《한국문화와 풍류신학》, 84; cf. 240-241.
31)《한국문화와 풍류신학》, 226-227.
32)《한국문화와 풍류신학》, 225; cf. 92.

위한 신학일 때 가장 본론적인 신학이라는 것이다. 따라서 풍류도라는 한국인의 가장 근본적인 마음의 미학적 틀과 기독교 복음의 핵심 메시지가 만나 도출된 "한국신학으로서의 예술신학"이 유동식 신학의 본론이면서 결론인 것은 자명한 일이다.[33)] 기독교를 신앙하는 한국인이면 한 번쯤은 마치 남의 옷을 입고 있는 것처럼, 마치 치수가 다른 신발을 신고 있는 것처럼 어설프고 낯설게 느낀 적이 있지 않을까? 마음에 녹아 들어 내면에서 마음을 울리는 기독교라기보다는, 마음의 바깥에서 와서 마음 위에 군림하는 기독교를 경험하지는 않았을까? 미국 시카고 태생인 설먼(Warner Sallman) 화백의 서양인「예수의 두상」(*Head of Christ*)을 예배당 벽에서 보며 우리는 자라왔다. 물론 그 모습은 1세기의 유대인이었던 역사적 예수와는 거리가 있다. 사정이 이렇다면, 우리의 마음의 틀에서 출발하여 예수를 신학적으로 그려보는 것도 어떨까? 미국적 신학이 설먼의 미국인 예수상을 창조하였다면, 한국적 신학은 장운상 화백의「선비 예수상」과 같은 마음의 풍경을 그리자는 것이다. 거기에는 갓을 쓴 한국인 예수가 색동옷을 입고 있는 아이들에 둘러쌓여 있다. 파란 눈의 낯선 선교사 같은 예수라기보다는, 부둥켜안고 서럽게 살과 살을 부빌 수 있는 우리의 아버님 혹은 형님 같은 예수상이다. 이것이 바로 유동식이 주장하는 한국문화에 토착화된 문화신학, 예술신학의 작업이다. 기존의 교리문답 모델처럼 미국의 신학이나 유럽의 신학을 무작정 모방하기보다는, 한국인의 마음의 결에서 출발하여 기독교를 거기서부터 번역하자는 것이다. 문화적 번역과 재창조 없이 진정한 신앙은 불가능하다고 문화신학은 가르쳐준다. 국가의 정치를 책임질 관리를 뽑는 과거시험에서 시(詩)를 써보게 하고 그 빼어남에 기초해 인재를 등용한 나라가 과연 역사에서 몇이나 될까? 하나님은 태초부터 한국의 땅을 디디며 찾아오셨고, 신학은 이러한 하나님의 아름다운 소요(逍遙)를 학문적으로 고백해야할 의무가 있는 것이다.

---

33)《한국문화와 풍류신학》, 219.

인도의 신학자 쿠마라스와미(Ananda K. Coomaraswamy)는 에크하르트와 동양신학이 공유했던 신념을 이렇게 설명한다. "예술이 종교이고, 종교가 예술이다. 이 둘은 단지 관계가 있는 것이 아니라 동일한 것이다. 이 사실을 인식하지 않고는 아무도 신학을 연구할 수 없다."[34] 필자는 한국의 신학이 그 독특한 문화적 감수성과 마음의 미학적 틀로 인해 서양신학이 찾을 수 없었던 새로운 예술신학, 신학적 미학의 가능성들을 풍부하게 제공할 수 있다고 본다. 한국적 문화신학으로서의 유동식의 예술신학이 그 중요한 출발점이 될 것이다. 그는 자신의 예술신학의 핵심을 가르고 나누는 담이 없음으로서의 아름다움으로 본다. 하늘과 사람 사이의 담을 허무는 이사무애(理事無礙)의 마음과 사람과 사람 사이의 담을 허무는 사사무애(事事無礙)의 마음이 곧 아름다움의 핵심이라는 것이다. 하나님과 사람 사이에 다리를 놓고 사람과 사람 사이에 다리를 놓는 것이 곧 예술이요 종교이다. 아름다움은 하늘과 사람의 담, 사람과 사람의 담뿐만 아니라, 문명과 문명의 담을 허물 수도 있다. 아름다움의 소요는 가르는 담으로 제어될 수 없는 영의 바람과도 같은 것이다. 6장에서 우리는 유동식의 예술신학을 다시 다루게 될 것이다.

II. 신학적 미학의 세 가지 차원들

신학과 미학 사이의 흥미로운 대화를 사람들은 신학적 미학, 미학적 신학, 예술신학, 기독교미학, 종교미학 등으로 다양하게 부르고 있다. 이런 상황에서 우리는 이중 몇몇에 대해 언급하였고 이제까지의 방법론적 논의를 간략하게 평가하고자 한다. 그와 동시에 기초신학적 미학, 조직신학적 미학, 실천신학적 미학이라는 삼중적 구조화의 타당성을 고찰하

---

34) Ananda K. Coomaraswamy, *The Transformation of Nature in Art: Theories of Art in Indian, Chinese and European Medieval Art; Iconography, Ideal Representation, Perspective and Space Relations* (New York: Dover Publications, 1934), 62.

면서 필자는 이러한 삼중적 구조화의 전체를 "신학적 미학"이라는 포괄적 의미로서 사용하자고 제안할 것이다.

먼저 예술신학이라는 개념은 신학의 가장 중요한 대화상대가 예술이라는 것을 직관적으로 전달하는 장점을 가진다. 그럼에도 그것은 인간의 예술에 대해서만 집중함으로 자연의 아름다움, 감각적 직관이 지니는 논리적 사유와의 관계 등 보다 포괄적인 미학적 주제들을 간과하거나 혹은 오직 간접적인 우회적 방식으로만 다룰 수 있다는 한계를 지닌다. 예를 들어 이러한 유형에 기초한 생태신학은 자연의 아름다움을 하나님의 예술 작품이라는 관점에서 다룰 수는 있겠지만, 그 자체에 대한 독립적이고 비신학적인 관심이 제공할 수도 있는 중요한 통찰들을 놓칠 수도 있다. 또한 몇몇 자연과학자들은 자신이 관찰하는 자연세계에 대한 수학적이고 이론적인 모델의 구축 작업에 있어서 어떤 미학적 직관이나 판단이 종종 개입하는 경우가 있다는 고백을 한다. 이러한 과학적 판단과 미학적 판단 사이의 관계는 예술신학보다는 신학적 미학이라는 포괄적인 영역에서 보다 정교하게 다루어질 수 있을 듯하다. 요컨대 예술신학은 신학적 미학이라는 다차원적인 개념에 비해 인간의 예술적 창조에 논의를 집중시키는 장점을 가지지만, 동시에 다른 논의들을 제한하거나 간접화시키는 한계를 가진다. 따라서 필자는 예술신학을 신학적 미학의 한 부분으로 기초신학적, 조직신학적, 실천신학적 차원 모두에서 수용해야 한다고 제안한다. 예를 들어 변증론적 문화신학의 한 중요한 부분을 차지했던 틸리히의 예술신학은 기초신학적 미학의 한 형태라고 이해될 수도 있을 것이다. 또한 요한복음 중심적이고 기독론 중심적으로 구축된 유동식의 예술신학은 보다 조직신학적 미학의 형태에 가깝다. 마지막으로 우리는 그림, 음악, 연극, 무용, 영화 등의 다양한 예술매체가 지닌 미학적 특성 자체에 주목하는 실천신학적 미학이라는 차원에서도 예술신학을 발전시켜야 할 것이다. 수사학으로서의 설교에 대한 빌라데서의 분석이나 중세 서방교회의 종교화에 대한 예술교육론적인 옹호 등이 그 좋은 예일 것이다.

둘째로, 신학적 미학과 미학적 신학이라는 구분에 기초한 발타자의 방대한 신학적 미학의 체계 전체를 공정하게 평가한다는 것은 필자의 한계를 벗어나는 작업일 것이다. 여기서는 단지 필자의 관심과 관련하여 그의 제안이 지니는 문제와 그 해결 방법만을 모색하도록 한다. 우선, 발타자의 신학적 미학과 철학적 미학(미학적 신학)이라는 다소 날카로운 구분은 기독교 계시가 지니는 고유하면서도 본질적인 신학적 차원의 아름다움을 강조하는 장점을 분명 가진다. 하지만 구분이 배제로 경화되고 고착된다면, 철학적 미학이 혹시 제공할 수도 있었을 많은 가능성들을 미리 차단해버리는 조치가 될 것이다. 예를 들어 발타자의 텍스트-내재적인(intratextual) 신학적 미학, 곧 기독교 공동체의 미학적 문법의 해석학으로서의 신학적 미학은 보다 간텍스트적/상호텍스트적인(intertextual) 신학적 미학의 차원에서 변증과 대화의 가능성을 최소화시킬 가능성이 있다. 오늘날 신학이 직면하는 문제들 중에는 타종교와의 대화, 과학과 신학의 관계, 여성의 신학적 인권문제, 환경문제, 문화와 토착화의 문제, 그리고 신학적 방법론 자체에 대한 성찰 등등 텍스트 내재적인 방식보다는 기독교 텍스트 밖으로 나가서 그것을 보고, 또한 거기에 기초해서 보는, 간텍스트적이고 상호텍스트적인 접근을 할 때 보다 유용하게 해결할 수 있는 문제들도 존재할 수 있는 것이다. 보다 구체적으로 신학적 방법론의 예를 든다면, 오늘날 언어를 통한 신학의 개념적 체계 구성의 과정과 미학적 메타포나 이미지나 직관이 사유에 끼치는 영향 사이의 관계에 대한 논의가 활발하게 이루어지고 있다. 이러한 논의에 있어서 바움가르텐, 칸트, 헤겔, 리꾀르, 고든 카우프만의 구성신학, 셀리 멕페그의 메타포 신학 등등과 같은 철학적 미학이나 기초신학적 미학의 성찰이 도움을 줄 수 있을 것이다. 바르트가 거부한 자연과 은총 사이의 "존재의 유비"(analogia entis)를 발타자가 다시 선용하여 재도입하려 한 것처럼, 철학적 미학과 신학적 미학 사이의 '방법론의 유비'(analogia methodi)도 선용될 수 있을 것이다. 따라서 필자는 신학적 미학이냐 미학적 신학이냐 하는 발타자의 선택의 문제는 다시 '다차원적 방법론'

(multidimensional methodology)의 문제로 재정립되어야 한다고 제안한다. 발타자와 같이 조직신학적 차원의 미학 방법론이 있을 수 있는 것처럼, 철학적 미학 혹은 기초신학적 미학의 방법론도 있을 수 있고, 실천신학적 미학의 방법론도 있을 수 있다. 선택(選擇)의 문제는 차원(次元)의 문제로 옮겨져야 한다.

또 하나 중요하게 언급해야 할 것은, 발타자의 선택의 제안은 다차원적 방법론의 문제를 축소시킬 뿐만 아니라 다중차원적 방법론(multi-plexing methodology)도 불가능하게 만든다. 전자의 축소가 조직신학적 관심 영역 밖에 있지만 신학적으로 중요한 다른 차원들의 문제를 다룰 수 없게 한다면, 후자의 배제는 조직신학적 영역 안의 문제이지만 또한 동시에 여기에만 제한되지 않고 다른 차원들에서도 중요한 관심 주제가 되는 문제를 다중차원적으로 다룰 수 없게 하는 한계를 지닌다. 그 예로 필자가 《아름다움과 악》에서 시도하고 있는 악(惡)의 문제에 대한 신학적 미학의 답변 가능성을 들 수 있다. 악의 문제는 전통적으로 기독교의 섭리 교리와 신정론이라는 조직신학적 차원에서 다루어진 것이 사실이다. 하지만 우리는 악의 문제가 단지 기독교 종교 내의 문제만이 아니라 유대교나 이슬람교와 같은 다른 유일신론적 종교의 문제이기도 하다는 것을 기억해야 한다. 또한 플로티누스, 라이프니츠, 칸트, 헤겔, 화이트헤드, 리꾀르, 논리분석철학 등 여러 철학적 차원에서도 악과 신정론의 문제가 다루어져왔음을 알고 있다. 따라서 신학적 미학을 통해 악의 문제에 대한 보다 설득력 있는 해답에 접근하려면, 단지 일차원적인 조직신학적 미학의 접근법만이 아니라 그것과 함께, 조직신학적 미학과 기초신학적 미학을 동시에 사용하는 다중차원적인 접근법을 병행할 때 보다 문제의 전모가 논의될 수 있을 것이다. 따라서 필자는 신학적 미학의 구조화는 선택의 문제가 아니라 공존과 다중적 사유의 문제라고 제안한다. 그것이 다차원의 문제이면서 다중차원의 문제라고 여겨질 때 보다 탄탄한 구조를 가질 수 있는 것이다.

마지막으로, 빌라데서의 신학적 미학은 이중적 접근법과 삼중적 접근법을 동시에 제공한다. 그는 발타자의 신학적 미학과 미학적 신학이라는 구분을 재해석하여 변용하며, 신학적 안경을 통해 본 미학에 대한 성찰이라는 신학적 미학과, 미학적 안경을 통해 본 신학에 대한 성찰이라는 미학적 신학을 제안한다. (미학적 신학 안에는 다시 미학적 실천의 안경을 통한 신학적 시 쓰기 활동과, 미학적 이론의 안경을 통한 미학비평이론적 신학이 다시 나누어진다.) 동시에 빌라데서는 아주 간략하게 여러 번 언급하고 넘어가지만 "기초신학적," "조직신학적," "실천신학적" 접근법들이 서로 다른 세 차원으로 존재할 수 있고 존재하고 있음을 전제한다.[35] 하지만 스스로의 접근법이 발타자의 조직신학적 미학에 비해 보다 기초신학적이라고 밝힐 뿐, 다른 차원의 접근법들이 지니는 방법론적 함의에 대해서는 추가적인 성찰을 발전시키지는 않고 있다. 이중적 구조와 삼중적 구조라는 이런 두 제안의 갈등은 빌라데서가 신학적 미학의 삼중적 차원을 당연한 것으로 전제하고, 자신은 그 중에서 특히 기초신학적 미학을 선택하여 협의의 신학적 미학과 미학적 신학의 이중적 형태로 발전시켰다고 해석하는 것을 통해 해소될 수는 있다. 하지만 그래도 남게 되는 문제는 이렇게 함으로써 미학과 신학 사이의 보다 실천적인 차원에서의 대화는 빌라데서의 체계에서 그 위치가 애매모호하게 되거나 축소될 위험성을 가진다는 것이다. 먼저 그는 기초신학적 미학으로서의 미학적 신학에서 신학적 시 쓰기 활동과 미학비평이론적 신학을 각각 제안함으로, 실천적 차원을 기초신학적 미학의 영역 안에 축소시켜 포함하는 것처럼 보인다. 하지만 동시에 기초신학적 미학, 조직신학적 미학, 실천신학적 미학의 독립성을 주장함으로, 그 구조에 있어 갈등요소가 잔존하게 되는 것이다. 따라서 필자는 빌라데서가 주목한 신학과

---

35) 신학의 세 차원에 대해서는 David Tracy, *The Analogical Imagination* (New York: Crossroad, 1991), 97 note 114; George A. Lindbeck, *The Nature of Doctrine: Religion and Theology in a Postliberal Age* (Philadelphia: The Westminster Press, 1984), 112ff. 빌라데서의 세 접근법에 대한 언급으로는 Richard Viladesau, *Theology and the Arts*, 5-6, 167-171 그리고 idem.,《신학적 미학》, 7-9 참조.

미학의 만남의 이중적 방향성(double directionality)이라는 문제를 삼중적 차원성(triple dimensionality)의 문제로 재해석하자고 제안한다. 미학에서 신학으로 나아가든 신학에서 미학으로 나아가든 그 결과물은 기초신학, 조직신학, 실천신학이라는 전통적 신학의 차원들에 대한 구분을 통해 볼 때 신학적으로 보다 명료하게 이해될 수 있기 때문이다. 그래서 빌라데서의 삼중적 체계 제안이 비록 미발달된 형태이기는 하지만 보다 풍부한 가능성을 가진 제안이라고 평가한다. 또한 그의 삼중적 체계 제안은 필자가 생각하는 신학적 미학의 다차원성과 다중차원성을 보다 이론적으로 선명하게 설명할 수 있게 만든다. 철학적 미학과 신학적 미학이라는 발타자의 이중적 선택의 구조는 각각 기초신학적 미학과 조직신학적 미학이라는 독립적 차원으로 공존할 수 있는 가능성을 갖게 된다. 하지만 빌라데서의 구조에 작은 변경이 필요하다고 제안한다. 빌라데서의 이중적 방향성의 제안에서 신학에서 미학으로 움직이는 협의의 신학적 미학은 기초신학적 미학으로 구분되고, 미학에서 신학으로 움직이는 미학적 신학은 기존의 기초신학적 미학의 영역을 벗어나 실천신학적 미학의 영역에로 옮겨짐으로 자율성과 독립성을 획득할 수 있게 될 것이다.

결론적으로, 신학은 자신의 고유한 각각의 세 차원(기초신학, 조직신학, 실천신학)에서 미학의 여러 차원의 관심들(예술, 아름다움, 감각적 인식/상상력) 중의 하나를, 여럿을, 혹은 전부를 다룰 수 있을 것이다. 반대로 미학의 여러 차원들도 또한 같은 방식으로 신학의 여러 차원의 관심들 중 하나를, 여럿을, 혹은 전부를 다룰 수 있을 것이다. 이처럼 한편으로 기초신학적 변증(辨證)의 과제, 조직신학적 해석(解釋)의 과제, 실천신학의 행동(行動)의 과제라는 신학의 영역과, 다른 한편으로 예술(藝術), 아름다움(美), 감각적 인식(感覺的 認識)/상상력(想像力)이라는 미학의 영역 사이에는 다차원적이며 다중차원적인 대화가 가능하며, 이것을 포괄하는 이름으로 신학적 미학을 필자는 사용하고자 한다. 이제 이러한 신학적 미학의 조감도에 보다 구체적인 얼굴을 부여하기 위해 각각의 유형에 해당하는 최근의 몇몇 저작들과 신학자들의 사유를 간략하게 검토해 보도록 하자.

1. 기초신학적 미학

기초신학적 미학(fundamental theological aesthetics)이란 발타자가 철학적 미학이라 비판하였던, 신학과 미학의 철학적 차원(哲學的 次元)에서의 만남을 가리킨다. 옥덴(Schubert M. Ogden)은 신학이 한편으로 "인간 경험에 의해 보편적으로 설립되는 진리의 상관적 조건들"이라는 "신빙성"의 척도와, 다른 한편으로 "규범적인 기독교 증언의 '데이터 담론'에서 표현되는 신앙을 이해하는 것"을 목표로 하는 "적합성"의 척도를 둘 다 충족시켜야 한다고 주장한다.[36] 전자가 기독교 신앙을 현대인에게 이해시키고 신앙할 수 있게 만드는 철학적 변증학(apologetics)의 과제에 집중하는 기초신학적 접근이라고 한다면, 후자는 기독교의 교리적 전통을 충실하게 전달하는 해석학(hermeneutics)의 과제에 집중하는 조직신학적 접근으로 이해될 수 있을 것이다. 한 패러다임을 넘어서서 다른 패러다임과의 대화는 화자들 간의 공통된 어떤 선이해에서 출발할 수밖에 없다. 따라서 기초신학은 변증의 과제를 위해 철학, 인류학, 심리학, 비교종교학 등의 세속적 학문들을 중요한 대화의 상대자로 생각한다. 이처럼 기초신학적 미학도 철학적 미학을 단지 외부로부터의 이질적 요소의 침투로 여기기보다는 기독교 신앙을 변증하는데 중요한 언어, 방법론, 계기 등을 제공할 수 있는 대화의 상대자로 여긴다. 따라서 비록 발타자가 철학적 미학을 신학적 미학의 한 타락한 형태로 보았지만, 기초신학적 미학은 신학적 미학을 "단지 순수하게 '텍스트-내재적'

---

36) Schubert M. Ogden, *On Theology* (Dallas: Southern Methodist University Press, 1986), 4-6. 이와 유사하게 폴 틸리히의 "케리그마적" 신학과 "변증적" 신학이라는 구분에 관해서는 그의 *Systematic Theology* (Chicago: University of Chicago Press, 1951-63), 1:6-8을 참조하라.

(intratextual) 미학작업"으로 환원시키는 것을 거부하고 오히려 철학적 미학과의 생산적 만남을 축하한다.[37]

다시 말해, 기초신학적 미학은 기독교의 고전적 텍스트를 해석하는 순수하게 '패러다임-내재적인'(intraparadigmatic) 접근이라기보다는, 철학적 미학의 텍스트를 포함한 서로 다른 미학적 전통들 사이의 '간-패러다임적'(interparadigmatic) 접근에 가깝다. 이러한 철학적·학제적 접근은 단지 기독교의 내재적 분석으로는 쉽게 해결되지 못하는 종류의 문제들을 훨씬 생산적으로 논의할 수 있게 만들 것이다. 이미 앞에서 언급했듯 필자는 기초신학적 미학이 예를 들어 타종교와의 대화, 현대문화의 분석, 기독교의 토착화 문제, 과학과 신학의 관계, 성서의 문학적 구조, 여성의 인권, 환경문제, 신학의 방법론 자체 등의 다양한 신학적 도전들을 새로운 미학적 시각에서 접근할 수 있게 만들 것이라고 희망한다. 이 중 몇 가지만을 간략한 소개의 차원에서 살펴보도록 하자. 특히 신학의 미학적 방법론, 타종교와의 미학적 대화, 예술의 유사종교적 기능, 종교적 경험과 예술적 경험의 유사성, 신학과 과학의 미학적 판단의 성격 등을 언급하고자 한다.

첫째, 신학적 방법론과 미학의 관계를 성찰한 카우프만과 브라운을 살펴보자. 신학은 일종의 예술적 만들기 작업이다. 이처럼 신학적 방법론 자체가 지닌 예술적이고 미학적인 함의를 읽어낸 신학자로는 우선 고든 카우프만(Gordon Kaufman)을 들 수 있을 것이다. 구성신학(構成神學, constructive theology)의 방법론에 대한 고찰로 유명한 카우프만은 신학이 그 본질에 있어 미학적 상상력의 구성 작업이라고 본다. 이러한 주장을 뒷받침하기 위해 카우프만은 다음과 같은 세 명제들을 제시하고 있다.

---

37) Viladesau, *Theology and the Arts*, 5.

명제 1. 신학의 고유한 역할은 하나님에 대한 이미지/개념을 분석하고 비판하고 재구성하는 것이다.

명제 2. 다른 모든 개념들이나 이미지들과 마찬가지로, 하나님에 대한 이미지/개념은 인간의 구성물이다. 그것은 일상의 경험에서 나온 어떤 메타포와 이미지와 모델을 가지고 만들어지고 또한 항상 만들어져왔다. 그것은 삶과 세계와 경험 전체를 이해하고 포착하기 위해서 궁극적 참조점(the ultimate point of reference)으로 기능할 수 있도록 발전되고 보완된다.

명제 3. 하나님에 대한 이미지/개념을 분석하고 비판하고 재구성하는 시도에 있어서, 신학은 인간의 삶에 대한 전반적인 방향성을 제공하는 해석의 틀을 창조하고자 노력하는 인간 상상력의 지속적인 활동의 표현이다. 따라서 본질적으로 신학은 상상력의 구성 활동이다.[38]

이런 면에서 신학은 세계에 대한 포괄적이고 궁극적인 미학적 상징을 제공하고자 했던 인간의 예술 활동과 그 시원적 뿌리를 같이 한다고 카우프만은 주장한다. "신학이 사용하는 이미지와 개념은 이러한 시원적인 신화시적(神話詩的, mythopoetic) 활동에게로 거슬러 올라간다. 이러한 신화시적 활동을 통해서, 모든 생명이 신성한 창조자 하나님에게서 나왔고 거기로 향한다는 세계 그림이 창조되었던 것이다."[39] 결론적으로 신학과 예술은 단지 과거에서만이 아니라 지금도 대화 안에서 서로를 풍부하게 만들 수 있을 것이라고 카우프만은 제안한다. "신학은 세계, 인간의 삶, 하나님 등의 개념을 구성하려는 상상력의 시도에서 예술과 문학의 이미지와 통찰에 항상 의존하여왔다. 또한 작가들과 예술가들의 창조적 작업도 신앙의 자양분이 되었던 근본 상징과 메타포를 구성하고

---

38) Gordon D. Kaufman, "Theology as Imaginative Construction," *Journal of the American Academy of Religion* 50 (March 1982), 74, 75 그리고 77을 각각 보라.

39) Kaufman, "Theology as Imaginative Construction," 78.

재구성하는 신학의 성찰적이고 해석적인 활동에 지대한 영향을 항상 받아왔다. 따라서 신학자들과 예술가들, 예술비평가들, 문학비평가들이 서로와의 지속적인 대화를 해야 할 분명한 이유가 있는 것이다. 오늘날의 세계 안에서 인간으로 존재한다는 것이 무엇을 의미하는지 보다 심층적으로 이해하고 보다 감수성 있게 분별하고자 하는 우리의 공통된 과제를 위해 서로의 도움이 되어야 하는 것이다."[40] 이러한 공통의 과제를 위해 예술이나 문학과 마찬가지로 신학도 미리 존재하는 진리의 파편들을 단지 조직화하는 것이라기보다는 이제까지 없었던 진리에 대한 창조적인 구성작업을 해나가야 하는 것이다. 이런 맥락에서 또 다른 구성신학자인 피터 하지슨도 "신학과 예술은 둘 다 '픽션'(fiction)이다"라고 제안한다.[41]

카우프만의 신학이 지닌 미학적 색채는 여러 비평가들에 의해 주목되었다. 캡스(Walter H. Capps)는 《예술 형식으로서의 신학》이라는 에세이에서 카우프만의 구성신학의 제안에 대해 이렇게 말한다. "카우프만이 말하고 있는 것은 신학적 작업이라는 개념이 예를 들어 철학적 시도라기보다는 보다 근본적으로 '미학적' 시도라고 나는 생각한다. 그가 찾고 있는 언어, 보다 강력하고 생생하게 그런 동일한 제안을 표현할 수 있는 단어는 미학적 감수성에 속하는 언어이다."[42] 하지만 타운(Edgar A. Towne)은 카우프만이 비트겐슈타인을 따라 전(前)개념적이고 전(前)언어적인 경험이란 존재하지 않는다고 주장함으로써 신학과 미학의 상관성에 보다 충분히 주목하지 못했다고 평가하기도 한다.[43]

---

40) Kaufman, "Theology as Imaginative Construction," 79.
41) Peter C. Hodgson, *The Mystery beneath the Real: Theology in the Fiction of George Eliot* (Minneapolis: Fortress Press, 2000), 149.
42) Walter H. Capps, "Theology as Art Form," *The Journal of the American Academy of Religion* 50 (March 1982), 94-95.
43) Edgar A. Towne, "Imaginative Construction in Theology: An Aesthetic Approach," *American Journal of Theology & Philosophy*, vol. 19, no. 1 (January 1998), 86-88 참고.

브라운(Frank Burch Brown)도 이러한 평가에 공감한다. 신학 자체가 일종의 예술일 수 있는가라는 질문을 물은 후, 브라운은 상상력의 활동이라는 카우프만의 구성신학 개념이 그러한 예증이 될 수 있는지의 가능성을 분석한다. 하지만, 브라운의 대답은 충분치 않다는 것이다. 그의 이유는 다음과 같다. "신학의 수단과 목적이 거의 대부분 지성적이고 개념적인 차원에 남는 한에 있어서(그리고 사실 [카우프만의 경우] 그러하다), 그러한 신학의 구성적이고 상상적인 작업은 기본적으로나 혹은 중재적 의미에서나 미학적일 수 없다. 여기서도 만들기는 있지만, 미학적으로 체화(體化)된 의미를 가지지 않는 만들기이다."44) 브라운은 신학의 궁극적인 성공의 척도가 세계의 인간화에 얼마나 공헌하였는가라고 여기는 카우프만의 신학적 칸트주의를 비판하고 있는 것이다.45) 이러한 도덕적 목적을 위해 미학적 재료와 형식만을 이용하는 신학은 아직 신학적 미학일 수 없다는 것이다. 따라서 그는 카우프만의 구성신학이 목표하는 것처럼 모든 생명과 세계를 하나님과의 관계 속으로 가져오기 위해서는 "왜 그것이 단지 프락시스(praxis)만이 아니라 풍부한 미학적 예술들과도 또한 보충적이고 변증법적인 관계 속에서 존재해야만 하는지"를 보여주어야 한다고 주장한다.46)

브라운은 이처럼 신학이 미학과의 본질적인 방법론적 대화 안으로 들어가기 위해서는 우선 미학에 대한 두 가지 위험, 곧 순수주의와 환원주의를 피하여야 한다고 주장한다. 브라운이 생각하는 미학적 순수주의

---

44) Frank Burch Brown, *Religious Aesthetics: A Theological Study of Making and Meaning* (Princeton, New Jersey: Princeton University Press, 1989), 87-88.
45) 세계의 인간화라는 카우프만의 칸트주의적 신학의 척도에 대해서는 Gordon Kaufman, An Essay on Theological Method (Atlanta: Scholars Press, 1975), 32를 참조하라. 카우프만의 구성신학과 칸트의 미학의 관계에 대해 분석한 글로는 J. Alfred Martin, Jr., "The Significance of Aesthetics for Theology as Imaginative Construction," in *The Journal of the American Academy of Religion*, 50 (Mr 1982)을 참조하라.
46) Brown, *Religious Aesthetics*, 88.

란 1) "예술로서의 예술의 가치"는 그것의 "순수한 미학적 특질과 즐거움"에 있다는 선입견, 2) 미학적 특질이란 도덕이나 종교와 같이 비(非)미학적인 성찰과는 어떤 본질적 관계도 가지지 않는 "자유로운" 성찰이라는 선입견, 따라서 3) "취향의 선택"은 "바로 '그 자체'로 가치를 가지는 '물체 자체'에 의해 표현되는 고유한 감정"과 관련된다는 선입견을 가리킨다.[47] 미학적 대상은 그렇게 순수할 수 없으며, 칸트가 나눈 자유로운 아름다움과 종속적인 아름다움이라는 이원론적 구분은 극복되어야 한다는 것이다.

하지만, 브라운에 따르면 칸트의 미학적 차별성에 반대하여 미학적 비차별성을 주장한 가다머의 해석학적 환원주의는 미학의 진정한 가치에 대해 또 다른 축소와 편향을 가져온다. 우리는 이해될 수 있는 존재는 언어라는 통찰에 근거한 해석학의 보편성에 대한 가다머의 주장에 친숙하며, 이러한 주장에 기초하여 해석학적 신학이라는 방법론이 발전하여왔다는 것을 잘 알고 있다. 이제 해석학은 신학뿐 아니라 미학까지도 자신의 영역 속으로 포괄하려 한다고 브라운은 비판적으로 경계하는 것이다. 가다머의 다음과 같은 진술은 그의 걱정이 완전히 근거가 없는 것은 아님을 보여주고 있다.

> 텍스트의 이해의 기술과 관련된 고전적 학문은 해석학이다. 하지만 나의 논의가 옳다면, 해석학의 진정한 문제는 예상되는 것과는 매우 다른 것이다. 그것은 미학적 의식에 대한 나의 비판이 미학의 문제를 옮겨놓았던 방향과도 동일한 방향을 가진다. 사실 그렇다면 해석학은 예술과 그것의 문제들의 전체 영역을 자신 속에 포괄하는 아주 폭넓은 의미에서 이해되어야만 할 것이다. 단지 문학만이 아니라 모든 예술작품은 이해를 요구하는 다른 모든 텍스트와 동일하게 이해되어야만 하며, 그러한 이해는 이루어져야만 한다. 이것은 미학적 의식의 포괄성조차도 넘어서는 어떤 포괄성을 해석학적 의식에 수여하게 된다. 미학은 해석학 안으로 흡수

---

47) Brown, *Religious Aesthetics*, 28-29.

되어야만 한다.[48]

브라운은 가다머와 보다 거슬러 올라가서는 하이데거의 예술관이 말할 수 없는 진리의 동시적 은폐와 드러냄이라는 지나치게 일차원적인 형이상학적 관점에서 이루어졌기 때문에, 예술의 형태와 목적과 효과의 다원성에 대한 정당한 평가를 하지는 못했다고 본다.[49] 어쩌면 하이데거의 시적으로 거주하는 형이상학적 진리로서의 예술이란 일종의 도피라고 비판하던 레비나스의 뼈아픈 말을 우리는 기억해야 할지도 모르겠다. "예술은 계시의 질서에 속하지 않는다." 그렇기에 "예술은 그림자를 위해서 희생자를 놓아버린다."[50]

브라운은 이러한 미학의 순수주의와 환원주의 둘 다에 들어있는 부분적 진리와 함께 그 한계를 동시에 주목할 때 그가 새로운 미학이라고 부른 미학에 기초하여 신학적 미학을 재구성할 수 있다고 보았다. 그는 《종교적 미학》에서 자신이 생각하는 신학적 미학의 방법론적 필연성과 가능성을 다음과 같이 제시한다. 먼저 신학과 미학의 대화의 필연성은 신앙이 지니는 미학적 특성 자체에서 기인한다는 것이다. 브라운의 논지는 만약 신앙이 본질적으로 미학적인 차원을 가지며, 또한 신학이 신앙에 대한 이차적인 담론이라고 한다면, 신학은 미학을 성찰하여야만 한다는 것이다. 그렇다면 어떤 의미에서는 "미학을 한다는 것은 신학적 선택사항이 아니라 신학적 필수사항이다."[51] 문제는 이것을 의식적으로 그리고 잘 수행하는가이다. 하지만 신학과 미학 둘 다의 다차원성을 고려할 때, 이 둘 사이에는 하나의 유일한 관계설정만이 있을 뿐이고 모든 신학은 미학과 이러한 동일한 관계에서 대화해야만 한다는 것은 부조리한

---

48) Hans-Georg Gadamer, *Truth and Method, Second Revised Edition* (New York: Continuum, 1996), 164. 강조는 가다머 자신의 것이다.
49) Brown, *Religious Aesthetics*, 10-11.
50) Emmanuel Levinas, "Reality and Its Shadows," *The Levinas Reader*, ed. Sean Hand (Oxford, UK: Blackwell, 1996), 132, 141.
51) Brown, *Religious Aesthetics*, 37.

사유일 뿐이라고 브라운은 강변한다. 그럼에도 동시에 그는 '모든' 신학이 미학과의 대화를 함에 있어서 다루어야 하는 네 가지 기본적 요소들은 존재한다고 믿는다. 그것은 다름 아닌 신학의 "진리"(truth)와 "의미"(meaning)에 대한 관심, 그리고 신학의 "주제"(subject matter)와 "방법"(method)의 선택의 문제라는 것이다.[52]

먼저 진리(眞理)의 미학성을 들 수 있다. 브라운은 신앙의 진리가 항상 미학적 매개체를 통해 표현된다는 사실을 지적한다. "우선 우리는 미학적 매개체들에 대한 신학적 텍스트들의 이러한 의존성을 과소평가해서는 안 된다. 비록 기독교가 주장하는 어떤 진리들은 논리와 형이상학이라는 도구를 통해 직접적으로 도달될 수 있다고 가정하더라도, 그러한 개념화가 신학적으로 설득력을 가지려면 보다 근원적인 종교적 혹은 유사종교적 언어와 경험과도 공명할 수 있어야 한다는 사실은 여전히 남는다."[53] 사실 기독교의 신앙의 진리가 미학적 감정이나 색조와 매우 유사한 어떤 것을 가지고 있는 듯 보인다. 그 중요한 예로서 브라운은 성서가 단지 "역사적, 텍스트적, 교리적 분석"만이 아니라 "문학적 접근"을 필요로 한다고 지적한다.[54] 성서는 이미 예술작품인 것이다. 예술비평가들이 예술작품을 참되고 의미 있는 것으로 다루듯, 신학자들도 성서를 그러한 방식으로 다루는 법을 배워야 한다. 마치 하르낙의 구분을 상기시키듯, 하지만 그와는 정반대의 의도에서, 브라운은 "진리의 알맹이"와 "미학적 형식의 껍데기" 사이의 분리불가능성을 강조한다.[55] 왜 분리가 안 되는가? "어떤 상징, 시, 혹은 여타의 예술의 의미는 어떤 다른 형태 안에서는 온전하게 표현될 수 없다."라는 예술철학자들 사이의 공감을 언급하며, 신학이 만약 이러한 분리를 시도한다면 "자신의 가장 주된 데이터이자 그것이 숙고하는 중심적 진리의 특성 자체" 곧 신앙을 오해하

---

52) Brown, *Religious Aesthetics*, 39.
53) Brown, *Religious Aesthetics*, 40.
54) Brown, *Religious Aesthetics*, 40.
55) Brown, *Religious Aesthetics*, 41.

게 될 것이라고 브라운은 경고한다.56) 하지만 이러한 미학적 형식과 신앙의 내용의 분리불가능성이 브라운으로 하여금 개념적 사유가 더 이상 필요치 않다고 주장하게 만들지는 않는다. 오히려 그는 폴 리꾀르의 통찰을 인용하며 이러한 미학적 신앙은 개념적 사유와의 상호의존성을 가진다고 본다. "(익숙한 표어를 사용해서 달리 표현해본다면) 미학적 인식은 사유를 발생시키고, 사유는 미학적 인식을 변경시켜서 또 다른 미학적 창조와 통찰을 가져오게 한다."57) 미학적 신앙과 신학적 사유의 상호성이 바로 여기에 있는 것이다. 이런 의미에서 신학적 진리는 결코 순수하지는 않다. "무엇을 신앙인이나 신학자가 진리라고 부르든지, 그것은 항상 순수하지 않게 알려진다."라고 브라운은 말한다.58)

다음으로, 의미(意味)의 미학성을 들 수 있다. 앞의 논의가 신학의 존재론적 진리의 미학성에 관한 것이었다고 한다면, 이것은 신학의 해석학적 의미의 미학성에 관한 것이다. 여기서 브라운은 신앙의 실존적이고 미학적인 의미 차원을 통해서 해석학과 미학을 함께 신학적 방법론의 영역 안으로 끌어들이고자 하는 듯이 보인다. 그에 따르면 "미학은…신학적 해석의 도구들을 조율하는데 있어서, 해석학과 결합되기 쉬운 특별한 잠재력을 가지는 것으로 보인다. 우리가 보다 의미 있다고 발견하는 의미들이란 특히 미학적으로 형성될 때에 결코 정체적이지 않으며 또한 항상 지식적으로 통제할 수 있는 것은 아니라는 사실을 미학과 해석학은 함께 강조할 수 있다."59) 이것은 미학의 해석학으로의 통합을 주장한 가다머에 대한 수용이면서 동시에 비판이다. 해석학이 신앙의 후(後)개념적이고 후(後)성찰적인 의미를 제공한다면, 미학은 신앙의 전(前)개념적이고 전(前)성찰적인 의미를 제공할 수도 있다. 신학은 해석학이나 미학 어느 하나가 없이도 절름발이가 될 것이다. 신앙의 의미를 드러내는

---

56) Brown, *Religious Aesthetics*, 41.
57) Brown, *Religious Aesthetics*, 42.
58) Brown, *Religious Aesthetics*, 42.
59) Brown, *Religious Aesthetics*, 42-43.

과제에 있어서 신학은 미학을 포괄하지 않고는 불완전하게 남을 수밖에 없다. "기독교 신앙, 즉 조지 린드백(George Lindbeck)이 기독교 '문법' 혹은 '기독교인들이 그 속에서 알고 경험하게 되는 틀과 매체'라고 부른 것을 해석하려는 어떤 시도도 만약 예술의 연구를 거기서 제외한다면 그것에 대한 적절한 해석이기를 희망할 수 없을 것이다."[60]

그리고 신학적 주제(主題)의 미학성을 들 수 있다. 브라운은 예술사의 다양한 주제들과 자연의 신학적 의미가 19세기 이후의 신학에서는 더 이상 성찰되지 못함을 안타깝게 여긴다. 고요하고 무한한 공간 앞에 선 파스칼의 숭엄한 공포도, 시편 기자의 자연에 대한 풍부한 은혜의 감동도 더 이상 신학 앞에 모습을 드러내지 않는다. 이러한 신학적 주제의 빈곤함을 미학을 통해 보충하고, 특히 "신학적 성찰의 주요한 주제로서의 자연"을 재발굴해야 한다고 브라운은 주장한다.[61]

마지막으로, 신학적 방법(方法)의 미학성을 들 수 있다. 이미 앞의 논의들에서 충분히 신학적 방법론의 미학적 특성이 드러났다고 브라운은 보며, 조직신학이 되었든 혹은 변증신학이나 철학적 신학이 되었든 기독교 신앙의 감수성이 지닌 미학적 특성은 무시될 수 없다고 주장한다. 보다 구체적으로 교리를 해석하는 "신학적 해석학"으로서의 조직신학에, 브라운은 미학적 판단만큼 상대적이고 가변적인 것도 드물다는 사실을 고려할 때 "어떻게 본질적으로 미학적 척도들을 사용하며 만들어진 종교적 판단들이 어떤 방식으로 믿을 수 있고 정당한 것일 수 있는지" 성찰해보는 것도 신학적 방법론의 중요한 부분이라고 제안한다. 또한 변증신학적이고 기초신학적 차원에서, "계시"에 대한 기독교의 용어들이 중요한 미학적 형태들을 띠고 있다는 것을 고려할 때 "어떻게 미학적 형태가 계시된 내용의 구성요소가 되는지, 그리고 그러한 형태가 종교적으로 결정적이 되는지"를 방법론적으로 물어볼 수 있을 것이라고 주장한

---

60) Brown, *Religious Aesthetics*, 43-44.
61) Brown, *Religious Aesthetics*, 44.

다.⁶²⁾ 이처럼 단지 데이비드 트레이시(David Tracy)가 기독교 고전이라고 부른 것뿐만 아니라 거의 모든 신앙의 표현들이 미학적 요소들로 침투되어 있기 때문에, 신앙에 대한 이해로서의 신학은 그 방법론에 있어서도 같이 미학적일 수밖에 없다는 것이다.

둘째, 타종교와의 대화에 있어서 기초신학적 미학이 공헌할 수 있는 점을 보도록 하자. 종교다원주의의 문제에 있어 신학자들은 레오나르도 다 빈치의 예술적 통찰에서 분명 배울 것이 있다. 그에 따르면,

> 얼굴의 아름다움은 사람마다 서로 다르지만 동등하게 아름다울 수 있으며, 하지만 그 형상은 다양하다. 그러므로 얼굴의 아름다움은 그것의 수(즉, 얼굴들의 수)만큼이나 다양하다. … 각기 고귀한 서로 다른 아름다움이 서로 다른 신체에 존재하기 때문에, 서로 다른 지성을 지닌 판관들은 각자의 성향에 따라서 다수의 아름다움 사이에서 변화하는 미를 판별할 수 있을 것이다.⁶³⁾

예술이 종교간의 대화에서 가르쳐주는 것도 바로 이것이다. 기독교와 타종교 간의 대화는 이제까지 교리적 차원이나 실천적 차원에서 주로 이루어졌다. 하지만, 기초신학적 미학은 종교 간의 미학적 차원에서의 대화라는 새로운 가능성을 모색한다. 종교 간의 대화가 단지 교리적 차원에서의 담론체계의 비교로만 이해된다면, 이러한 진리에 대한 논리적 접근은 종교 간의 대결을 불가피하게 만들 것이다. 왜냐하면 자신의 종교가 진리를 가졌다고 생각한다면, 비모순율의 논리에 기초해서 다른 종교는 불가피하게 진리를 가질 수 없는 것으로 이해하기 쉽기 때문이다. 종교적 배타주의의 논리가 바로 여기에 있는 것이다. 혹은 종교간의 대화가 단지 실천적 차원에서의 윤리적 공동행동의 추구에만 집중한다면, 이것은 자신의 핵심적인 종교 신념은 논의에서 제외시킨 채 구체적인 현

---

62) Brown, *Religious Aesthetics*, 44-45.
63) 에르빈 파노프스키/ 임산 옮김,《인문주의 예술가 뒤러》(파주: 한길아트, 2006), 406-407에 재인용되고 있다.

안들을 해결하기 위해 정치적 연합을 추구하는 한시적 대화에 그칠 수 밖에 없을 것이다.

지금 우리가 종교 간의 대화에서 필요로 하는 것은 다른 종교에 대한 두려움이나 노여움이 없이, 완전한 무관심의 태도 없이, 혹은 자신의 진리에 대한 확실성을 희생함이 없이 다른 종교의 환원될 수 없는 아름다움을 진정 축하해 줄 수 있는 미학적 태도이다. 지금 우리가 필요한 것은 타종교와의 미학적 대화인 것이다. 마가렛 마일즈(Margaret R. Miles)가 말하듯, "다원주의에 대한 헌신은 특정한 신앙이나 가치에 대한 헌신을 배제시키는 것이 아니라, 오히려 자기 자신의 신앙 '안으로' 다른 사람들의 신앙과 삶의 모습을 존중하고 배우고 기뻐하는 태도를 기꺼이 포함시키는 것이다."[64] 그녀는 이러한 다원주의에 대한 헌신이 타자들의 눈을 통해 아름다움을 보는 법을 배우는 것을 통해서 양육된다고 본다. 또한 콜만(Earle J. Colemann)은 "만약 하나님이 하나의 종교를 원했다면, 왜 그렇게 많은 종교가 존재하는가?"되묻는다.[65]

> 한 화가가 다른 회화 양식들을 진정 존경하지만 자신의 스타일을 고집할 수 있는 것처럼, 한 종교의 신봉자도 다른 종교들을 존중하지만 자신의 종교에 헌신할 수 있는 것이다. … 예술의 다원주의가 다양한 유파들, 장르들, 운동들이 지닌 미학적 가치를 인식하듯이, 종교의 다원주의도 모든 신앙에는 고유한 통찰이 존재한다는 것을 긍정할 수 있는 것이다.[66]

그는 종교간의 미학적 대화에 대한 자기 자신의 공헌으로 역동적 생동감 혹은 창조성이라는 가치에 기초하는 일종의 도교(道敎)적 미학을 발전시키고 있다. 유사하게 마틴(James Alfred Martin)은 상상적 구성작업

---

64) Margaret R. Miles, *Reading for Life: Beauty, Pluralism, and Responsibility* (New York: Continuum, 1997), 102-103.
65) Earle J. Coleman, *Creativity and Spirituality: Bonds between Art and Religion* (Albany: State University of New York, 1998), 5.
66) Coleman, *Creativity and Spirituality*, 5. 또한 ibid., 7을 참조하라.

으로서의 신학이라는 카우프만의 통찰에 기초하여, 오늘날의 지구적인 종교적 다원성을 정당하게 평가하기 위해서는 앙드레 말로가 "벽이 없는 박물관"이라고 불렀던 것이 종교에서도 일어나야 한다고 제안한다.[67]

칼 라너는 자신의 익명의 기독교인 사상과 관련하여 휴머니즘을 일종의 그리스도의 시학(詩學)이라고 언급한 적이 있다. 라너의 출발점은 이 세계의 흙으로 성육하신 하나님 그리스도이다. 그리고 하나님이 성육하신 세계의 흙에는 언어의 흙도 또한 포함된다. "인간의 말로 둘러싸인 곳에 무한은 스스로 자신의 천막을 쳤고, 무한 스스로 거기서 유한 안에 거하셨다."[68] 여기서 인간의 말이란 시의 언어를 가리킨다고 라너는 말한다. 그에게 시는 휴머니즘의 한 구체적 형태이며, 휴머니즘은 시의 일반적 형태이다. 따라서 시를 사랑한다는 것은 바로 하나님이 성육하기로 스스로 선택하신 인간이 됨을 사랑하는 것이다.

> 시는 필요하다. 휴머니즘 일반에 대해 말해질 수 있는 모든 것이 또한 시에도 말해질 수 있다. … 휴머니즘도 또한 그리스도의 은혜로 살아가는 것이며, 기독교적인 것도 자신의 존재 안에 인간적인 것을 비록 오직 부분이지만 한 본질적 요소로 포함하고 있다.… 우리 기독교인은 시의 언어를 사랑하고, 그것을 위해 싸워야만 한다. 우리는 인간적인 것을 방어해야만 한다. 왜냐하면 하나님 자신께서 그것을 자신의 영원한 존재 속으로 품으셨기 때문이다.[69]

라너는 타종교 속에 "익명의 기독교"(anonymous Christianity)가 존재하듯 문학과 시 속에 "익명의 휴머니즘"(anonymous humanism)도 존

---

67) James Alfred Martin, Jr., "The Significance of Aesthetics for Theology as Imaginative Construction," Journal of the American Academy of Religion 50 (March 1982), 82; idem, Beauty and Holiness: The Dialogue between Aesthetics and Religion (Princeton, NJ: Princeton University Press, 1990) 참조.
68) Karl Rahner, "Poetry and The Christian," Theological Investigations, vol. 4 (London: Darton, Longman & Todd, 1966), 361.
69) Rahner, "Poetry and The Christian," 364.

재하며, 기독교인이 그것을 사랑하지 않고 무관심하게 지나가는 것은 하나님의 은총을 모멸하는 것과도 같다고 말한다.[70] 기독교인도 시와 휴머니즘의 언어 안에서 자신이 얼마만큼 인간적이 되었는지를 물어야 한다는 것이다. 달리 말해, 라너는 인간 존재의 미학적 필연성을 분석하고 있다. 세계 내의 영으로 인간의 앎은 형이상학적인 것을 향해 뻗어나간다. 하지만 인간의 앎은 또한 감각과 미학적 경험의 세계 내에서 일어나는 것이다. 오직 이러한 세계 안에서 그리고 그것을 통해서 형이상학적인 것이 알려지는 것이다. 지성의 미학적 감각에로의 전환의 필요성을 논했던 토마스 아퀴나스를 따라서, 라너는 무한의 성육신이 지니는 이해불가능성이 우리로 하여금 시의 언어와 예술 일반을 '신학적'으로 접근할 수 있게 한다고 주장한다.[71]

발타자도 타종교 안의 미학적 계시의 가능성에 대해 이렇게 말한다. "사실 비성서적인 종교들의 역사적 형태들 안에서 하나님을 추구하는 영혼들이 비추이는 내적인 종교적 빛이 우리 기독교 신앙인의 가슴 속에 빛나는 동일한 빛일 수도 있다고 기독교인으로서 우리는 자유롭게 인정할 수 있을 뿐만 아니라 그러할 것이라고 기대해야만 한다." 발타자는 미학적 계시의 가능성을 비기독교적인 종교나 철학뿐 아니라 예술에서도 본다. "비기독교적인 종교, 철학, 그리고 예술의 구성물 속에서, 우리는 자기 계시적인 하나님의 빛을 향한 순종의 태도가 다소간 분명하게 드러나는 것을 발견할 수 있다고까지 주장할 수 있을 것이다."[72] 물론 발타자는 기독교의 계시와 이러한 비기독교적 종교, 철학, 예술의 빛 사이에는 동일성보다 차이성이 지배적이라고 강조하지만, 바로 그것은 존재의 유비가 항상 드러내고자 하는 핵심이 아닌가? 결론적으로, 모든 어머니는 자신의 자녀가 세상에서 가장 아름다운 아들 혹은 딸이라는

---

70) Rahner, "Poetry and The Christian," 366.
71) Karl Rahner, *Spirit in the World,* trans. William Dych (New York: Continuum, 1994), 특히 liii.
72) Balthasar, *The Glory of the Lord,* vol. 1, 168.

이상하고도 비(非)논리적인 진리를 가슴 속에 알고 있다. 하나님 어머니에게도 이것은 마찬가지일 것이다. 종교 간의 대화는 다른 얼굴들의 다른 아름다움에 감사하는 종교간의 미학적 대화로 발전되어야 한다.

셋째, 기초신학적 미학은 현대사회에서 예술의 유사종교적 기능, 곧 예술과 종교가 사람들의 영혼을 사이에 두고 구원의 경쟁을 하고 있는 현상에 대한 기능론적 분석의 기회를 제공할 수도 있을 것이다. 예술은 종교의 해석자이면서 또한 경쟁자일 수 있다. 예를 들어, 볼터쉬토르프(Nicholas Wolterstorff)는 종교에 대한 예술의 이러한 이중적 기능에 주목한다. 그에 따르면 예술은 종교에 대한 "창문"의 역할을 할 수도 있고(Clive Bell), 기독교와 경쟁하며 이 세상적 구원을 제공하는 "질투의 신"의 역할을 할 수도 있다. 특히 후자의 경우에, "예술은 이 세상적 구원(a this-worldly salvation)의 기능을 넘겨받았다. 그것이 어떻게 해석되는지는 상관이 없다. 예술은 일상생활의 단조로움으로부터, 특히 점증하는 이론적 합리주의와 실천적 합리주의의 압박으로부터 구원을 제공한다"(Max Weber).[73] 오늘날에는 김지하가 예술과 종교의 경쟁적 관계를 다음과 같이 관찰하고 있다.

> 종교는 그 숙명적 그림자인 도그마 때문에 현(現)인류를 구원하지 못한다. 단 옛 종교가 누렸고 가졌던 영성과 명상, 영감, 예감, 아우라와 초월성의 영역을, 문화와 미학이 넘겨받아 오늘에 맞게 재개념화, 재활성화 하는 것에 의해서만 현인류의 내면적 삶의 평화 완성과 지구 생태계와의 영적인 소통에 의한 총체적 오염의 사전 극복, 그리고 인간 간의 시장적 관계를 넘어서는 참다운 초월적 사랑을 획득하게 될 것인데, 그것도 엘리트적 문화 수련이나 고급의 예술 문화에 의해서만이 아니라 대중 복제의 기술 과학과 결합된 전혀 새로운 성스러운 민중 미학, 카오스 미학에 의해서 그리 될 수밖에 없을 것이고 또 그리 되어야 한다.[74]

---

73) Nicholas Wolterstorff, *Art in Action: Toward a Christian Aesthetic* (Grand Rapids, Michigan: William B. Eerdmans Publishing Company, 1980), x 그리고 48-50. 베버의 진술은 49-50에서 재인용되고 있다.

넷째로, 기초신학적 미학은 종교적 경험과 미학적 경험의 유비성을 분석함으로써 우리의 미학적 선호가 어떻게 종교적 감수성에 영향을 끼치며 병행적으로 발전되어왔는지에 대한 종교사학적이고 예술사학적인 분석을 제공할 수도 있을 것이다. 예를 들어 브라운(Frank Burch Brown)은 종교적 경험과 미학적 경험 사이에는 일종의 유비적 병행관계가 역사적으로 관찰된다고 주장하며, 종교와 미학을 함께 사유해야 할 필요성을 제기한다. 그의 네 가지 유비에 따르면, (1) "부정적 초월성"(negative transcendence)은 "패러독스와 말의 오용," "비유적 언어," "부조리한 언어유희와 패러디," "이중적 패러독스," 혹은 "일상성의 축제적 위반" 등과 같은 미학적 매체를 통해 표출될 수 있다. 신성한 공(空, Void)으로서의 하나님, 위(僞) 디오니시우스, 마이스터 에크하르트가 이에 속한다. (2) "근본적 초월성"(radical transcendence)은 언어적 "말"이라는 미학적 매체를 선호한다. 또한, 이러한 종교적 전통은 "무용이나 드라마" 보다는 "음악"을 선호하는데, 음악은 물리적으로 자기 파괴적이기 때문에 계속 남아 잠재적 유혹의 대상이 될 가능성이 적기 때문이라는 것이다. 하나님의 초월적이면서도 의사소통적인 이중적 본성에 대한 강조, 개혁주의, 특히 칼빈주의가 이에 속한다. (3) "근사적 초월성"(proximate transcendence)은 "소리와 시각, 냄새와 색깔, 형태와 리듬, 이야기와 메타포, 이미지와 공간" 등의 보다 직접적인 미학적 표현을 선호하여 사용한다. 몸 혹은 물리적인 것에 가까이 있는 초월성, 동방정교회, 성공회, 가톨릭 등의 성례전적 세계관, 미국의 흑인 자유교회와 오순절교회의 예배가 이에 속한다. 마지막으로, (4) "내재적 초월성"(immanent transcendence)은 자연과 인간을 포함한 "일상적인 것들 안에서 급격하게 비일상적인 것"을 발견한다. 단지 가까이에 있는 것이 아니라 우리와 모든 다른 사물들 안에 내재하는 신적 초월성, 동양의 범재신론 전통, 서양의 낭만주의, 신물리학, 과정철학이 이에 속한다.[75]

---

74) 김지하, "해제", 장파 저, 《동양과 서양, 그리고 미학》 (파주: 푸른숲, 1999), 9-10.

다섯째로, 기초신학적 미학은 종교와 자연과학의 깊은 예술적 공명을 드러내어줌으로 이 둘의 화해의 또 다른 가능성을 촉진시킬 수도 있을 것이다. 그린(Garrett Green)은 미학적 "상상력이 자연과학의 기원, 발전, 그리고 계속적 수행에 근본적인 역할을 한다"고 주장하면서, 종교와 과학은 어쩌면 자신의 모델 만들기가 일종의 예술적이고 미학적인 작업이라는 인식을 통해 보다 깊은 화해와 협력의 관계로 나아갈 수도 있을 것이라고 본다.[76] 또한 폴킹혼(John Polkinghorne)은 우주의 아름다움에 대한 경탄은 과학자로 하여금 종교의 하나님을 보게 만든다고 주장한다. "아름다운 방정식들이 왜 자연을 이해하는 실마리를 풀어 주는지, 왜 기초 물리학이 가능한지, 왜 우리의 정신이 우주의 심오한 구조에 그토록 쉽게 다가갈 수 있는지 등을 해명해주는 선험적인 근거는 없다. 이러한 것들이 우리와 우리 세계에 들어맞는다는 것은 우발적인 사실이다. 그러나 그것을 단지 행복한 우연으로 치부하는 것은 매우 불만족스러운 일이다. 분명코 그것은 실재의 본성에 대한 중요한 통찰인 것이다. … 왜냐하면 코스모스의 합리적 아름다움(rational beauty)은 실로 그 우주의 존재를 부여잡고 있는 정신(The mind)을 반영하고 있다고 필자는 믿고 있기 때문이다."[77] 우리는 나중에 《아름다움과 악》 제3권에서 현대과학의 발전사에 있어서 종교와 예술의 역할에 대한 화이트헤드의 분석을 다룰 기회를 가질 것이다. 이런 의미에서 할데인(J. B. S. Haldane)은 과학과 신학이 둘 다 예술 형태라고 제안한다.

> 종교는 삶의 방식이며 우주에 대한 태도이다. 종교는 실재의 내적 진리와 인간이 보다 가깝게 접촉할 수 있도록 만든다. 종종 종교의 이름으로 이루어진 사실에 대한 진술들은 세부적 부분에 있어서는 참되지 않지만,

---

75) Brown, *Religious Aesthetics,* 112-135, 185.
76) Garrett Green, *Imaging God: Theology and Religious Imagination* (Grand Rapid, Michigan: Eerdmans, 1989), 44.
77) 존 폴킹혼/ 이정배 역, 《과학시대의 신론》 (서울: 동명사, 1998), 4.

그 핵심에 있어서는 어떤 진리를 담고 있다. 과학도 또한 삶의 방식이며 우주에 대한 태도이다. 과학은 거의 모든 것에 관심하지만 실재의 본질만은 예외이다. 과학의 이름으로 이루어진 사실에 대한 진술들은 세부적 부분에 있어서는 일반적으로 옳지만, 존재의 형식만을 드러낼 뿐 존재의 진정한 본질은 표현하지 않는다. 현자(賢者)는 자신의 행동을 종교와 과학이라는 두 이론들을 통해 규범적으로 조절한다. 하지만 현자는 이러한 이론들을 궁극적 사실에 대한 진술이 아니라 일종의 예술-형식들(art-forms)로 여긴다.[78]

이처럼 신학과 미학의 철학적 차원에서의 만남으로서의 기초신학적 미학은 거의 통제할 수 없을 정도로 많은 주제와 통찰들을 제공한다. 조금만 더 보자. 모든 세계적 아름다움의 원천으로서의 하나님의 아름다움에 대한 토마스 아퀴나스의 사유를 재해석하며, 마리땡(Jacques Maritain)은 미학적 경험 혹은 시적인 직관을 통해서 인간은 세계에 대한 논리적 경험으로는 환원될 수 없는 세계와의 어떤 공명의 경험 혹은 "공통본질성"(connaturality)의 경험을 하게 된다는 신학적 인식론의 주장을 한다.[79] 반 데 레우(Gerardus Van der Leeuw)는 종교예술의 현상학에서 어떻게 하나님의 계시가 예술적 장르에 반영되는지를 제안한다. 무용은 하나님의 움직임을 드러내며, 드라마는 하나님과 인간 사이의 성스러운 연극을 전제하며, 언어예술은 영원자에 대한 찬미의 시이며, 건축은 신의 창조세계라는 잘 지어진 도시의 선을 우리에게 보여주고, 음악은 영원한 영광의 메아리이며, 회화에서 우리는 하나님의 형상을 발견하게 된다.[80] 그린(Garrett Green)은 종교적 상상력이 그 형식적 측면에서

---

78) J. B. S. Haldane, "Science and Theology as Art-Forms," in *John Maynard Smith* ed., *On Being the Right Size and other essays* (Oxford and New York: Oxford University Press, 1985). 44.

79) Jacques Maritain, *Art and Scholasticism with Other Essays* (New York: Charles Scribner's Sons, 1930), 10 그리고 19; idem, *Creative Intuition in Art and Poetry* (New York: Pantheon Books, 1953), 3-4, 82 note 10.

"계시의 접촉점"을 제공한다고 주장함으로써, 예수 그리스도 안에서 드러난 하나님의 기독교적 이미지의 실체적 내용을 배신하지 않고도 바르트와 브루너 사이의 논쟁을 화해시킬 수 있을 것이라 기대한다.[81] 팔리(Edward Farley)는 기독교 전통에서의 아름다움의 삼중적 주변화의 이유를 유일신론적 이콘파괴주의, 도덕적 금욕주의, 그리고 연기된 아름다움이라는 미래주의에서 찾는다.[82] 실로 기초신학적 미학은 신학적 상상력의 폭발적 경연장이 될 것이다.

2. 조직신학적 미학

조직신학적 미학(systematic theological aesthetics)이란 발타자가 신학적 미학이라 불렀던, 신학과 미학의 교리적 차원(教理的 次元)에서의 만남을 가리킨다. 신학적 미학은 삼위일체론, 창조론, 구속론, 성례전론 등의 전통적인 교리적 주제를 미학적 관심을 가지고 접근할 수도 있다. 기초신학적 미학이 신빙성의 척도에 초점을 맞추며 여러 가지 현대적 패러다임들과 생산적 대화를 지향한다면, 조직신학적 미학은 적합성의 척도에 초점을 맞추며 기독교 패러다임 안에서의 교리적 전통을 충실하게 해석하고 전달하는 것을 목표로 한다. 따라서 조직신학적 미학은 '간-텍스트적'이기보다는 '텍스트-내재적'이고, '간-패러다임적'이라기보다는 '패러다임-내재적'인 특성이 있다. 조직신학적 미학은 기독교의 미학적 문법의 해석학이다. 발타자의 다음과 같은 진술은 조직신학적 미학의 내재적 독립성을 잘 드러내 준다. "만약 우리가 좋고 중심적인 신학을 한다면, 우리는 좋은 변증신학을 한 것이다; 만약 우리가 신학을 효과적으로 성찰한다면, 우리는 최고의 변증신학을 한 것이다." 따

---

80) Gerardus Van der Leeuw, *Sacred and Profane Beauty: The Holy in Art,* trans. David E. Green (New York: Holt, Rinehart and Winston, Inc., 1963), 265.
81) Green, Imaging God, 17, 27, 31-33, 70, 그리고 85 참조.
82) Farley, *Faith and Beauty,* viii, 8-12, 44-45, 그리고 95.

라서 하나님의 말씀에 귀 기울이고자 하는 자는 "그것을 듣게 만들고자 (기초신학이라 불리는) 또 다른 학문"에 의존하지 않아도 된다.[83] 발타자의 대작《주님의 영광: 신학적 미학》은 어떻게 교리적이고 텍스트-내재적인 조직신학적 미학이 이루어져야 하는지를 보여주는 가장 위대하고 인상적인 예이다. 기독교의 계시의 울림을 듣는 그 누구도 만약 그러한 들음이 정직한 것이라면, 그 미학적 아름다움의 함의를 놓칠 수는 없다. 기독교 신학자로서 "아름다움"을 하나님의 속성으로 처음 제시하며 하나님의 선하심과 하나님의 아름다움의 동일성을 주장한 위(僞) 디오니시우스(pseudo-Dionysius)를 해석하며, 토마스 아퀴나스는 "존재하는 모든 것은 아름다움과 선하심으로부터, 곧 하나님으로부터(*ex pulchro et bono quod est Deus*) 온다"고 말하였다.[84] 하나님은 아름다우시다! 그리고 하나님이 아름답다면, 하나님의 계시의 아름다움도 볼 수 있어야 한다. 신학적 미학은 조직신학 자체의 내재적이고 본질적인 과제이다. 기독론과 성만찬 교리에 기초하여 이콘의 타당성을 옹호했던 동방 교회의 성상옹호론을 우리는 이 책의 4장에서 따로 고찰할 것이다. 또한, 몰트만이 놀이의 신학을 통해 창조론, 그리스도론, 종말론, 신론을 미학적으로 재해석한 것은 5장에서 다루게 될 것이다. 여기서는 조직신학적 미학의 두 예로 바르트와 발타자만을 간략하게 살펴보도록 하자.

칼 바르트는 하나님의 "영광"(구약의 *kabod*와 신약의 *doxa*)이라는 성서적 개념을 조직신학적 미학의 관점에서 설명한다. 영광이란 하나님

---

83) Balthasar, "In Retrospect," in *The Analogy of Beauty: The Theology of Hans Urs von Balthasar*, ed. John Riches (Edinburgh: T & T Clark, 1986), 227. 이와 유사하게 조지 린드백도 후기자유주의 신학의 세 척도를 "텍스트-내재성으로서의 충실성"(faithfulness as intratextuality), "미래학으로서의 적용가능성"(applicability as futurology), "기술로서의 이해가능성"(intelligibility as skill)으로 제시한다. George A. Lindbeck, *Nature of Doctrine*, 112-138.

84) *Commentarium in Dionysii De Divinis Nominibus*, IV, 8. Umberto Eco, The Aesthetics of Thomas Aquinas, trans. Hugh Bredin (Cambridge, Mass.: Harvard University Press, 1988), 28에 재인용된다.

존재의 내적 즐거움이 시간 속으로 표출된 것이다. 그것은 "모든 신적 완벽성의 총체적 자기 계시"이며, "하나님 신성의 충만함"이며, "하나님 됨의 자기 표현적, 방출적, 자기 계시적 실재"이며, "하나님 사랑의 자유"의 표현이다. 바르트는 하나님의 영광이 단지 "권세"(power)만으로 적절하게 표현될 수 없으며, "아름다움"(beauty)의 개념에 의해 보충되어야 한다고 본다. 이러한 하나님의 영광에 대한 증언으로서의 신학은 "독특하게 아름다운 학문"이며, 나아가 "모든 학문 중 가장 아름다운 학문"이다. 그래서 신학은 "수도사의 일곱 가지 죄 중의 하나인 지루함(*taedium*)의 죄"에 빠져서는 안 된다는 것이다. 신학은 그 본질에 있어 "환희"(*delectatio*)의 작업이며, "논쟁과 변증"은 오직 이차적인 과제일 뿐이다. 하지만, 바르트는 신학에 있어서의 미학주의적 위험성도 동시에 경고하며, 아름다움이 하나님 본질에 대한 여러 신학적 범주 중 "하나의 적합한 괄호 속 삽입구"라고 제안한다.[85] 바르트는 존재의 유비에 예술이 악용될 위험성을 항상 경계하였으며, 그런 의미에서 성육신은 모든 종교적 예술의 타당성이 오직 상대적일 뿐이라는 것을 보여준다고 생각한다. "선의에서 시작된 이러한 전체 기독교 예술의 '장관'은 분명 선한 의도를 지녔지만, 또한 무능할 뿐이다. 하나님이 하나님 자신의 이미지를 만드셨기 때문이다. 인간이 '가장 높은 곳의 하나님'을 이해하였다면, 그가 사유의 또 다른 이미지나 어떤 다른 종류의 이미지를 원하는 것은 불가능하게 된다."[86]

발타자의 신학적 미학은 그리스도의 아름다움을 그 중심에 둔다. 그는 하나님의 세 번째 초월적 범주인 아름다움(*pulchrum*)을 신학의 중심에 다시 회복시키고자 시도하는 것이다. 하나님의 진리, 선, 아름다움 이 중 어느 하나도 놓쳐진다면, 다른 둘도 심각하게 훼손될 것이기 때문

---

85) Barth, *Church Dogmatics*, II. 1, 640ff. (영광), 641과 643 (영광의 다양한 묘사), 650 (권세와 아름다움), 656-657 (신학의 아름다움), 그리고 666 (괄호 속 삽입구로서의 아름다움).

86) Barth, *Dogmatics in Outline*, 40-41.

이다. "아름다움 없는 세계"에서는 선이 왜 행해져야 하는지 자기 자명성을 잃게 될 수 있으며 오히려 사람들은 사탄의 깊이를 시험하고자 들수 있다고 발타자는 본다. 또한, 아름다움 없는 세계에서는 진리의 증거들도 자기 인증성을 잃게 되어 아무도 설득하지 못하게 될 수도 있다는 것이다.[87] 아름다움은 생략될 수 없는 신학의 본질이다. 발타자는 "신학의 역설적인 '미학화'" 혹은 "신학으로부터의 미학의 철저한 제거"를 둘 다 동시에 피하고자 한다.[88] 이러한 위험성에 대한 발타자의 해결책은 크게 두 가지이다. 한편으로 신학이 미학적 범주들을 채용하지만 유비적이고 초월적인 방식으로 채용하는 것이고, 다른 한편으로 신학적 미학이 하나의 자족적인 신학이 아니라 보다 큰 신학의 삼중적 체계의 한 부분으로 작용하는 것이다.

첫째로, 발타자는 바르트가 거부한 존재의 유비를 다시 신학에 도입한다. 물론 유비는 동일성 속의 차이이며, 차이 속의 동일성을 의미한다. 우선 발타자는 "철학적 미학과 신학적 미학 사이의 대결"이 불가피하다고 보는데, 아름다움이 결코 "단순한 표면"의 문제가 아니라 항상 신학적이고 초월적인 "높이와 깊이"를 가지기 때문이라는 것이다.[89] 이것이 바로 신학적 미학이 단지 철학적 미학으로 환원될 수 없는 이유이다. 발타자의 다음의 진술은 필자가 조직신학적 미학이라 부르는 것을 적절하게 요약하고 있다.

> 신학적 미학은 세상적인 철학적 미학(무엇보다도 詩)의 비신학적인 범주들을 가지고 주로 작업하는 신학이 아니라, 계시 자체의 데이터로부터 출발해서 진정한 신학적 방법론을 가지고 스스로의 미론(美論)을 발전시키는 신학을 의미한다. 따라서 오늘날 일반적으로 생각되듯, 신학이 미학을 포기할 필요는 없다. 그것이 의식적이든 무의식적이든, 연약함

---

87) Balthasar, *The Glory of the Lord*, vol. 1, 19.
88) Balthasar, *Glory of the Lord*, vol. 1, 9 그리고 48.
89) Balthasar, *Glory of the Lord*, vol. 1, 10 그리고 604.

때문이든 망각 때문이든 혹은 거짓된 학문성의 태도 때문이든 말이다. 만약 그렇게 포기한다면, 신학은 자신의 한 소중한 부분을—어쩌면 가장 중요한 부분을—잃게 되는 것이다.[90]

이 세상의 아름다운 것은 기독교 계시의 데이터 속에서 자신의 근거와 완벽성을 발견하게 되는 것이다. 발타자의 기독론적 신학적 미학은 "기독교 미학의 원천이고, 따라서 모든 미학의 원천"인 역사 속에 성육신이 된 아름다움을 보는 이론이다. "피조된 전체 사물의 존재론과 미학"은 하나님의 성육신 사건으로서 "가시관을 쓰고 십자가에 매달린 아름다움"을 통해 심화되고 완성되는 것이다.[91] 이러한 역설적 미론은 기독교 전통에 깊이 뿌리내린 아름다움에 대한 영성적 이해이다. 아우구스티누스는 그리스도의 추한 아름다움을 이렇게 묘사한다. "그는 십자가 위에 추하게 매달렸으며 그의 형태가 훼손되었다. 하지만, 그의 추함이 바로 우리의 아름다움이다."[92] 발타자는 이러한 전통을 이어 그리스도의 아름다움이 세속적인 모든 세상의 아름다움의 정점이며 원형을 이루고 있으며, 따라서 모든 철학적이고 세속적인 미학은 기독교의 신학적 미학에서 완성된다고 본다.

> 하나님의 성육신(成肉身)은 피조된 존재들 전체의 존재론(存在論)과 미학(美學)을 완성시킨다. … 유일하고 독특한 분으로, 하지만 인류의 전체 역사라는 맥락에서 그리고 피조된 전체 우주라는 맥락에서 이해되어져야 하는 분으로, 예수는 하나님의 말씀(Word)이며, 이미지(Image)이며, 표현(Expression)이며, 주석(Exegesis)이다. … 그는 그가 표현하는 것, 곧 하나님으로 존재한다. 하지만 그는 그가 표현하는 분, 곧 성부는 아니

---

90) Balthasar, *Glory of the Lord*, vol. 1, 117.
91) Balthasar, *Glory of the Lord*, vol. 1, 29, 33.
92) St. Augustine, Sermon 27.6, lines 131-132. Jeffrey F. Hamburger, *The Visual and the Visionary: Art and Female Spirituality in Late Medieval Germany* (New York: Zone Books, 1998), 366에 재인용되고 있다.

다. 이러한 이해할 수 없는 역설이 바로 기독교 미학(Christian aesthetic)의 원천이 되며, 따라서 모든 미학(all aesthetics)의 원천이 되는 것이다!⁹³⁾

모든 미학의 원리는 하나님의 성육신이라는 원초적인 미학적 행동에 의지한다. 세계의 모든 아름다움은 그리스도가 아름답기에 가능하다. "이것이 그리스도의 원칙을 모든 미학의 가장 풍부하고 초월할 수 없는 원칙으로 만드는 이유이다. 기독교는 '가장 뛰어난 지고의 미학적 종교'가 되는 것이다."⁹⁴⁾ 결과적으로, 철학적 미학과 신학적 미학 사이의 올바른 관계는 적의에 찬 대립의 관계나 철저한 무관심의 관계라기보다는 유비적인 대결의 관계인 것이다. 이러한 철저히 기독론적 신학적 미학에 기초하기 때문에, 발타자의 신학은 유비의 오용의 가능성에 대한 바르트주의적 경고에도 불구하고 아름다움의 유비를 긍정한다. 위험한 길도 여전히 길이며, 유비의 오용이 그 적합한 사용을 배제해서는 안 되기 때문이다. "아름다움은 자연적인 것에서 초자연적인 것으로 완전한 연속성(perfect continuity)을 가지고 활공(滑空)한다."⁹⁵⁾ 이러한 자연적인 것과 초자연적인 것 사이의 유비는 하나님 자신이 세계를 만드신 창조주 영이시며, 하나님 자신이 세계가 되신 성육신 그리스도이시기 때문이다. 바로 이 때문에 기독교의 신학적 미학은 "하나님의 만듦의 사역, 자연의 형상화의 힘, 그리고 인간의 생산력 사이에 유비(analogy)가 존재한다는 사실을 부정하는 것은 불가능하다."⁹⁶⁾ 세계와 하나님 사이의 아름다움의 유비는 분명 신학이 걷기에는 위험한 길이다. "하나님은 하늘에 계시고 너는 땅에 있음이라"(전도 5:2)는 성서의 말씀을 우리는 잊어서는 안 된다. 하지만, 바로 이 때문에 감각적 경험이 주는 땅의 아름다움을 통해서

---

93) Balthasar, *Glory of the Lord,* vol. 1, 29.
94) Balthasar, *Glory of the Lord,* vol. 1, 69, 216.
95) Balthasar, *Glory of the Lord,* vol. 1, 34.
96) Balthasar, *Glory of the Lord,* vol. 1, 36.

거기에 흔적을 남긴 하늘의 아름다움을 추측해야만 하는 운명을 우리는 가지는 것이다. 아름다움의 오용이 이러한 미학적 상승을 위한 그 적합한 사용을 배제해서는 안 된다. 발타자가 주장하듯, "이러한 유비의 길 전체의 길이와 넓이에 우리는 원하는 만큼 물음표와 경고 표를 붙일 수 있을 것이다. 하지만, 그것들은 오직 유비의 오용의 항존하는 가능성에 적용될 수 있으며, 그것의 올바른 사용에는 적용될 수 없는 것이다."[97] 하나님의 성육신에서 먼저 "아름다움과 그리스도 사이의 사건의 유비"(*analogia eventus pulchri et Christi*)가 있었기에, 신학은 "아름다움의 유비"(*Analogia Pulchri*)라는 좁은 다리를 건너야 하는 것이다.[98]

둘째로, 발타자는 자신이 단지 "신학적 미학자"로 불리기를 거절한다. 왜냐하면 발타자의 주요한 관심은 "신학적 미학"(아름다움, *pulchrum*), "신학적 드라마학"(선함, *bonum*), 그리고 "신학적 논리학"(참됨, *verum*) 사이의 적합한 균형을 유지하는 것이기 때문이다.[99] 우선 발타자는 분명 신학적 미학 혹은 미학신학을 자신의 신학적 삼부작의 출발점으로 아주 중요하게 강조한다. 신학은 예수 그리스도 속에서 계시되는 하나님의 영광을 보는 미학적 행동에서 출발해야 한다고 보기 때문이다. 그리스도의 아름다움과 그 변혁적 능력을 경험함 없이는, 우리가 왜 진선미에 대항하는 악의 깊이를 추구해서는 안 되는지 설명할 수 없다. 다른 한편으로, 발타자는 미학적 봄과 미학적 관조의 신학이 신학의 전체는 결코 아니며, 단지 그 시작 혹은 출발점임을 동시에 강조한다. 미학신학은 윤리신학의 드라마적 참여와, 나아가 논리신학의 방법론적이고 후험적인 성찰로 이어져야만 하기 때문이다. 하나님의 신성한 드라마

---

97) Balthasar, *Glory of the Lord,* vol. 1, 36-37.
98) Balthasar, *Glory of the Lord,* vol. 1, 65 그리고 61.
99) Balthasar, *Glory of the Lord,* vol. 1, 9, 11. 또한 그의 에세이 "In Retrospect"와 "Another Ten Years," ed. John Riches, *The Analogy of Beauty: The Theology of Hans Urs von Balthasar* (Edinburgh: T & T Clark, 1986), 217-218 그리고 224-226 참조.

에 주목하는 윤리신학에서, "인간은 오직 배우인 한에 있어서 또한 관객이기도 하다."[100] 마지막으로 학문적 성찰로서의 논리신학에서, "인간은 단지 관조자나 배우일 뿐 아니라 사상가, 연설가, 창의자이기도 하다."[101] 미학적 봄과 윤리적 행함이 하나님의 진리가 어떻게 협소한 인간의 논리라는 그릇을 통해 계시되는지에 대한 논리적 성찰을 대체할 수는 없는 것이다. 발타자는 자신의 신학적 삼부작의 계획을 이렇게 요약하고 있다.

> 옳은 균형을 유지하기 위해서는, "신학적 미학"(theological aesthetics)은 다시 "신학적 드라마학"(theological dramatics)과 "신학적 논리학"(theological logic)으로 이어져야 한다. 미학은 그 대상으로 하나님의 자기 드러냄의 계시의 인식에 주로 주목한다. 드라마학은 그 대상으로 이러한 인식의 내용 곧 하나님의 인간과의 관계하심을 주로 다룬다. 그리고 논리학은 그 대상으로 이러한 하나님의 활동을 신성하게 (혹은 보다 정확하게는, 신성하면서도 동시에 인간적으로, 따라서 이미 신학적으로!) '표현하는 방식'을 다룬다. 오직 그런 후에야 아름다움(*pulchrum*)은 전체의 구조화된 질서 속에서 자신에게 적합한 자리에서 드러나게 되는 것이다. 곧 아름다움은 하나님의 선하심(*bonum*)이 자신을 선물하는 방식으로 드러나는 것이다. 또한 아름다움은 하나님에 의해서 표현되고, 인간에게 의해서 이해되는 진리(*verum*)로서 드러나는 것이다.[102]

여기서 순서적 질서는 중요하다. 발타자는 미학신학 → 도덕신학 → 논리신학의 순서로 신학적 사유가 움직여야 한다고 본다. 신학에서 보는 것(seeing)이 먼저이고, 거기서 행동하는 것(acting)이 나오며, 마지막으로 생각하는 것(thinking)이 뒤따르기 때문이다. 우리는 이처럼 신학의

---

100) Hans Urs von Balthasar, *Theo-Drama: Theological Dramatic Theory*, 5 vols. (San Francisco: Ignatius Press, 1988-1998), 1:18.
101) Hans Urs von Balthasar, *Theo-Logic: Theological Logical Theory, vol. 1, Truth of the World*, trans. Adrian J. Walker (San Francisco: Ignatius Press, 2000), 22.
102) Balthasar, *Glory of the Lord*, vol. 1, 11.

순례길에서 하나님의 진선미에 대한 미학신학, 윤리신학, 논리신학이라는 세 걸음을 항상 더듬거리며 걸어야 하는 것이다.

3. 실천신학적 미학

실천신학적 미학(practical theological aesthetics)이란 신학과 미학의 실천적 차원(實踐的 次元)에서의 만남을 가리킨다. 예배와 실천은 언어로 표현할 수 없는 깊은 신앙의 미학적 체험을 통해서 신학적 이론에 대한 비판과 풍부함을 동시에 제공한다. 그렇기에 우리는 미학적 매개체의 고유한 특질에 주목해야 하며, 거기에 기초하여 미학적 예배와 실천이 지니는 독립성을 강조할 필요성을 가지는 것이다. 현재 우리는 교회에서 예술에 둘러싸여 예배드리지만, 이러한 예술 활동 자체에 대한 신학적 성찰은 특히 개신교에서 빈약한 것이 사실이다. 폴 틸리히는 어릴 적 건축가가 되고자 꿈꾸었으나, 십 대 후반에 와서 철학적 신학자가 되기로 결심하였다고 한다. 하지만, 틸리히는 이러한 변화가 "중세의 성당건축"과 "중세의 스콜라신학" 사이의 관계에서처럼 "돌, 철근, 유리" 대신에 "개념과 명제"를 사용하였을 뿐이지, 무엇을 만드는 건축에 대한 자신의 열정은 여전히 동일하다고 설명한 적이 있다.[103] 신학과 예술은 둘 다 미학적 실천인 것이다. 그리고 어쩌면 이제 우리는 개념과 명제의 건축뿐 아니라 돌, 철근, 유리의 실제적 건축에도 보다 관심을 기울여야 하지 않을까? 예술은 신학이 잊어버린 텍스트가 아닐까? 많은 이들이 21세기를 "미학적 세기"가 될 것으로 진단한다.[104] 이러한 시대정신을 읽으며 새롭고 다양한 형태의 실천신학적 미학을 모색할 때만 우리는 신학의 게토화와 주변화를 극복할 수 있을 것이다. 기독교 교육학은 미학적 학습론을 발전시킬 수도 있을 것이다. 상담학은 예술치료에 관심할 수도

---

103) Palmer, *Paul Tillich's Philosophy of Art*, 2.
104) 심광섭,《기독교 신앙의 아름다움》, 443.

있을 것이다. 목회현장에서 건축, 음악, 그림 등의 예술적 실천에 대한 보다 적극적인 참여가 필요할 수도 있을 것이다.

    몇 가지 예들을 보다 구체적으로 생각해보자. 첫째, 실천신학적 미학은 언어적 인지능력이 거의 없는 장애우를 위한 미학적 예배의 가능성을 성찰할 필요가 있다. 그들의 경우 설교를 통한 예배나 기독교 교육이란 거의 불가능할 것이다. 하지만 그러한 장애로 인해 하나님의 은총에서 그들이 제외되어야 하는 것일까? 과연 언어적 개념을 통한 신앙고백만이 하나님에 이르는 유일한 길일까? 혹은 몸의 다른 미학적 감각을 통해 하나님의 은총을 느낄 수 있는 길은 없는지 고민하여야만 할 것이다. 지금 개신교는 말씀과 찬송을 통한 귀의 예배를 드리고 있다. 이제 우리는 이것을 장애우를 포함한 우리 모두를 위한 몸의 예배로 발전시켜야 할 것이다. 잦은 성만찬을 통한 미각과 촉각의 예배, 정교회의 경우와 같이 후각을 통한 향기와 분향의 예배, 무릎의 기도와 오체투지하는 몸의 기도 등등이 고려될 수 있을 것이다. 이러한 미학적 예배가 이전의 말씀의 예배가 지니던 사유의 깊이를 따라갈 수는 없을 지도 모른다. 그렇기에 더욱 신학적인 고민과 노력이 있어야 하는 것이 아닐까? 둘째, 신학의 토착화는 예배의 토착화로 이어져야 할 것이다. 교회에서의 음악과 악기의 사용 여부는 아직도 여전히 중요한 논의거리로 남아 있다. 실천신학적 미학은 특히 예배의 토착화 노력의 한 모습으로 국악 찬송가의 보급을 통해 한국의 가락과 흥으로 찬양할 수 있도록 도와야하지 않을까? 성만찬의 매체와 형식도 보다 토착화될 수 있을 것이다. 교회 건축에 있어서 거의 정형화된 유사-고딕식 양식의 선호는 재고되어야 한다. 초기 한국 기독교 역사에서 등장하는 한옥식 교회는 새로운 영감을 제공할 수 있을 것이다. 제단의 위치나 높이 등에 대한 고려도 단지 실용적 고려를 넘어서 신학적 미학의 고려 대상이 되어야 한다. 셋째, 현대 문화가 사용하고 있는 영화와 문학과 인터넷 매체 등에 대한 심도 있는 평가도 필요하다. 얼마 전 이청준의 소설 《벌레이야기》에 기초한 영화 「밀양」이 단지 교회만이 아니라 한국 사회 전체에 걸쳐 신정론의 문제를 제기한 적이 있었다. 이처럼 미학적 매체의 엄청난 문화적 영향력을 고려할 때 여기에 대한 지나친 '개별적인'(ad hoc) 반응을 넘어서 그것에 대한 보다 원칙적이고 체계적인 평가가 필요할 것이다. 또한 인터넷 매체의 발달로 인해 사이버 교회와 같이 물리적 건물을 가지지 않는 교회의 탄생에 대한 신학적 고려도 이루어져야 할 것이다.

실천신학적 미학의 예로 우리는 3장에서 성화와 같은 종교적 이미지가 "마음이 가난한 자의 성서"로서 역할을 한다는 중세 서방 교회의 미학적 학습론을 살펴보게 될 것이다. 여기서는 예술로서의 실천신학 특히 수사학으로서의 설교에 대한 빌라데서의 고찰과, 드 그루시의 예술을 통한 문화적 정치학의 실천을 간략하게 보도록 하자. 빌라데서는 자신이 "미학적 신학"이라고 부르며 우리가 실천신학적 미학이라고 부른 차원을 "예술의 영역에서, 특히 수사학의 형태로서 실천되는 신학 자체"라고 정의한다.[105] 이러한 미학적 차원에서의 실천신학과 목회신학의 영역에 그는 성례전과 성만찬의 실천과 설교 등을 포함시킨다. 빌라데서는 자신의 《신학적 미학》이 보다 철학적인 차원에 집중했다면, 《신학과 예술》은 보다 실천적인 접근을 한다고 밝힌다.

> 실천적인 접근이라는 말을 통해, 나는 미학적 차원에서의 신학의 수행을 가리키고자 의도한다. 그것은 단지 추상적 신학을 희미하게 희석시키거나 그것을 다른 언어로 단지 "번역"하는 것이 아니다. 그것은 담론의 주요한 영역으로 상징과 메타포의 차원에서 인간의 "가슴"과 "느낌"에 직접 말하고자 하는 비판적 합리성의 수행을 가리킨다. 요컨대 그것은 예술로서 실행되는 신학, 예술과의 결합 안에서 실행되는 신학을 가리킨다.[106]

빌라데서는 다양한 신학의 예술적 실천 중에서 특히 설교가 지니는 수사학의 현상에 주목한다. 설교는 실천신학적 미학에서 가장 중요한 목

---

105) Viladesau, *Theology and the Arts*, 5.
106) Viladesau, *Theology and the Arts*, 169.

회신학의 장르라는 것이다. "설교의 수사학적 차원이 주목되었다면, 설교가… (광범위한 의미에서) 예술이라는 것은 분명하게 드러나게 된다. 그러한 예술적 실천 속에서 설교는 은총의 신비를 만지게 된다. 설교는 기술(혹은 좁은 의미에서의 예술), 통찰, 그리고 미덕을 요구한다."[107] 아우구스티누스는 설교의 삼중적 목표가 "가르치는 것, 즐겁게 하는 것(혹은 '매혹시키는 것'), 그리고 설득하는 것(혹은 '만지는 것')"이라고 밝혔던 적이 있다(*De Doctrina Christiana*, IV, 17).[108] 이러한 모범에 기초하여 빌라데서는 설교가 다음의 삼중적 목표를 가져야 한다고 제안한다: 1) "통찰의 필요성: 인식론적 의미의 공유: 가르침의 수사학적 목표", 2) "미덕의 필요성: 감정적 의미의 공유: 설득의 수사학적 목표", 그리고 3) "예술의 필요성: 구성적 의미의 공유: 즐겁게 함의 수사학적 목표."[109] 이처럼 빌라데서는 신학자와 목회자가 예술적 실천의 차원에 깊이 관여하여야할 의무가 있다고 본다.

존 W. 드 그루시(John W. de Gruchy)는 《기독교, 예술, 그리고 변혁》에서 남아프리카공화국 사회의 인종분리정책(apartheid)에 숨겨진 추함을 드러내고 일종의 신학적인 문화정치학 비평 혹은 이데올로기 비평을 수행하고자, "추한 세계"라는 틸리히의 사회 분석과 "십자가의 이질적인 아름다움"이라는 발타자의 제안을 결합시킨다.[110] 사회적 죄로서의 인종분리정책에 대한 그의 신학적 해석은 사회적 추함이라고 하는 미학적 범주를 통해 수행되고 있는 것이다. 이러한 두 범주들의 상관관계를 통해서 그는 구체적인 사회적 삶의 정황에서 신학적 프락시스를 위한 근거를 제공할 수 있기를 희망한다. 특히 장 보드리야르(Jean Baud-

---

107) Viladesau, *Theology and the Arts*, 177.
108) Viladesau, *Theology and the Arts*, 179에 재인용된다.
109) Viladesau, *Theology and the Arts*, 181-193 참조.
110) John W. de Gruchy, Christianity, *Art and Transformation: Theological Aesthetics in the Struggle for Justice* (Cambridge: Cambridge University Press, 2001), 6, 88, 94 그리고 133.

rillard)에 기초하여, 그루시는 다양한 정치 선전들을 통해 행해지고 있는 문화적 이콘옹호주의나 이콘파괴주의 둘 다 그 본질에 있어서 일종의 문화 정치학들이며 대결의 이데올로기들이라는 것을 인지해야 한다고 주장한다. 예를 들어 문화적 이콘파괴주의는 반드시 반예술적으로 여겨질 필요가 없고, 오히려 어떤 구체적인 이데올로기나 권력과 관련되어 이용되는 이미지와 상징에 대한 거부로 해석될 수 있다는 것이다. 바로 이러한 이미지와 상징이 지닌 권력에 대한 비평의 필요성에 기독교의 독특한 신학적 미학이 개입할 여지가 있다고 보는 것이다. "바로 이 지점에서 기독교 신학과 미학은 비판적인 대화를 시도해야 하는 것이며, 기독교와 예술의 관계가 논의되어야 하는 것이다."[111] 특히 본회퍼의 신학에 기초해서 그루시는 기독교의 고유한 미의식이 정의로운 사회의 변혁을 위해 분명한 역할을 할 수 있다고 제안한다.

> 인종분리정책이라는 추악한 유산의 한가운데서, 우리는 십자가에서 죽은 예수 그리스도를 통해 드러나는 아름다움의 구원하는 힘을 회복하여야만 한다. 동시에 정의롭고 평등한 사회를 향한 투쟁을 계속해야 하는 긴급한 필요성의 한가운데서, 우리는 신앙의 공동체 안의 기독교인의 삶에 본질적인 것으로 '미학적 삶'의 중요성을 발견해야만 한다. 그것을 위한 본질적인 요소가 바로 교회와 신앙인들과 신학자들이 예술가들의 문학과 음악과 이미지를 통해 현실을 듣고 보는 법을 배우는 일이다. 그들과 함께 세계를 보다 정의로운 곳으로 만드는데 우리가 동참하는 일이다. '경이로움, 사랑, 그리고 찬미' 안으로 자신이 잃어질 수 있는 능력을 우리가 회복하는 일이다.[112]

플라톤은 아름다운 삶의 방식에 관해 논하면서 "아름다운 모든 것은 어렵다"는 오랜 속담을 인용한다(*Greater Hippias*, 304e). 아름다움이 어려운 건 그것이 도덕적 얼굴을 가지고 있으며, 깨어지기 쉬운 아름다

---

111) Gruchy, Christianity, *Art and Transformation*, 51-52.
112) Gruchy, Christianity, *Art and Transformation*, 167-168.

움에 대한 우리의 도덕적 소명을 요구하기 때문이 아닐까? 마일즈(Margaret R. Miles)는 바로 이러한 아름다움과 도덕적 책임감 사이의 관계를 다음과 같이 표현하고 있다. "아름다움을 인식하는 것이 바로 인간의 행복을 결정하기 때문에, 무엇이 아름다운가를 잘못 판단하는 것은 인간에게 가장 위험한 일이다.⋯ 미인식이 미덕의 실천을 떠받치고 있고 지지하고 있는 것이다. 따라서 능동적이고 예민한 아름다움에 대한 인식이 가져오는 가장 주요한 효과들은 윤리적 성격을 가진다."[113] 플라톤, 그루시, 그리고 마일즈가 제안하듯 아름다운 모든 것은 어렵다. 하지만 또한 그렇기에 아름다운 삶의 방식은 실천 속에서 더욱 드러나는 것이다.

---

113) Miles, *Reading for Life*, 47-49.

2장 아름다움은 악을 극복하는가:
미학과 신정론

"아름다움이 세상을 구할 것이다." 도스토예프스키는 자신의 소설 《백치》에서 마치 그리스도와 같은, 그래서 백치처럼 보이는 등장인물인 미쉬킨 왕자의 입을 빌어 이렇게 예언하였다.[1] 이 글은 어떻게 이러한 진술이 가능한지, 어떻게 아름다움이라는 미학(美學)의 개념과 악으로부터의 세상의 구원이라는 신학(神學)의 개념이 함께 사용되어 하나의 깊은 진실을 전달하는 진술을 이룰 수 있는지 그 이유를 살펴보려고 한다. 우리는 여기 2장에서 이러한 예언을 옹호하거나 논박하고자 의도하지 않는다. 오직 위의 진술을 앞으로의 《아름다움과 악》 전체의 논의를 위해서 이해하고자 할 뿐이다. 따라서 여기서 도스토예프스키의 진술이 제기하는 문제는 과연 미학적 신정론(美學的 神正論, aesthetic theodicy)은 가능한가라는 질문의 형태를 띠게 된다. 미학적 신정론이란 예술적 메타포와 미학적 가치의 도움을 통해서 악의 문제라는 교리적 난제를

---

1) Fyodor Dostoevsky, *The Idiot*, trans. Alan Myers (Oxford: Oxford University Press, 1992), 402 (3부). 빌라데서/ 손호현 옮김,《신학적 미학》(서울: 한국신학연구소, 2001), 389에 알렉산더 솔제니친의 해석과 함께 재인용되고 있다.

해결하려는 시도이며, 아름다움이 악을 극복할 수 있다는 것을 변증하려는 신학적 미학의 한 분야이다.

하지만 과연 그러한 시도는 정당한 것일까? 도스토예프스키는 단순히 미학과 신학의 범주를 혼동한 것이 아닐까? 아름다움이 한 번이라도 세상을 구원한 적이 있단 말인가? 오히려 "아우슈비츠 이후에 서정시를 쓴다는 것은 야만이다"라고 선언하였던 아도르노처럼, 우리 시대의 끔찍한 악은 현실을 단지 미화시키는 예술과 미학의 모든 담론을 정지시켜야할 당위를 보여주지 않는가? 예술은 고통을 견딜 만한 것으로 미화한다. "미학의 형식화의 원리와 합창의 엄숙한 기도문조차도 생각할 수 없이 끔찍한 운명을 마치 어떤 의미를 가지는 것처럼 만든다. 이렇게 전환될 때, 그 공포가 지녔던 어떤 것도 제거되는 것이다." 인간이 다른 인간을 뼈가 부서지도록 고문하는 인생의 추함에 어떤 의미라도 남아있단 말인가? 여기서 아름다움을 이야기한다는 것은 희생자의 고통조차 하나의 미학적 "그림"으로 만듦으로써, "그 희생자 앞에 선 우리의 부끄러움마저도 상처받게 하는 것이다." 아도르노와 함께 우리는 "이제 어떤 예술도 존재할 권리를 가지는지의 질문"을 물어야 하는 것이 아닐까?[2] 하지만 도스토예프스키는 대담하게도 이런 추함의 세상에서 아름다움의 구원을 꿈꾼다. 도대체 어떤 구원의 아름다움이란 말인가? 도대체 미학적 신정론이란 가능한 것인가?[3]

---

2) Theodor Adorno, "Commitment"(1962) in *Charles Harrison and Paul Wood* (eds.), Art in Theory, 1900-1990: *An Anthology of Changing Ideas* (Oxford, UK: Blackwell, 1992), 761.

3) 해리슨은 그리스도의 십자가에서의 추함이 곧 그리스도의 아름다움이라고 하는 역설적 미학에 의해서만 도스토예프스키의 진술이 옹호될 수 있다고 말한다. 그리고 아우구스티누스의 신학적 미학이 그러한 역할을 할 수 있을 것이라고 제안한다. "우리는 여기에서만 세상이 아름다움에 의해 구원받을 것이라는 미쉬킨 왕자의 질문에 대답할 수가 있다. 아름다움으로 존재하는 하나님에 의해, 자신을 아름다움으로 드러내는 계시에 의해, 그의 창조 안에서, 역사에 대한 그의 섭리적 질서 안에서, 그의 성서 안에서, 그리고 무엇보다도 인간이 되신 그의 성육신 안에서 세상은 구원받을 것이다." Carol

분명한 악의 존재는 신의 존재를 불분명하게 만든다. 악이 존재한다는 것이 분명한 정도에 따라, 신이 존재한다는 것은 반대로 불분명해 보이기 때문이다. 신의 이해가능성이 악의 명확한 존재에 의해 심각하게 위협받게 되는 것이다. 과연 신과 악은 공존할 수 있는가? 신정론(神正論, theodicy)이란 악의 존재의 명확성과 신의 존재의 불명확성이라는 이중적 난관에 직면하여, 신의 존재와 악의 존재가 양립가능하다는 것임을 변증하는 시도로 정의될 수 있다. 즉 명백한 악의 존재에도 불구하고 하나님이 또한 존재한다는 것을 옹호하는 것이다. 하지만 신정론은 점증적으로 오히려 자신의 존재 자체를 변증해야만 하는 어려운 위치에 서게 된다. 신정론이란 그 자신의 이론으로 세계를 구원하고자 하는 백마술(白魔術)은 아니다. 하나님이 구원하신다. 신정론은 하나님의 구원의 활동을 설명하려는 이론적 시도일 뿐이다. 이러한 이론적 활동으로서의 신정론에 세 가지 질문이 특히 주요하게 제기된다. 누가 신정론이라는 담론에 참여하는가? 왜 신정론은 필요한가? 어떻게 신정론이 성공적인지 그렇지 않은지를 우리는 아는가? 신정론의 담론의 공동체, 그 목표, 그리고 성공의 척도는 즉각적으로 분명치는 않다. 리꾀르(Paul Ricoeur)는 신정론의 다차원적인 과제를 이해하는데 중요한 출발점을 제공하고 있다.

우리는 다음과 같은 조건들을 충족할 때 신정론에 대해 말할 권리가 있다. (1) 악의 문제에 대한 '진술'(statement)이 단일한 의미만을 지니는 명제들에 기초할 때이다. 통상적으로 고려되는 세 주장들의 경우가 그래야 한다: 하나님은 전능하다; 하나님의 선하심은 무한하다; 악은 존재

Harrison, *Beauty and Revelation in the Thought of Saint Augustine* (Oxford: Clarendon Press, 1992), 273. 하지만 우리에게는 이러한 신학적 아름다움에 대한 이해는 아직 전제된, 따라서 증명되지 않은 결론이다. 오직《아름다움과 악》전체의 여정을 통해 아우구스티누스, 화이트헤드, 그리고 헤겔의 신학적 미학과 신정론을 살펴본 후에 우리는 도스토예프스키의 진술을 다시 직면할 용기를 가질 것이다. 물론 동의할 수 있다는 보장은 어디에도 없다.

한다. (2) 논의의 '목적'(goal)이 분명하게 변증적일 때이다: 하나님은 악에 대해 책임이 없다. (3) 사용된 '수단'(means)이 비모순율의 논리와 조직적인 전체의 논리를 충족할 때이다.[4]

    신정론을 논할 수 있는 세 가지 **전제**를 필자는 이렇게 해석한다. 첫째, 우리는 악의 문제에 대한 진술들을 분명하게 단일한 의미로 이해하고 있으며, 동시에 그것들을 풀어야 할 난제 혹은 아포리아(aporia)로 여기는 신정론의 담론 공동체를 지목해야만 한다. 둘째, 신정론이 이러한 담론 공동체 안에서 혹은 밖에서 가지게 되는 변증의 목적이 분석되어야 한다. 하지만 필자는 리꾀르의 제안과는 달리 하나님의 책임 없음을 변증하는 목적이라는 형태와는 다른 형태들의 목적이 존재할 수도 있다고 생각한다.[5] 셋째, 신정론을 이론적으로 구축하고 평가할 어떤 논리적이고 분석적인 수단들과 척도들이 있어야만 한다고 생각한다. 이러한 세 가지 조건들을 모두 충족할 때 우리는 리꾀르가 "존재신학의 가장 빛나는 보석"이라고 부른 신정론 담론에 대한 권리를 획득하는 것이다.[6] 이런 다소 엄격한 의미에서의 신정론은 존재신학(存在神學, onto-theology)이라고 필자는 본다. 왜냐하면 신정론은 존재, 무, 최초의 원인자, 목적론적 궁극성, 무한성, 유한성 등의 철학적이고 형이상학적인 '존재론'(ontology)의 담론과 신과 악으로 대변되는 '신학'(theology)의 담론과 비모순율과 조직적 사유라고 하는 '논리'(logic)의 담론을 함께

---

4) Paul Ricoeur, "Evil, A Challenge to Philosophy and Theology," *Journal of the American Academy of Religion* 53.4 (December 1985): 641.
5) 예를 들어 판넨베르크는 "창조자의 책임을 면제시키려는 관심은 기독교 신정론에 있어서 실수였다"고 평가한다. 대신 그는 신약성서의 하나님이 예수 그리스도의 십자가 안에서, 십자가와 함께 "자신이 창조한 세계에 대한 책임감"을 능동적으로 짊어진 것에 초점을 맞추어야 한다고 주장한다. Wolfhart Pannenberg, *Systematic Theology*, vol. 2, trans. Geoffrey W. Bromiley (Grand Rapids, Michigan: William B. Eerdmans Publishing Company, 1994), 166.
6) Ricoeur, "Evil, A Challenge to Philosophy and Theology," 641.

하나로 결합시키기 때문이다.[7]

I. 신정론 담론의 공동체

신정론은 그 담론 공동체의 구성원으로 유일신론(唯一神論, monotheism)의 전통에 참여하는 이들을 가진다고 필자는 제안한다. 이러한 방식으로 담론 공동체의 경계를 확정함으로 필자는 두 가지 입장을 피하고자 한다. 신정론은 기독교 종교의 배타적인 담론도 아닐 뿐 아니라, 인류 전체의 보편적인 담론도 또한 아니다. 물론 모든 사람들과 비유일신론적 전통의 추종자들도 인간 현실과 고통의 문제를 끊임없이 씨름하지만, 신정론의 문제는 오직 유일신론적 신앙 안에서만 성립한다고 보는 것이다.

첫째로, 신정론이 모든 인류의 일반적인 관심이라고 추측하는 것은 실수일 것이다. 신정론은 그 자신의 역사성에 의해 제한된다. 예를 들어 서린(Kenneth Surin)은 신정론이 결코 변하지 않는 일련의 동일한 문제들에 대한 동질적인 이론적 시도가 아니었음을 지적한다. "합리성 자체가 그 사회적 뿌리를 가지듯", 신정론 이론도 "매우 구체적인 역사적이고 내용적인 형상화 과정"을 가진다고 그는 주장한다.[8] 보다 구체적으로 서린은 오늘날 거의 대부분의 신정론 토론이 직접적이거나 간접적이든 "17세기와 18세기의 철학적 유신론"의 이론적 틀, 곧 전지하고 전능하고 전선한 철학자들의 하나님을 전제하고 있다고 지적한다.[9] 그러나

---

7) 하지만 리쾨르는 이러한 존재신학적 접근에 대해서는 비판적이며, 그가 "애도의 사역"이라고 부른 것이 희생자들의 비극적 현실에 대한 보다 적합한 반응이라고 생각한다. 필자는 애도의 필요성에 동의하지만, 존재신학의 이론적 작업도 필요하다고 보며 특히 헤겔의 철학적 신정론에 있어 중심 개념으로 사용할 것이다. Ricoeur, "Evil, A Challenge to Philosophy and Theology," 646.
8) Kenneth Surin, *Theology and the Problem of Evil* (Oxford: Basil Blackwell Inc., 1986), 48.

하나님에 대한 기독교의 고전적인 삼위일체론적 신관은 그 자체의 이론적 틀을 가지기 때문에, 신정론 담론은 철학적 유신론에서 기독교의 삼위일체론 교리로 그 적합한 자리를 옮겨야 한다고 서린은 제안한다. 이 둘은 전혀 다른 두 논리적 영역이라는 것이다.

> 만약 이러하다면, 신정론은 철학적 신학(오늘날의 의미에서는 그 경계가 불분명한 광범위한 의미에서의 '유신론'을 설명하거나 옹호하는 형태로서의 신학)의 영역으로부터 벗어나서 교의학(십자가에서 죽은 나사렛인의 역사에 주목하는 것이 바로 신학적 진리라고 이해하는 것)의 영역 안으로 옮겨져야 하는 담론의 형태이다.[10]

따라서 "철저하게 다른, 나아가 의사소통이 불가능한 두 지성적 컨텍스트를 함께 하나로 융합하는 것"은 피해야만 한다고 그는 본다.[11] 하지만 필자는 의사소통 불가능성의 문제를 지나치게 극단화하여, 신정론 담론은 다른 철학적이거나 종교적인 유일신론의 형태들을 배제해야 한다고 주장하고 싶지는 않다. 기독교 성서와 신학의 형성과 발전에 있어서 기독교 종교는 비기독교적인 요소를 자신의 지적 유산의 일부분으로 항상 수용하여 왔기 때문이다. 리쾨르가 옳게 지적하듯, 아우구스티누스는 자신의 악에 대한 교리에서 철학적 개념들을 포함시킨 최초의 기독교 존재신학자들 중 한 사람이었다.[12] 유대교와 공유하고 있는 구약성서가 또 다른 예가 될 것이다. 욥의 고뇌에 찬 질문이 기독교에 속하는지 유대교에 속하는지 묻는 것은 별로 도움이 되지 못한다. 따라서 필자는 기독교, 유대교, 이슬람교 등의 여러 형태의 유일신론적 신앙, 그리고 그러한 신앙에 대한 철학적 성찰이 함께 오늘날 신정론 담론의 일종의 "영향사"(*Wirkungsgeschichte*)를 형성하고 있다고 제안한다.[13] 그것들은 역

---

9) Surin, *Theology and the Problem of Evil*, 4.
10) Surin, *Theology and the Problem of Evil*, 154-155.
11) Surin, *Theology and the Problem of Evil*, 19.
12) Ricoeur, "Evil, A Challenge to Philosophy and Theology," 639.

사의 지평융합에 의해 어느 정도 서로의 대화 안으로 들어와 있으며, 동시에 기독교의 교리적 전통은 그 내부에서 출발하여 자신의 텍스트-내재적(intratextual) 담론 공동체 외부로 확장하는 경향성을 보여주기 때문이다. 절대적으로 순수하게 기독교적인 언어란 존재하지 않으며, 순수성의 신화는 이제 버려져야 한다.

둘째로, 그러나 유일신론이라는 이러한 광범위한 컨텍스트가 신정론의 담론 공동체를 거의 무한정적으로 확장하거나 경계가 없게 만드는 것은 아니다. 유일신론적 접근은 다른 접근들을 분명 배제하는 것이다. 신정론의 담론은 예를 들어 조로아스터교나 마니교의 이원론, 조잡하고 대중적인 형태의 다신론, 혹은 불교의 비유신론적인 윤회설 등등 비유일신론적인 길을 택하지는 않았다. 여기서는 인간 존재를 위한 세계의 질에 대한 문제가 다양한 방식으로 둘 혹은 그 이상의 경쟁하는 신들에 연관되거나 혹은 자신의 전생의 업에 관련된다. 일례로 고통의 문제는 불교에서도 발견되지만 그것이 자동적으로 악의 문제로 전환되는 것은 아니다. 또한 거기서는 신(神)의 옳음(正)에 대한 어떤 변증의 의도도 존재하지 않는다. 오히려 고통의 문제는 그 근원적 뿌리인 마음의 무지한 집착과 관련되는 듯하다. 반면 악이란 우리의 세계경험의 질이 이미 유신론적 사유체계 내에서 해석된 것이다. 존 힉에 따르면, 악의 문제에 대한 신정론의 딜레마는 에피쿠로스(Epicurus, 341-270 B.C.)에 의해 처음으로 다음과 같이 제시되었다.

> 신은 악을 제거하고자 원하였으나 그렇게 할 힘이 없었거나, 혹은 신은 악을 제거할 힘이 있었지만 그렇게 하고자 원하지 않았을 것이다. 혹은 신은 원하지도 않았고 힘도 없었을 것이다. 혹은 신은 원하였고 힘도 있었을 것이다. 만약 신이 악을 제거하고자 원하였으나 그렇게 할 힘이 없었다면, 신은 무기력할 뿐이며 그러한 무기력은 신의 본성에 적합하지

---

13) Cf. Hans-Georg Gadamer, *Truth and Method*, trans. J. Weinsheimer and D. G. Marshall (1975; revised ed., New York: Continuum, 1996), 300-302.

않은 것이다. 만약 신이 악을 제거할 힘이 있었지만 그렇게 하고자 원하지 않았다면, 신은 질투하는 것이며 그러한 질투도 동일하게 신에 적합하지 않은 것이다. 만일 신이 원하지도 않았고 힘도 없었다면, 신은 무기력할 뿐만 아니라 질투하는 것이며 따라서 그는 신이 아니다. 만약 신이 원하였고 힘도 있었다면, 그것만이 신에게 적합하지만, 그렇다면 악의 기원은 무엇인가? 왜 신은 악을 제거하지 않는가?[14]

에피쿠로스의 질문은 신학자들의 지옥이었다. 유신론적 사유체계에서 그의 질문은 끊임없이 반복되었다. 예를 들어 철학자 데이비드 흄(David Hume)은 여기에 신학자들이 아직 대답하지 않았다고 고발한다. "에피쿠로스(Epicurus)의 오랜 질문들은 아직 대답되지 않았다. 신은 악을 막고자 하였으나, 그렇게 할 힘이 없었는가? 그렇다면 신은 무능력하다. 그렇게 할 수 있었지만, 그러지 않았는가? 그렇다면 신은 사악하다. 신은 그렇게 할 수 있었고, 그렇게 하고자 원했는가? 그렇다면 악은 도대체 어디에서 오는 것인가?"[15] 이러한 신정론의 질문들이 지옥의 뜨거움과 지성의 바늘로 느껴진 이유는 힉이 지적하고 있듯, "유대-기독교 신앙에 있어서 절대적 유일신론은 말하자면 협상의 대상이 아니기 때문이다."[16] 데이비스(Stephen T. Davis)도 "악의 문제는 '유신론'의 문제", 보다 구체적으로는 "유일신론"의 문제라고 동의한다.[17] 유일신론의 공동

---

14) John Hick, *Evil and the God of Love* (revised edition, San Francisco: Harper & Row, 1977), 5 n. 1.
15) David Hume, *Dialogues Concerning Natural Religion, in Principal Writings on Religion including Dialogues Concerning Natural Religion and The Natural History of Religion,* ed. J. C. A. Gaskin (Oxford and New York: Oxford University Press, 1993), 100 (10부).
16) Hick, *Evil and the God of Love,* 29.
17) Stephen T. Davis, "Introduction," in Stephen T. Davis ed., *Encountering Evil: Live Options in Theodicy* (new edition, Louisville: Westminster John Knox Press, 2001), viii-ix. 또한 Joseph F. Kelly, *The Problem of Evil in the Western Tradition: From the Book of Job to Modern Genetics* (Collegeville, Minnesota: The Liturgical Press,

체 안에서 체계-내재적인(intra-systematic) 일관성을 성취하는 것이 신정론의 기본적인 과제인 것이다. 요컨대 악이란 신학적 범주이며, 신정론 프로젝트의 논리적인 설명의 끝은 하나님 이하가 되어서는 안 되는 것이다. 신정론의 담론 공동체가 유일신론의 전통이라고 규명함을 통해서, 우리는《아름다움과 악》의 나머지 세 권에서 기독교 신학자 아우구스티누스뿐만 아니라 기독교 철학자인 화이트헤드와 헤겔을 같이 연구할 수 있는 토대를 가지게 되는 것이다.

II. 신정론 변증의 목적

신정론은 세계 안에 일어난 사건들에 대한 일종의 추사유(thinking-after, *Nachdenken*)로서, 현존 상태의 유지를 위한 변증적 수사학으로 전락할 항존하는 위험성을 가진다. 악의 철저한 이해불가능성을 지적하는 대신에 그것은 거짓된 이해가능성을 제공함으로 우리로 하여금 행동하기 느리게 만들 수도 있다. 틸리(Terrence W. Tilley)는 이데올로기로서의 신정론에 대한 가장 설득력 있고 다차원적인 분석을 제공하고 있다. 악과 하나님의 논리적 공존가능성을 설명하는 이론을 생산하려 노력함에 있어서 우리는 오히려 더 많은 유사-문제들을 만들어낼 뿐만 아니라 어쩌면 실제적인 악을 만들고 있는지도 모른다고 그는 지적한다. 이러한 부정적 기능은 악의 문제에 대한 "해결책"이 아니라, "그러한 해결책이 만들어 내는 문제들"에 초점을 맞출 때 드러나게 된다는 것이다.[18] 틸리는 신정론이 지닌 네 가지 문제들을 보여줌으로 그러한 파괴적이고 왜곡적인 담론의 실천을 교란하고자 의도한다. 신정론은 비실천적이고, 아카데믹하고, 거짓된 의사소통 가능성을 전제하고, 악을 추상화

2002), 5-6 참조.
18) Terrence W. Tilley, *The Evils of Theodicy* (Washington, D.C.: Georgetown University Press, 1991), 1.

한다는 것이다.

첫째로, 신정론은 종교적 실천에 있어서 실제적인 문제들에 대응하는 실천적인 행동이 아니라, 이론적인 문제들에 대응하는 순전히 이론적인 반응이라는 점에서 "비실천적"(impractical)이다. 신정론의 이론적 추구는 실천적인 문제들을 평가절하 시키지만, 진정한 문제는 이론적이지 않다는데 있다. 칼 마르크스의 정신을 떠올리게 하듯, 틸리는 종교가 "민중의 아편"으로 기능해서는 안 되며 이러한 나쁜 담론의 실천을 차단할 수 있는 반(反)신정론(anti-theodicy)을 제공해야만 한다고 주장한다.[19] 둘째로, 신정론이 보통 "제도적으로 자유로운 담론의 실천"이라고 여겨지는 상황에서, 이러한 아카데믹한 견해는 신정론자들의 담론의 실천이 가지는 책임감의 차원을 최소화시키는 위험성을 가진다는 것이다. 만약 신정론이 교회가 아니라 대학이라는 담론의 고향을 가진다면, 그것은 이미 "거리를 둔 자의 실천"이다. 예를 들어 틸리는 악에 대한 아우구스티누스의 설명에 관해서 존 힉이 제공하는 해석을 완고하게 반대한다. 그러한 해석은 악에 대한 아우구스티누스 자신의 설명과 아우구스티누스주의의 설명 사이에 존재하는 차이를, 그리고 아우구스티누스 자신 안에도 존재하는 목회자, 신학자, 변증론자, 혹은 사변적 철학자 사이의 중요한 차이를 붕괴시킨다고 비판한다.[20] 셋째, 신정론 담론은 여러 시대에 걸쳐 집필된 다양한 종교적 혹은 비종교적 텍스트들 사이에 일종의 "의사소통 가능성"(commensurability)이 존재한다고 전제하지만, 틸리는 그렇지 않다고 본다. 신정론이 그 본질에 있어서 계몽주의의 프로젝트임에도 불구하고, 현대의 신정론자들이 계몽주의 이전의 다양한 저자들을 이 담론 안으로 끌어들이려 헛되이 노력한다는 것이다.[21] 넷째, 마지막으로 가장 중요하게 신정론자들은 악을 "추상화"(abstraction)한다는 것이다. 틸리는 오스틴(J. L. Austin)의 행동으로서의 담론이라는 화행론(話

---

19) Tilley, *The Evils of Theodicy*, 248. Cf. 229, 232, 그리고 251 참조.
20) Tilley, *The Evils of Theodicy*, 114-115, 233-234.
21) Tilley, *The Evils of Theodicy*, 234.

行論)과 존 설(John Searle)의 화행에 대한 분류법을 차용하여, 이러한 추상화 과정을 드러내는 실천론적인 언어 행동 이론을 발전시킨다. 신정론은 단지 세계가 어떠한가를 묘사하는 담론의 실천이 아니라, 암묵적으로 세계가 어떠해야 하는가를 규정하는 규범적인 담론의 실천이라는 것이다. 그것은 단지 악이 무엇인지를 묘사하는 것이 아니라 악이 무엇인지를 선언하는 것이다. 그러나 악이 어떤 추상적이고 무해한 것으로 잘못 선언될 때, 신정론은 실재에 대한 중립적인 묘사이기를 그치고 거짓된 의식으로서 사람들의 행동에 영향을 주게 된다. 신정론이 이데올로기가 된 것이다. "만약 신정론자들이 악을 잘못 선언할 때", 틸리에 따르면, "그들은 일관적이지 못할 뿐 아니라 마침내는 파괴적인 담론을 창조한 것이다."[22] 이러한 이데올로기의 기능 때문에, 틸리는 신정론 이론이 현실적인 악을 지닌 채 "존재하는 세계"와 "신정론자들이 거기에 존재하고 싶어 하는 세계(하나님이 통치하는 세계)" 사이의 차이를 말소한다고 비판한다.[23] 악을 잘못 선언함으로, 신정론이 현실적으로 사람을 다치게 한다는 것이다.

> 슬픔을 드러내고, 하나님을 저주하고, 슬퍼하는 자를 위로하고, 악한 일들과 악한 행동들과 악한 실천들을 실천적으로 이해하고 거기에 대응하려고 노력하는 사람들을 아카데믹한 신정론은 주변화시켰고, 동질화시켰고, 밀어내었고, '순화시켰고,' 마침내는 침묵시켰다. 실제적인 악들이 사람들을 계속해서 상처주지만, 그러한 악들을 위장하는 담론의 실천이 바로 신정론이라고 나는 보기에 이르렀다. 요컨대 신정론이라는 담론의 실천에 참여하는 것은 악들을 '창조'(create)하는 것이다. 그러한 악들 중 가장 작은 것이 '목회적' 상담으로부터 '아카데믹한' 철학적 신학을 철저하게 분리시킨 것만은 아닐 것이다.[24]

---

22) Tilley, *The Evils of Theodicy*, 234-235.
23) Tilley, *The Evils of Theodicy*, 249.
24) Tilley, *The Evils of Theodicy*, 2-3.

틸리는 신정론이라는 담론의 실천은 포기되어야 한다고 결론 내린다. 신정론의 실천이 악의 문제를 해결하는 것이 아니라, 오히려 악을 창조하기 때문이라는 것이다.

틸리의 중요하고도 진정한 통찰들에도 불구하고, 필자는 그럼에도 신정론은 시도되어야 한다는 입장을 가진다. 신정론의 담론이 전적인 침묵보다는 낫기 때문이다. 신정론은 사유되고 비판되고 수정되고 혹은 반박될 수 있지만, 침묵은 그럴 수 없다. 해방신학이 우리에게 가르쳐주었듯, 담론과 침묵 둘 다는 잠재적으로 이데올로기적이다. 이데올로기의 위험성은 신정론 담론에 고유한 것이 아니라 신학 전반에 걸쳐 항존하는 위험성이다. 그러기에 필자는 라너의 자극적이면서도 선동적인 물음을 심각하게 여기고자 한다. "우리는 죽음의 장엄한 어둠 앞에 단지 처음부터 조용히 침묵하고자 하는가?"[25] 우리가 신앙을 감당할 수 없는 질문들로 돌처럼 굳어 있게 남겨두고자 원치 않는다면, 우리가 신앙하기를 전혀 거부하고자 원치 않는다면, 중얼거리는 머뭇거림으로라도 신정론은 시도되어야 한다. 침묵이 항상 신학의 의무는 아닌 것이다.

신정론이 신학에 어떤 긍정적인 기여를 한다고 필자는 믿는다. 신정론은 우리에게 비판적이고 자기 성찰적인 담론의 공간을 제공하며, 여기에서 우리의 신학적 나태함은 한편으로 고통스러운 비극의 현존을 통해서 그리고 다른 한편으로 시도되는 해결책들의 잠정적이고도 파편적인 불충분함을 통해서 완벽하게 부수어지기 때문이다. 신학은 말할 수 없는 것들에 대해 침묵해야 할 때가 분명 있다. 도대체 리스본 대지진 이후에, 아우슈비츠 이후에 어떻게 신학이 가능하단 말인가? 이러한 상처들 이후에 어떻게 하나님에 대해 이야기할 수 있단 말인가? 모든 신학적 합리화의 시도가 희생자의 죽음 하나라도 되살릴 수 있단 말인가? "말할 수 없는 것들에 대해 우리는 침묵해야 한다."[26] 악의 문제는 어쩌면

---

25) Karl Rahner, "Purgatory," in *Theological Investigations,* vol. 19 (New York: Crossroad, 1983), 186.

26) Ludwig Wittgenstein, *Tractatus Logico-Philosophicus* (London and New York:

신학자들이 자기 한계에 직면하여 겸손을 배울 수 있는 가장 좋은 자리일 것이다. 세계가 겪는 상상할 수 없을 정도의 상처, 비극, 그리고 고통의 경험에 우리는 종종 할 말을 잃고 침묵할 때가 있다. 그럼에도 불구하고, 아니 그래서, 우리는 악과 고통에 대해 생각하고 글을 쓴다. 우리가 더 잘 알기 때문이 아니라, 우리의 무지를 신비화하지 않기 위해서이다. 대답하라는 희생자의 절박한 요구를 근엄하게 신비화된 침묵의 제스처로 대답하는 것은 또 다른 신학적 오만이 아닐까? 어떠한 악의 합리화도 희생자나 신정론자 둘 다를 완전히 만족시키지 못할 것이라는 사실을 우리는 본능적으로 안다. 제공되는 모든 대답들에서 우리는 무언가의 결핍을 느끼고 또 다른 불만족을 가진다. 우리는 이중적으로 겸손해져야 하는 법을 배워야 하는 것이다. 우리는 말할 수도 없고 침묵할 수도 없다. 우리는 자신의 공부방으로 돌아가 "무얼 진짜 말할 수 있을까?" 혹은 "이제 입 닥쳐야 하지 않을까?" 묻고 또 묻게 된다. 이러한 긴장 속에 기독교 신학은 지난 이 천년 동안 지내오지 않았던가? 예를 들어 아우구스티누스가 거의 자신의 심장을 깨고 정신을 미치게 할 정도로 악의 문제에 평생토록 집착하고 씨름한 사실을 무시하고, 그의 경건한 영성을 진정 이해할 수 있을까? 신정론의 진정한 가치는 어쩌면 신학적 겸손의 실천에 있을 것이다. 여기에서 신학 자체가 자라나는 것이다.

또한 우리는 신학자로서 개인 혹은 문화 전체에 변증의 '의무'를 가진다. 기독교는 종종 비기독교적인 문화의 선교 현장에서 악의 문제로 인한 심각한 저항과 비판을 받기도 한다. 악의 문제는 유신론적 신앙의 일관성을 흔들어버릴 뿐만 아니라, 어떤 경우에는 배교의 결과까지 가져오기도 한다. 실제로 일본 예수회 소속이었던 푸칸(Fabian Fucan)은 악의 문제로 인해 결국 불교로 다시 개종하며 자신의 배교의 이유를 《파괴된 하나님》(*Ha Daiusu* 혹은 *Deus Destroyed*, 1620)에서 밝히고 있

Loutledge, 1961), 74 (7번째 명제).

다. 천사장 루시퍼의 타락이나 인류의 조상인 아담의 타락이 전지, 전능, 전선한 하나님이라는 기독교 유일신론 안에서는 설명될 수 없는 부조리한 교리라는 것이다.

> 오, 신의 신봉자들이여! 당신들이 설파한 것은 결국 신이 전적으로 책임이 있다는 것을 드러내고 있지 않는가.… 당신들은 신이 지혜(*sapientissimus*)라고, 즉 [과거, 현재, 미래라는] 삼계를 통치하는 지혜라고 말하지 않았는가? 만약 진정 그러하다면, 그리고 신이 이러한 천사들을 창조하였다면, 그 천사들이 즉각 죄 속으로 타락하리라는 것을 신이 몰랐다고 할 수는 없을 것이다. 하지만 만약 신이 이 사실을 알았다면, 당신들의 신이 삼계를 통치하는 지혜라고 부르는 것도 말이 안 된다. 천사들이 죄 속으로 타락하리라는 것을 신이 알고 있었지만 그럼에도 그들을 창조하였다면, 신은 가장 잔인한 일을 행한 것이다. 만약 신이 전능(all-powerful)하다면, 왜 신은 천사들이 죄 속으로 타락할 수 없도록 창조하지 않았는가? 왜 천사들을 죄가 없도록 창조하지 않았는가? 천사들이 타락하도록 허락한 것은 흉악한 마귀들을 여럿 창조한 것과 다를 바 없다. 이런 무익한 마귀들을 창조한다는 것이, 이런 사악한 장애를 출산한다는 것이 도대체 무슨 행동이란 말인가? 어쩌면 신이 창조의 작업에 서툴렀단 말인가? 아니면 이 천사들은 천지만물을 창조하는 동안 옆에 떨어진 불필요한 부스러기로서 지옥불을 지피는데 사용될 땔감이란 말인가? 하하! 정말 웃기는 농담이다!²⁷⁾

전지, 전능, 전선한 하나님에 대한 유신론적 신앙의 일관성은 이처럼 악의 문제에 의해 철저히 부정되는 것 같다. 화이트헤드는 악의 문제가 고전적 유신론이라는 배에 커다란 구멍을 내어 결국에는 그것을 침몰시키는 암초와도 같음을 이렇게 표현하고 있다: "종교적 교리의 모든 단순화 작업들은 악의 문제라는 암초에 걸려 난파되었다."²⁸⁾ 악의 문제는 종

---

27) George Elison, *Deus Destroyed: The Image of Christianity in Early Modern Japan* (Cambridge, MA: Harvard University Press, 1973), 272-273. 동일한 흄(David Hume)의 아포리아가 타락한 천사들뿐 아니라 인간에게도 적용된다. Ibid., 275를 보라.

교적 헌신이나 배교에 있어서 둘 다 무거운 짐이다. 그것은 단지 신앙인만이 아니라 비(非)신앙인과 배교한 반(反)신앙인에게 모두 심각한 난제이다. 그것은 힉이 지적하듯 신앙인에게 "자신의 신앙을 흔드는 뼈아픈 내적 긴장"을 가져다줄 뿐 아니라, 후자의 사람들에게는 "종교적 헌신에로 나아가는 데 있어 주된 장애물"로 서 있다.[29] 우리는 최소한 그들과 그리고 우리 자신의 짐을 덜어주고자 시도는 해보아야 하는 의무를 가진다.

III. 신정론 성공의 척도

필자는 아래에서 악에 대한 최근의 논리분석철학의 논의에 도움을 받아 기독교 유신론의 일관성이라는 문제를 고찰하고자 한다. 이러한 선택이 다른 종류의 접근이 가능하다는 사실을 가려서도 안 될 것이며, 논리적 설득력이 유일한 척도라고 제시하는 것이 되어서도 안 될 것이다. 이러한 논리분석적 접근의 이유는 이어지는 책들에서 필자가 선택한 아우구스티누스, 화이트헤드, 헤겔의 신정론을 비교하는데 유용한 도구적 토대를 제공하며 그들의 차이점을 보다 선명하게 보여주기 때문이다. 악의 문제에 대한 논리적 변증은 그 자체로 일종의 완결성을 가지지만, 그것이 단지 철학적인 제한된 유신론의 하나님이 아니라 기독교에서 신앙하는 하나님의 변증으로 발전하기 위해서는 보다 풍부한 형이상학적 체계에 결합되어야 한다고 필자는 생각한다. 그러한 과제의 준비 작업으로 여기서는 한편으로 악의 문제가 어떻게 설정(設定)될 수 있는가 살펴본 후에, 다른 한편으로 여기에 대한 신정론의 대답을 평가하고 비판할 수 있는 그 구체적인 성공의 척도(尺度)를 알아보고자 한다. 전자의 문제는

---

28) A. N. Whitehead, *Religion in the Making* (New York: Macmillan Company, 1926), 77. 화이트헤드/ 정강길 옮김,《형성과정에 있는 종교》(서울: 동과서, 2003), 82.
29) Hick, *Evil and the God of Love*, 3.

주로 맥키, 파이크, 플랜팅가의 논의를 중심으로 이루어질 것이고, 후자인 신정론의 척도와 관련하여서는 개인적 구원, 우주적 구원, 악의 균형잡기, 악의 미학적 승리라는 아담스의 네 제안을 중심으로 살펴보게 될 것이다.

먼저 논리분석철학이 어떻게 악의 문제를 설정하는지 보도록 하자. 맥키(J. L. Mackie)는 유신론적 종교 신념이 단지 합리적 근거를 가지지 못할 뿐 아니라, 나아가 "전적으로 비합리적"이고 "비일관적"이라는 것을 악의 문제를 통해 증명될 수 있다고 주장한다. 그는 분석철학적 접근에서 악의 문제를 다음과 같이 요약한다.

(1) "하나님은 전능하시다."
(2) "하나님은 전선하시다."
(3) "하지만 악은 존재한다."[30]

만약 이 세 가지 명제 중에서 두 가지가 참이라면, 나머지 한 명제는 필연적으로 거짓이라는 것이다. 왜냐하면 이 세 명제 사이에는 어떤 모순이 존재하기 때문이라는 것이다. 하지만 맥키는 신의 전능, 전선, 그리고 악이 서로 직접적으로 관련이 되고 있지는 않기 때문에, 그러한 모순이 즉각적으로 분명하게 드러나지는 않음을 인정한다. 따라서 맥키는 "선은 악에 반대된다"는 추가명제 이외에, 다음과 같은 두 가지 추가 명제를 제안한다.

(P1) "선한 존재는 가능하다면 항상 악을 소멸시킨다."
(P2) "전능한 존재에는 못할 일이 없다."[31]

---

30) J. L. Mackie, "Evil and Omnipotence," in Marilyn McCord Adams and Robert Merrihew Adams ed., *The Problem of Evil* (Oxford: Oxford University Press, 1990), 25. 원래 이 글은 Mind 64 (1955): 200-212에 발표되었다.
31) *The Problem of Evil*, 26.

따라서 맥키의 무신론적 도전은 이러한 두 추가명제가 앞에서 언급한 세 가지 명제의 일관성을 위협할 정도로 충분하지는 못하다는 것을 증명함으로써만 극복될 수 있는 것이다.

파이크(Nelson Pike)는 (P1)이 우리의 일상적인 도덕적 직관을 제대로 반영하지 못한다고 비판한다. 왜냐하면 어떤 행동에 있어서 파이크가 "도덕적으로 충분한 이유"(morally sufficient reason)라고 부른 것이 존재할 때, 우리는 그러한 행동이 가져오는 고통을 허락하거나 혹은 그것을 가하는 이를 비난하지는 않기 때문이다.[32] 파이크는 아이에게 쓴 약 숟가락을 억지로 먹이는 부모의 예를 든다. 그러한 강요의 행위는 아이의 건강을 위해 이루어진 것이라는 논지이다. 마찬가지로 하나님도 고통스러운 일을 예방하지 않고 허락하거나 혹은 그것이 일어나게 할 수도 있는데, 거기에는 어떤 도덕적으로 충분한 이유가 있을 수 있다는 것이다. 따라서 유신론의 논리적 비일관성을 증명하기 위해서는 (P1)이 아니라 다음과 같은 수정된 명제가 증명되어야 한다고 파이크는 본다.

(P3) "전지하고 전능한 존재는 고통의 경우를 허락할 어떠한 도덕적으로 충분한 이유도 가지지 않는다."[33]

하지만 파이크는 바로 이 (P3)가 유신론자들에 의해 명확한 것으로 보편적으로 인정되지는 않는다는 사실을 지적한다. 유신론자들은 고통과 악의 경우에도 하나님에게는 어떤 도덕적으로 충분한 이유가 존재한다고 보기 때문이다. 그러한 도덕적으로 충분한 이유로서 파이크는 라이프니츠의 '모든 가능한 세계들 가운데 최고의 세계'(the best of all possible worlds)와 토마스 아퀴나스의 선과 악이 공존하는 질서에서 발생하는 '우주적 조화의 아름다움'(the harmonious beauty of the cos-

---

32) Nelson Pike, "Hume on Evil," in *The Problem of Evil*, 40. 원래 이 글은 Philosophical Review 72 (1963): 180-197에 실렸었다.
33) *The Problem of Evil*, 41.

mos)이라는 미학적 신정론을 예로 제시한다. 하나님이 창조할 수 있는 최고의 세계도 "미학적 가치"를 위해서 고통의 경우들을 논리적으로 필수불가결한 요소로서 포함할 수 있다는 것이다. 왜냐하면 "침묵의 순간이 송가에 달콤함을 더하듯"(Summa Contra Gentiles, 3:71), 그러한 고통의 경우들이 어떤 선한 것들을 가져올 수도 있기 때문이다.[34] 비록 우리는 이러한 이유가 정말 하나님의 진짜 이유인지 알지 못하지만, 파이크는 어느 누구도 이것이 거짓이라고 증명하거나 반증하지는 못하였다고 지적한다. 파이크는 하나님의 도덕적으로 충분한 진짜 이유가 무엇인지 유신론자가 증명할 필요는 없으며, 단지 그것의 논리적 존재 가능성이 반증의 짐을 무신론자의 어깨에 옮기게 되는 것이라고 본다. 따라서 맥키의 무신론적 도전은 자명하지도 않고, 결론이 나지도 않은 것이라고 주장한다.

이와 유사한 방식으로 플랜팅가(Alvin C. Plantinga)는 맥키의 (P2)에 도전한다. 플랜팅가는 하나님의 전능성과 논리적 법칙의 관계에 대해 신학자들이 두 가지 의견으로 나누어져 있음을 지적한다. 루터나 데카르트와 같은 이들은 하나님의 전능성이 논리적 법칙에 의해서도 제한되지 않는 것으로 보는 반면, 플랜팅가 자신을 포함한 다른 이들은 다음과 같이 하나님의 전능성을 해석한다.

> (P4) "전능한 존재에는 논리적으로 가능하지 않는 것을 제외한 못할 일이 없다."[35]

전능한 존재라도 논리적으로 불가능한 상황을 만들 수는 없으며, 하나님의 전능성이 예를 들어 동그란 네모와 같은 것을 창조할 수 없다고 훼손되는 것은 아니라는 입장이다. 악의 문제와 관련하여 본다면, 피조

---

34) *The Problem of Evil*, 45-46.
35) Alvin C. Plantinga, *God, Freedom, and Evil* (Grand Rapids, Michigan: William B. Eerdmans Publishing Company, 1977), 17.

물이 지니는 자유의 중요성은 도덕적 선만을 포함하고 도덕적 악은 포함하지 않는 세계를 논리적으로 창조하기 불가능하게 만든다는 논지이다. 왜냐하면 피조물은 플랜팅가가 "초세계적 타락성"(transworld depravity)이라고 부른 것을 지니기 때문이다.[36] 피조물은 그 초세계적 타락성으로 인해 어떤 세계에서라도 한 번은 타락하게 되어 있다.

> 자유의지 변증의 핵심은 다음과 같은 사실이 '가능할'(possible) 수도 있다는 데 놓여있다: 하나님은 도덕적 악을 동시에 포함한 세계를 창조함이 없이, 도덕적 선만을 (혹은 우리 세계가 포함하고 있는 만큼의 도덕적 선만을) 포함한 세계를 창조할 수는 없었다. 그리고 만약 정말 이러하다면, 하나님은 악을 포함한 세계를 창조한 충분한 이유를 가질 수 있는 것이다.[37]

자유로운 피조물도 없고 악의 가능성도 없는 세계를 창조하기 보다는, 자유로운 피조물과 함께 악의 가능성을 동시에 포함하는 세계를 창조하는 것이 더 나을 수 있다는 제안이다. 이러한 판단은 비록 증명 불가능한 것이긴 하지만, 그렇다고 맥키의 주장처럼 비합리적이거나 비일관적인 판단은 아니라고 플랜팅가는 본다. 따라서 그는 자신의 입장을 "신정론"(theodicy)이라 부르기를 거부한다. 왜냐하면 플랜팅가는 위의 제안이 하나님이 악을 허용하는 '진짜'(actual) 이유라고 주장하지는 않기 때문이다. 파이크와 마찬가지로 플랜팅가도 맥키의 무신론적 도전을 극복하기 위해서는 단지 하나님의 '가능한'(possible) 이유가 무엇인지 그 논리적 가설 혹은 "변증"(defense)을 제공하는 것으로 충분하다고 보기 때문이다.[38]

---

36) Plantinga, *God, Freedom, and Evil*, 48. 플랜팅가는 초세계적 타락성을 칼빈주의에서 말하는 "전적인 타락성"(total depravity)에 연관시킨다.
37) Plantinga, *God, Freedom, and Evil*, 31.

필자는 파이크와 플랜팅가의 제안처럼 악의 문제가 전능하고 전선한 신의 존재와 악의 존재라고 하는 이 두 축의 공존가능성이라고 하는 일종의 논리적 난제라고 한다면, 논리분석철학의 변증에 의해 일정 정도 해결될 수 있다고 본다. 하지만 동시에 필자는 이러한 논리적 가설이 그 자체로 기독교를 포함한 구체적인 유일신론적 신앙에 대한 적극적 옹호로서 작용할 수 있다고 생각하지는 않는다. 악의 문제에 대한 로우(William L. Rowe)의 "논리적" 접근의 한계에 대한 비판은 그래서 중요한 의미를 가진다.[39] 우리의 악의 경험은 비록 신의 존재와 논리적으로 볼 때 반드시 모순이 되는 것은 아니라고 하더라도, 그러한 경험은 대체적으로 혹은 확률적으로 볼 때 유신론보다는 무신론의 견해를 보다 설득력 있게 만들기 때문이다. 필자는 로우가 "제한적 유신론"(restricted theism)이라고 부른 견해, 즉 다른 그 어떤 종교적 견해도 수반하지 않고 단지 세계를 창조한 전지, 전능, 전선한 신이 존재한다는 것만을 논리적으로 옹호하는 견해는 기독교 신정론으로서는 한계를 가질 수밖에 없다고 본다. 따라서 이러한 제한적 유신론의 입장은 삼위일체, 성육신, 구속사, 죄, 인간론, 사후의 세계, 최후의 심판 등등 다른 종교적 가르침을 포함하는 "확장된 유신론"(expanded theism)으로 발전되어야 한다고 생각한다.[40] 이러한 확장된 유신론으로서의 신학적, 형이상학적 세계관의 제시 없이는 논리적 가설은 조만간 그 한계에 부딪힐 수밖에 없기 때문이다. 예를 들어, 비록 우리가 알지 못하지만 하나님은 악의 존재를 세계에 허용하는 어떤 충분한 이유를 지닐 수 있다는 논리적 가설에 대해, 로우는 제한적 유신론이 그러한 하나님의 이유가 "우리의 지식의 한계 밖에" 필연적으로 존재한다는 어떠한 추가적 가설이나 논증도 제공하고

---

38) Plantinga, *God, Freedom, and Evil*, 27-28.
39) William L. Rowe, "The Problem of Evil and Some Varieties of Atheism," in *The Problem of Evil*, 126 note 1.
40) William L. Rowe, "Evil and the Theistic Hypothesis: A Response to Wykstra," in *The Problem of Evil*, 161.

있지 않음을 지적한다.[41] 인간의 무지의 조건에 대한 어떠한 신학적 인간론도 제한적 유신론은 제공하고 있지 않으며, 이러한 작업은 신학과 형이상학적 세계관을 수반하는 확장된 유신론의 몫이기 때문이다. 필자는 악의 문제에 대한 논리분석철학적 변증이 진정한 설득력을 가지기 위해서는 신학적, 형이상학적 변증을 동시에 필연적으로 요구하게 된다고 본다.

다음으로, 신정론의 성공의 척도라는 문제를 보도록 하자. 모든 비판의 기준과 척도는 항상 그리고 이미 어떤 형이상학적 틀 안에서 형성되고 거기에 영향을 받는다. 그럼에도 불구하고 필자는 메릴린 아담스(Marilyn McCord Adams)의 견해에 기초하여 다음과 같은 일련의 질문들이 신정론의 문제에 있어 어느 정도의 상대적 보편성을 지니는 유용한 질문들이라고 본다. 첫째로, 하나님은 왜(why) 악을 허용하는가? 둘째로, 하나님은 어떻게(how) 악을 극복하는가? 마지막으로, 하나님은 어느 정도(how much) 세계를 구원하는가? "왜"의 질문은 악에 대한 하나님의 이유 혹은 가치(價値, value)를 묻는 것이다. "어떻게"의 질문은 하나님의 구원의 방식(方式, method)을 묻는 것이다. "어느 정도"는 구원의 범위(範圍, scope)를 묻는 것이다. 이후의 책들에서 이러한 세 가지 질문이 각각 아우구스티누스, 화이트헤드, 헤겔의 신정론에 대한 비판적 평가에 사용될 것이다.

첫째로, 하나님은 왜 세계에 악을 허용하는가? 이미 언급하였듯 파이크는 하나님에게 어쩌면 도덕적(道德的)으로 충분한 이유가 있었을 것이라고 보며, 그 가능한 예로 라이프니츠적인 미학적(美學的) 최고의 세계라는 가설을 제공한다. 하지만 아담스는 이러한 파이크의 역설적 대답이 이미 그의 "도덕적으로" 충분한 이유라는 접근이 지닌 한계를 명확하게 드러낸다고 지적한다. 그녀는 분석철학적 담론에서의 이러한 "도덕가치이론의 제국주의"에 대항하여, 이제까지 무시되어왔던 문화적(文化

---

41) *The Problem of Evil*, 165.

的), 미학적(美學的), 혹은 종교적(宗敎的) 가치를 하나님이 악을 허용하는 이유에 추가시켜야 한다고 주장한다.[42] 특히 악에 대한 분석철학적 담론의 "미학적 선(善)에 대한 망각"은 종결되어야 한다는 아담스의 주장에 필자는 주목한다.[43] 신정론의 성공 가능성은 "감각의 즐거움(자연의 아름다움이나 문화적 예술작품의 아름다움, 창조성의 기쁨, 사랑의 인격적인 친밀함" 혹은 "초월적인 선(플라톤주의의 선 혹은 기독교의 무한한 존재이자 가장 가치 있는 존재인 하나님)" 등과 같이 단지 도덕적 차원만이 아니라 문화적, 미학적, 혹은 종교적 차원에서의 가치들의 다원주의를 통해 보다 증가될 수 있다고 그녀는 본다.[44]

둘째로, 하나님은 어떻게 악을 극복하는가? 아담스는 하나님이 악을 극복하는 두 가지 방식이 있을 수 있다고 제안한다. 먼저 하나님은 악을 처벌하고 선을 보상하는 보복적 정의의 방법을 사용하신다고 볼 수 있다. 행악자는 거기에 상응하는 적합한 처벌을 받게 되고, 희생자는 겪었던 고난에 상응하는 혹은 이보다 더한 보상을 받게 됨으로써 하나님의 구원의 섭리가 작용한다고 이해할 수 있는 것이다. 예를 들어, 욥은 말할 수 없는 비극을 경험하게 되지만 나중에는 보다 큰 재물과 보다 많은 자녀들로 보상을 받게 된다. 이러한 악의 극복방식을 아담스는 "균형잡기"라고 부르며 다음과 같이 정의한다.

> 균형잡기(balancing-off)는 수학적인 덧셈과도 같다. [부정적인] 가치 부분들은 그것과 동일한 혹은 그것보다도 더 많은 반대의 [긍정적인] 가치

---

42) Marilyn McCord Adams, *Horrendous Evils and the Goodness of God* (Ithaca and London: Cornell University Press, 1999), 4. 이 저작에서 아담스는 악에 대한 단지 도덕적인 접근만을 하는 분석철학적 담론의 경향을 비판적으로 극복하고자 사회인류학적 접근("순결과 더럽혀짐의 계산," "명예와 부끄러움"), 그리고 미학신학적 접근(삶의 유용한 요소로서 "우주적 질서, 생존, 그리고 정신 건강"을 위해 필요한 "미학적 가치들")을 소개하고 있다. Ibid., 86-151 참조.
43) Adams, *Horrendous Evils and the Goodness of God*, 3-4, 129-151.
44) Adams, *Horrendous Evils and the Goodness of God*, 12.

부분들에 의해 전체적으로 볼 때 균형 잡힐 수 있다.[45]

하지만 종종 우리는 수학적인 **균형잡기**와 같은 방식으로 악을 극복하는 것이 반드시 만족스럽지는 못하다는 것을 경험한다. 욥이 잃은 자녀들에 대해 하나님이 보다 많은 수의 자녀들로 보상할 수 있다는 이러한 수학적 덧셈의 논리는 욥이 겪어야 했던 말할 수 없는 비극의 깊이와 밀도를 제대로 해결하지는 못하는 것이다. 인간 존재는 단지 선악을 계산하는 주판의 주판알은 아니기 때문이다. 설혹 이러한 계산이 타당한 것으로 잠시나마 허용된다고 하더라도, 어떻게 우리가 악의 행위가 처벌되고 선한 이의 희생이 보상되는 그런 세계가 처벌이나 보상이 없는 세계보다 나은 가장 좋은 최고의 세계라고 주장할 수 있겠는가? 퀸(Philip Quinn)이 비판하듯, 악이 전혀 없는 세계가 단지 하나의 악의 경우를 포함하는 세계보다도 분명 나을 것이기 때문이다.[46] 하나님은 이런 최고의 세계를 만들 수 없었단 말인가?

이러한 수학적 덧셈으로서의 **균형잡기**라는 도덕적 정의 개념의 한계로 인해, 아담스는 두 번째 방식인 악에 대한 유기적 혹은 미학적 "승리"(defeat)라는 개념이 필요하다고 본다. 악에 대한 "승리"란 다음과 같은 악의 미학적 극복을 가리킨다.

> 아주 적은, 부정적인 (혹은 긍정적인) 가치 부분이 전체의 보다 큰 긍정적인 (혹은 부정적인) 가치에 공헌할 수 있다.[47]

그녀는 모네가 아침에 루앙 성당을 관찰했던 예를 들며, "추하고 이상한 초록색 헝겊조각들이 전체적인 예술적 구상이 보여주는 광대한 아

---

45) Adams, *Horrendous Evils and the Goodness of God,* 21.
46) Philip Quinn, "God, Moral Perfection, and Possible Worlds," in *God: The Contemporary Discussion,* ed. F. Sontag and M. Bryant (New York: The Rose of Sharon Press, 1982), 203.
47) Adams, *Horrendous Evils and the Goodness of God,* 20-21.

름다움에 통합됨으로 그 추함이 패배하였다"고 주장한다.[48] 첫 번째 균형잡기의 방법과는 달리, 두 번째 미학적 승리의 방법에서는 부정적 가치 부분이 단지 보상에 의해 균형 잡힌 것이 아니라 보다 거대한 긍정적 전체 가치 속에 통합되고 도구화되고 지양되는 것이다. 여기서 하나님의 활동방식은 "수학"(arithmetic)으로 이해되기보다는 "시나리오"(scenario)로 이해된다.[49] 하나님은 단지 악과 선을 정확하게 보상하고 균형 잡는 수학적 혹은 도덕적 대심문관이라기보다는, 악의 상처를 기억하고 이것을 보다 아름다운 전체 이야기 속에 한 단계 혹은 부분으로 포함시키는 위대한 극작가로 이해될 수 있다는 것이다. 하지만 아담스는 모든 미학적 시나리오가 동일한 설득력을 가지지는 않는다고 본다. 일례로 그녀는 요한계시록적인 시나리오와 누가복음의 수난의 시나리오를 대조적으로 제시한다. 계시록적인 신학은 의인과 악인이라는 일차원적인 두 부류의 등장인물들과 두 대조되는 시대를 제시한다. 그리고 구원이란 다가오는 시대에 그들의 위치가 각각 "단순한 바뀜"을 통해 달성된다고 본다. 아담스의 견해에 따르면 이러한 시나리오에서는 "악에 대한 미학적 승리가 획득되었다기보다는 보복의 질서에 의해 단지 균형이 잡혀진 것이다." 두 집단의 배우들이 단지 그 자리를 바꾸었을 뿐이다. 악인은 그 성격에 있어 구속되지 못했고, 다가오는 시대에서도 고통이 끝나지는 않는다. 그녀는 개인적으로 이러한 보복의 시나리오를 빈곤한 상상력을 지닌 B급의 서부극에 비교한다. 반면 누가복음의 수난 이야기는 "희비극적 아이러니"로 가득한 플롯을 제공하며, 이러한 플롯은 단지 운명의 바뀜에 만족하지는 않는다. 각각의 등장인물은 그 자신에게 적합한 깊이를 가지며 또한 적절한 관심의 대상이 된다. 악인조차도 하나님의 드라마에서 아이러니의 도구로서 선용된다. 하나님의 대적들은 단지 그렇게 일차원적으로 남겨지지 않으며, 사탄의 도구라는 그들의 최악의

---

48) Adams, *Horrendous Evils and the Goodness of God*, 20-21.
49) Adams, *Horrendous Evils and the Goodness of God*, 55.

역할도 오히려 그런 악인들의 마음을 변화시킬 새로운 기회를 하나님에게 제공하는 것으로 전환된다. 아담스는 계시록적인 플롯과 누가복음적인 플롯의 대조를 통해서 하나님은 보복 없이도 악을 미학적으로 극복할 수 있다는 것을 보여주고자 하는 것이다. 여기서 전통적 신정론이 완전히 자유롭지는 못한 보상적 정의의 모티프는 최소화되는 것이다. 요컨대 우주라는 거대한 신정론의 시나리오에 있어서 "플롯 구성의 미학적 우수성이 그것의 구원하는 힘에 영향을 끼친다"고 아담스는 주장한다.[50] 우리는 나중에 아우구스티누스, 화이트헤드, 헤겔에서 이러한 미학적 시나리오 구성의 차별성을 살펴보게 될 것이다.

셋째, 마지막으로 하나님은 어느 정도 구원하는가? 이 질문은 그 자체로 분명하지는 않다. 이해를 쉽게 하기 위해 "우주적"(global) 구원의 범위와 "개인적"(individual) 구원의 범위라는 아담스의 구분을 살펴보고, 이것을 고전적 유신론과 화이트헤드의 과정신학의 유신론에 비교해 볼 때 이 질문은 보다 분명해진다. 하나님은 우주 전체를 구원하신다고 볼 수도 있고, 혹은 개개인 모두를 구원하신다고도 볼 수 있다. 얼핏 보기에 이러한 구분은 별 차이가 없는 것 같지만 고전적 유신론은 이를 중요하게 나눈다. 즉 고전적 유신론은 하나님이 개개인의 인간 모두를 즉 인류 전체를 구원함이 없이도 우주 전체를 구원하실 수 있다고 보기 때문이다. 인류가 구원받은 자와 그렇지 못한 자라고 하는 두 궁극적 운명으로 나누어진다 하더라도, 하나님은 여전히 우주 전체의 구원자 즉 "우주적 가치들의 생산자"라고 고전적 유신론은 주장한다. 천국과 지옥이 함께 우주를 아름답게 만든다는 견해이다. 반면 화이트헤드의 과정신학의 유신론은 모든 개개 존재의 가치를 조금도 잊어버리지 않고 상실하지 않는 보편적 구원론을 제시한다. 아담스의 표현을 빌리면, 하나님은 "개개 피조된 인간들에 대한 선하심과 사랑"이라는 것이다.[51] 그녀는

---

50) Adams, *Horrendous Evils and the Goodness of God*, 137.
51) Adams, *Horrendous Evils and the Goodness of God*, 29-30.

단지 우주의 구원만이 아니라 개인의 구원에 관심하는 것이 기독교가 말하는 하나님의 선하심이라고 주장한다.

> 그러한 [우주적] 이유들로 활동하는 우주의 창조자 그리고/혹은 우주의 경영자는 인류 혹은 개개 인간의 가치를 중요하게 생각하는 존재는 아닐 것이다. 오히려 그러한 다스림은 최선의 경우 [인간에 대해] 무관심한 것이고, 최악의 경우 잔인한 것이다. 본인은 오직 하나님이 자신이 창조한 개개 인간 모두에게 '선' 하실 때, 하나님은 인간을 가치 있게 여기고 개개인을 사랑한다고 말할 수 있다고 주장한다. 그리고 하나님의 '선하심'은 해악과 보상을 단지 우주 전체에서 조화시키는 것이 아니라, 개개인의 인격적 삶 속에서 또한 조화시킬 때 진정 드러나는 것이다.[52]

IV. 미학적 신정론

우리는 앞에서 이 장을 시작하며 미학적 신정론(美學的 神正論, aesthetic theodicy)을 예술적 메타포와 미학적 가치의 도움을 통해서 악의 문제라는 교리적 난제를 해결하려는 시도이며, 아름다움이 악을 극복할 수 있다는 것을 변증하려는 신학적 미학의 한 분야라고 정의하였다. 예술과 아름다움이 지닌 세계 긍정의 힘을 빌려서 악을 변증하려는 이러한 시도는 오랜 역사를 지닌 인류의 지혜의 한 부분이다. 고대에서는 예를 들어 신플라톤주의자였던 플로티누스(Plotinus)가 자신의 《에네아데스》(III.2.15)에서 동물의 살육, 인간의 전쟁, 죽음이란 마치 연극에서 배우가 새로운 복장을 갈아입고 등장하듯 단지 새로운 삶으로의 전환일 뿐이라는 미학적 신정론을 제시한 적이 있다.

> 동물들은 서로를 잡아먹는다. 인간들은 서로를 살육한다. 휴식이나 휴전도 없이 만물은 전쟁 중이다. 이러한 사실은 어떻게 이성이 섭리의 저자

---

52) Adams, *Horrendous Evils and the Goodness of God*, 30-31.

이며 어떻게 만물이 잘 만들어졌다고 선언할 수 있는지 질문하는데 힘을 더하여 준다. … 하지만 어떤 새로운 모습으로 되돌아가기 위해서 그들이 잡아먹힌다면 무엇이 문제가 되겠는가? 그것은 마치 연극(演劇)에서 배우들 중의 하나가 살해당하는 것과 마찬가지일 뿐이다. 그 배우는 분장을 고치고 새로운 역할로서 되돌아온다.[53]

기독교 전통에서도 다양한 형태의 미학적 신정론이 등장하며, 어쩌면 그 가장 유명한 예들 중의 하나가 이른바 아담의 타락은 "펠릭스 쿨파" (*felix culpa*, fortunate crime)라는 다행스러운 범죄에 대한 생각일 것이다. 신정론(*théodicée*)이라는 말을 처음으로 만들어낸 라이프니츠는 부활절 전날 저녁에 로마 교회에서 불렸던 다음과 같은 미사 전서(*Missale Romanum*)의 부분을 일종의 신정론으로 인용하고 있다.

오, 진정으로 필연적이었던 아담의 범죄여, 그리스도의 죽음이 그것을 취소시켰다!
오, 다행스러운 범죄여, 그러한 위대한 구원자를 가질 수 있게 하였다!

O certe necessarium Adae peccatum, quod Christi morte deletum est!
O felix culpa, quae talem ac tantum meruit habere Redemptorem![54]

우리는 《아름다움과 악》의 2권에서 아우구스티누스의 미학적 신정론을 분석하며 그에 대한 플로티누스의 영향을 다시 살펴볼 기회를 가질

---

53) Plotinus, *The Enneads*, trans. Stephen MacKenna (New York: Larson, 1992), 193-194.

54) G. W. Leibniz, *Theodicy: Essays on the Goodness of God, the Freedom of Man and the Origin of Evil*, ed. Austin Farrer and trans. E. M. Huggard (1710; Chicago and La Salle, Illinois: Open Court, 1990), 129. 또한 Hick, *Evil and the God of Love*, 244 n. 1을 보라. 힉에 따르면, 이것의 저자와 연대는 불분명하다. 아우구스티누스, 암브로스, 혹은 그레고리우스 대제에게 분명한 증거 없이 저작권이 돌려지기도 하였다. 또한 그 기원은 최소한 7세기, 그리고 가능하게는 5세기 초반까지 거슬러 올라갈 수 있다.

것이다. 또한 4권에서 헤겔을 분석하며 "다행스러운 범죄"가 지닌 미학적 함의를 고찰하게 될 것이다. 여기서 다루고자 하는 보다 시급한 질문은 미학적 신정론이 왜 설득력을 가지는가라는 문제이다.

왜 미학적 신정론은 설득하는가? 왜 어떤 아름다움의 비전이 악을 취소하는 것이라고 여길 수 있는가? 여기에 단일한 대답이 주어질 수는 없다. 그것의 설득하고 유혹하는 힘은 실천신학적 미학, 조직신학적 미학, 혹은 기초신학적 미학의 차원에서 각각 다양하게 분석될 수 있다. 필자는 여기서 단지 마지막의 기초신학이라는 차원에서 미학적 신정론이 지닌 초월적(超越的), 심리적(心理的), 논리적(論理的) 설득력을 간략하게 분석하고자 한다. 초월신학적 차원은 마리땡을 통해서, 심리학적 차원은 프로이드와 산타야나를 통해서, 그리고 논리분석적 차원은 아담스를 통해서 보고자 한다. 먼저 마리땡(Jacques Maritain)은 아름다움의 설득력을 존재에 대한 어떤 직관적인 지식 혹은 시적인 인식가능성에 관련시킨다. 아름다움은 존재의 투명성이라는 것이다. 아름다움은 사물들을 투명하게 보여주며, 바로 이 때문에 아름다움은 진리의 표식으로서 설득한다. 하지만 그것이 세계 안에는 추한 악이 없다거나 싸워야할 투쟁이 없다는 뜻은 아니다. 아름다움은 "하나님과 악마가 인간의 마음을 두고 싸우는 전쟁터"라는 도스토예프스키의 《카라마조프의 형제들》에 나오는 진술을 마리땡은 인용한다.[55] 아름다움이 그 자신의 신학적 본질 혹은 초월적 지향성을 상실하게 될 때, 그러한 아름다움은 양면성을 지니거나 혹은 악마적이 되기까지 한다. 마리땡은 그러한 예로 보들레르의 자극되어진 우울함을 든다. 하지만 우리의 도덕적 혹은 미학적 악의 '행동'(act)이 비록 이를 통해 부서지기는 하였지만 그럼에도 잔존하는 우리의 '존재'(being)가 지니는 아름다움을 완전히 취소할 수는 없다. 아름다움은 존재론적으로 볼 때 추함에 선행하기 때문이다. 스콜라 신학의 전통에서 존재한다는 것은 아무리 작을 지라도 아름다움을 지닌다는 것을

---

55) Maritain, *Creative Intuition in Art and Poetry*, 161 note 3.

의미한다. "무(無)의 상처"로서의 악은 추한 것이며 그것을 통해 자유는 인간의 행동을 왜곡시키지만, 이것이 하나님의 눈에는 "어떤 존재도 추하지 않다"는 존재론적 사실성을 취소시킬 수는 없는 것이다.[56] 이러한 상처 가운데서 우리가 해야 할 일은 자신의 존재 속의 아름다움을 양육하는 것이다. 토마스 아퀴나스는 아름다움이란 존재의 통전성, 균형 혹은 조화, 그리고 투명성이라고 말한 적이 있다.[57] 마리땡은 여기서 예술이, 특히 그가 "기독교 예술"이라고 부르는 것이 이러한 아름다움의 회복과 양육에 도움을 줄 수 있다고 본다. 마리땡이 의미하는 기독교 예술이란 단지 교회에서 만들어진 예술을 가리키는 것이 아니라, 기독교의 본질적 특성을 지니고 있는 예술 곧 "구속받은 인류의 예술"을 가리킨다. 이집트 예술, 그리스 예술, 중국 예술조차도 만약 사랑의 형이상학적 궁극성을 표현하고 있다면, 그것은 기독교적 예술의 흔적을 가지는 것이다.[58] 아름다움의 설득력은 궁극적으로는 사랑과 은총의 초월적인 하나님의 아름다움에 기초하고 있는 것이다. 미학적 아름다움은 초월적 아름다움의 한 구체적인 형상이다. 초월적 아름다움은 세계의 아름다움을 우리가 바라보고 그것에 경탄할 때 또한 공동-경험되고 공동-긍정되는 것이다. 이처럼 아름다움이 지닌 초월적인 지향성 때문에, 마리땡은 비인간화의 과정과 악의 상처를 극복하기 위해 "인류 공동체가 필요로 하는 가장 자연스러운 치유의 힘이며 영성화의 동인(動因)"이 바로 예술이라고 제안한다.[59] 하나님의 초월적 아름다움을 예술은 모방하고 재현하며, 바로 이 때문에 예술이 가끔씩은 구원의 힘이 되는 것이다.

---

56) Maritain, *Creative Intuition in Art and Poetry*, 164 note 1.
57) "아름다움은 세 가지 조건을 요구한다. 첫째는 통전성(integritas) 곧 완전성(perfectio)으로, 따라서 결함이 있는 것은 추하다. 둘째는 적합한 균형(proportio) 곧 조화(consonantia)이다. 셋째는 투명성(claritas)으로, 빛나는 색깔을 가진 것들은 아름답다고 말해진다"(Summa Theologiae, I.39.8).
58) Maritain, *Art and Scholasticism with Other Essays*, 53-54.
59) Maritain, *Creative Intuition in Art and Poetry*, 191.

우리는 이 시점에서 예술이 그 자신의 방식으로 순수한 영에게만 고유한 조건을 모방하려 애쓰는 것을 관찰할 수 있을 것이다. 예술은 추한 사물들과 괴물들로부터 아름다움을 이끌어낸다. 예술은 아름다운 것과 추한 것 사이의 분열을 보다 고차원적인 종류의 아름다움에 추함을 흡수함으로써, 그리고 (미학적인) 아름다움과 추함의 '너머로' 우리를 옮김으로써 극복하고자 노력한다. 달리 말해 예술은 미학적 아름다움(aesthetic beauty)과 초월적 아름다움(transcendental beauty)의 구분을 넘어서서, 미학적 아름다움을 초월적 아름다움 안에 흡수하고자 씨름한다.[60]

기독교 예술을 통해 존재의 투명한 아름다움을 마심으로써, 인간의 가슴은 하나님의 아름다움이 주는 해갈의 자유를 유비적으로 경험하게 되는 것이다. 이런 이유로 마리땡은 하나님의 속성들로서의 "모든 초월적 범주들 전체의 광채"가 바로 아름다움이라고 보았으며, 기꺼운 마음으로 "하나님은 아름다우시다"는 것을 긍정하는 것이다.[61]

둘째로, 그러나 미학적 신정론은 보다 세속적이고 심리적인 이유들에서 그 유혹의 힘을 발휘할 수도 있다. 우리는 항상 아름다움을 통한 악의 변증이 잠재적으로 지니는 위험성 곧 마조히즘, 정적주의, 혹은 유순한 복종이라는 심리적이고 이데올로기적인 위험성을 경계해야만 한다. 프로이드(Sigmund Freud)는 문명의 현실이 주는 불만족에 대한 보상으로서 예술이 제공하는 대리적 만족의 이데올로기적 기능에 주목한다. 그는 정신병의 기원이 "현실의 원칙"(reality-principle)을 통한 "쾌락-고통의 원칙" 혹은 보다 단순하게 말해 "쾌락의 원칙"(pleasure-principle)의 억제와 억압에 있다고 보았다. 쾌락의 원칙이 완벽하게 억압될 때 현실은 참을 수 없게 되는 것이다. 이러한 두 원칙들 사이의 갈등을 해결하기 위해 문명은 종교, 학문, 교육, 그리고 예술이라는 다양한 대리 만족의 방식들을 개발하였다는 것이다. 예술의 독특한 해결방식은 예술가를 통

---

60) Maritain, *Creative Intuition in Art and Poetry*, 165.
61) Maritain, *Art and Scholasticism with Other Essays*, 25 그리고 132 note 63b.

해 일종의 "환상의 삶"을 새로운 종류의 현실로 창조하는 것이다. 거기에서 "인간은 외부세계에서의 현실적인 변화들을 만들어야 하는 기나긴 여정의 길을 거치지 않고도 자신이 영웅이 되고, 왕이 되고, 창조자가 되고, 그가 가장 원하는 것이 실제로 될 수 있는 것이다."[62] 예술가는 작품 안에서 타인들에게는 감추어졌던 에로틱한 욕망을 지연시키지만 동시에 그 성취를 예견한다. 요컨대 예술은 쾌락에 대한 감추어지고 장식되어진 갈망이며, "시적 예술의 본질적인 기교는 우리의 혐오감을 극복하는 기술에 있는 것이다."[63] 문명의 성(性)에 대한 금지와 그것에 대한 예술의 대리적 만족이라는 프로이드의 대조는 그의 저작《환상의 미래》에서 가장 분명하게 드러나고 있다.

> 예술은 가장 오래되었고 아직도 가장 깊숙이 느껴지는 문화적 포기들에 대한 대리적 만족들(substitutive satisfactions)을 제공한다. 그러한 이유에서 예술은 인간이 문명을 위해서 치룬 희생과 인간 자신을 다른 어떤 것보다도 효과적으로 화해시키는 것이다.[64]

마르크스가 종교와 관련하여 아편이라는 메타포를 사용하였듯, 프로이드는 예술의 이러한 이데올로기적 기능을 "온화한 마취제"에 비교한다.[65] 예술은 혹독한 현실로부터 일시적인 도피처를 제공함으로 현실의 고통을 희석시켜주는 신경안정제라는 것이다. 따라서 미학적 신정론이 예술과 종교라는 두 영역에 존재하는 거짓된 의식을 결합시키는 부정적

---

62) Sigmund Freud, "Formulations regarding the Two Principles in Mental Functioning" (1911), Collected Papers (London: The Hogarth Press, 1953), 4:14 and 4:19.
63) Sigmund Freud, "The Relation of the Poet to Day-Dreaming" (1908), in *Collected Papers,* 4:183.
64) Sigmund Freud, *The Future of Illusion,* trans. James Strachey (New York and London: W. W. Norton & Company, 1961), 17.
65) Sigmund Freud, *Civilization and Its Discontents,* trans. James Strachey (New York and London: W. W. Norton & Company, 1961), 31.

인 이데올로기로 작용한다면, 그 결과는 매우 파괴적인 것이다. 왜 그렇게 많은 신학자들과 철학자들이 미학적 아름다움을 통해 하나님을 옹호하려는 시도에 대해 비판적이었는지도 충분히 이해할 만하다. 세계 안에 존재하는 무의미하고 부조리한 악을 인간의 심리 속에서 어떤 견딜 만한 것으로 전환시키는 마취제 혹은 아편의 기능을 미학적 신정론이 제공할 수 있기 때문이다. 이러한 경우 신학자 펠트너(Günther Pöltner)에 따르면 "아름다움은 일종의 마취제가 되며, 예술은 대리적 만족과 보상의 현상으로 이해될 수 있다."[66]

산타야나(George Santayana)는 자신의 저작《아름다움의 의미》에서 프로이드의 예술에 대한 심리학적 설명과 마찬가지로 "자연주의적 심리학"의 기초 위에 미학 이론을 발전시키고자 한다.[67] 그는 여기서 미학적 판단을 마음의 현상이자 산물로서 접근한다. 산타야나는 자신의 이러한 자연주의적 심리학의 접근법을 아름다움에 대한 "실용주의적" 혹은 "형이상학적" 미학 이론과 차별화한다.[68] 따라서, 그리고 우리의 프로젝트에 있어서 중요하게도, 산타야나는 미학적 신정론으로부터 어떠한 형이상학적 함의도 제거하여버리고 그것을 단지 연상작용이라는 자연적인 심리적 현상으로서 설명한다.

> 따라서 세계 전체가 영혼의 양식을 위해 만들어졌다는 것, 아름다움은 단지 자신만이 아니라 모든 존재하는 것들의 존재 이유에 대한 변명이라는 것, 만물의 완성을 향한 열망은 우주의 비밀이고 열쇠라는 것, 이 모든 것들은 하나의 심리적 사실에 대한 시적인 반향(反響)일 뿐이다. 여기서의 심리적 사실은 우리 인간의 마음이란 통합성, 자신의 행동에 잘 말을 듣지 않는 무의식, 자신의 영역 안에 있는 것을 흡수하고 공감

---

66) Günther Pöltner, "Die Erfahrung des Schönen," in Günther Pöltner and Helmuth Vetter ed., *Theologie und Ästhetik* (Wien, Austria: Herder & Co., 1985), 9.
67) George Santayana, *The Sense of Beauty: Being the Outline of Aesthetic Theory* (1896; reprint ed., Dover Publications, 1955), "preface."
68) Santayana, *The Sense of Beauty*, 98.

적으로 변환시키는 것을 지향하는 유기체라는 사실이다.[69]

　산타야나는 아름다움에 도구적으로 공헌하는 악이라는 미학적 신정론의 역설적인 본질을 보다 구체적으로 탐구한다. 이러한 역설적 논리를 해체하고자 그는 악이 그 악함이라는 자신의 내재적인 가치를 통해서 아름다움에 공헌하는 것이 아니라, 다른 보다 긍정적인 미학적 가치들과의 단지 심리적인 "연상작용(聯想作用, association)의 과정"을 통해서 그러하다고 제안한다. 우리는 산타야나가 연상작용이라고 부른 것을 장식(裝飾, embellishment)과 은폐(隱蔽, concealment)라는 두 요소들을 통해 보다 세부적으로 이해할 수 있을 것이다. 미학적 연상작용에서 부정적 요소들은 반대되는 긍정적 요소들에 의해 장식됨으로 그 부정성이 경감될 수도 있는 것이다. 아리스토텔레스는 비극이란 리듬, 운율, 노래로 "장식된" 행동의 미메시스라고 말한 적이 있다(《시학》, IV. 23-30). 롱기누스(Longinus)는 이러한 장식의 효과는 부정적인 것의 은폐라고 하는 동시적 효과를 가진다고 첨언한다. "자연은 우리 몸의 수치스러운 부분들이나 몸을 비워내는 배수 부분들을 완전히 드러나게 하지 않았으며, 오히려 가능한 한도 내에서 그것들을 은폐하였다. 크세노폰이 말했듯, 그러한 배수 부분들을 가장 뒤쪽의 배경에 밀어낸 것은 전체 창조물의 아름다움을 망칠까 두려웠기 때문이다"(《숭엄에 대하여》, 43.5). 산타야나도 이들을 따라서 "이러한 즉각적인 아름다움이 종종 끔찍하고 슬픈 것들을 옷 입히는 데 사용된다"고 주장한다.[70] 현실의 진리가 추할 때 우리는 거기에 아름다운 모양을 부여함으로 그것을 견딘다. 추한 현실을 아름다운 모양으로 꾸미는 것은 삶의 이상화일 뿐이며 호머의 시에 등장하는 병사들과 수부들, 전쟁과 병기들의 예에서도 볼 수 있다. 이러한 깨끗하고, 분명하고, 아름답고, 섭리가 통치하는 이상적 세계에서, 어떤 추한 죽음이나 의미 없는 우매한 행동도 존재하지 않는 것이다.

---

69) Santayana, *The Sense of Beauty*, 99.
70) Santayana, *The Sense of Beauty*, 127.

"만물은 아름답고, 철저하게 아름답다."[71]

따라서 산타야나는 미학적 신정론에서 역설적 논리란 존재하지 않으며, 오직 아름다움에서 빌려온 힘만이 있을 뿐이라고 본다. 그러나 철학자들과 신학자들은 이러한 미학적 연상작용을 통한 외재적(外在的) 설득력을 세계에 내재적(內在的)으로 존재하는 형이상학적 조화의 원리로 불법적으로 바꾸어버렸다고 그는 비판한다.

> 이러한 미학적 효과들이 가장 감동적이면서도 심오한 아름다움의 예들을 포함하기 때문에, 철학자들은 자신들의 문제설정이 지닌 분석되지 않은 역설을 일종의 원리로서 전환시키는데 결코 더디게 주저하지는 않았다. 그들은 그러한 역설을 악의 존재와 그 필연성이라고 설명한 것이다. 비극이나 숭엄의 예에서처럼, 그들은 영웅이 겪어야만 했던 고통들과 위험들이 오히려 그의 미덕과 존엄함을 더하는 것으로 여겼고 그러한 영웅을 바라보는 우리의 신성한 즐거움도 더하는 것으로 여겼다. 그런 식으로 삶의 온갖 악들은 전체의 초월적인 영광이 지니는 요소로서 여겨지게 된 것이다. 그리고 일단 이런 생각의 불이 지펴지자, 이른바 하나님의 방식을 인간에게 변증하는 행세를 하는 신학자들은 자연스레 그러한 교화적인 현상이란 단지 지나치게 성급한 환상은 아니었는지 성찰하기 위해 멈추어서지는 않았다.[72]

이러한 형이상학적 환상을 깨뜨리고자 산타야나는 일종의 심리적 실험을 제안한다. 예를 들어 셰익스피어의 《오셀로》와 같은 어떤 연극에서라도 삶의 비극적 면을 은폐하고 장식하고 있는 모든 매혹적인 미학적 연상작용의 매개체들을 제거한다면, 남게 되는 것은 우리가 신문에서 종종 보게 되는 "인간의 우매함이 보여주는 가슴 아픈 사실" 밖에는 없다는 것이다.[73] 거기에는 존재의 잔인한 신비를 영웅적으로 끌어안는 인간

---

71) Santayana, *The Sense of Beauty*, 127.
72) Santayana, *The Sense of Beauty*, 126.
73) Santayana, *The Sense of Beauty*, 139.

의 존엄함도, 자신을 영원한 것과 동일시함으로 이루어지는 대리적 불멸성도 있지 않으며, 단지 퍼석퍼석하게 메마르고 잔인한 악이라는 사실만이 남게 되는 것이다. "어떠한 미학적 가치도 실제적으로 악의 경험 혹은 악의 제안 위에 기초하지 않는다." "우리는 그렇게 제안된 악 때문에 즐거운 것이 아니라, 그것에도 불구하고 즐거운 것이다." 따라서 "먼저 우리는 고통당하고, 나중에 우리는 노래한다"고 산타야나는 결론짓는다.[74]

우리가 미학적 신정론이 가지는 설득력이 부분적으로 어떤 심리적 감정에 기초하고 있다는 것을 부인하는 것은 자기기만적일 것이다. 하지만 동시에 그것의 설득력이 지닌 다른 형이상학적이고 논리적인 차원에 대한 분석과 병행됨이 없이 전적으로 심리적 연상작용일 뿐이라고 주장한다면, 그러한 미학적 신정론에 대한 심리학적 비판은 편협한 환원주의에 빠질 위험성도 가진다. 러브조이(Arthur O. Lovejoy)도 철학에서 심리적 연상작용 혹은 그가 "형이상학적 파토스"라고 부른 것이 존재한다는 것을 인정하였다.[75] 하지만 그렇다고 그는 사유의 역사에 있어서 심리학, 미학, 형이상학 사이의 복잡한 상호작용과 연상작용을 분석해야 하는 과제로부터 우리가 자유롭다고 여기지는 않았다. 혹은 리꾀르가 상징의 힘에 대한 자신의 현상학적 분석에서 보여주듯이, 미학적 상징이란 "수여하는 것"과 "부여받는 것"이라는 이중적 측면을 지니는 것이다. 우리는 철학적 개념과 논리적 사유를 통해서 상징의 내용이 채워지고 추가적 의미를 부여받는 측면도 동시에 또한 주목해야 하는 것이다.

"상징은 사유를 불러일으킨다(symbol gives rise to thought)." 내가 보기에 너무도 호소력이 있는 이 격언은 두 가지를 말한다. 상징은 수여한다(symbol gives). 내가 의미를 부여하는 것이 아니다. 상징이 의미를 수

---

74) Santayana, *The Sense of Beauty,* 158, 137, 그리고 139.
75) Arthur O. Lovejoy, *The Great Chain of Being: A Study of the History of an Idea* (Cambridge, MA: Harvard University Press, 1939), 10-14.

여한다. 하지만 상징이 수여하는 것은 사유를 위한 어떤 것, 생각해보아야 할 어떤 것이다. 처음에 수여하는 것(giving)이 있고, 그 다음에 부여받는 것(positing)이 있다. 따라서 위의 격언은 모든 것이 수수께끼 안에서 이미 말해졌다는 것과, 그럼에도 모든 것을 사유의 측면 안에서 다시 시작하고 항상 재시작해야 할 필요가 있다는 것을 보여준다.[76]

상징이 지니는 즉각적이고 비개념적인 혹은 심리적인 설득력과 더불어, 상징은 추가적인 형이상학적 사유 혹은 논리적 개념을 이후에 또한 부여받을 수도 있는 것이다. 수여하는 과정이 부여받는 과정을 환원시킬 수는 없다. 만약 상징의 이러한 이중적 상호작용의 과정이 얼어붙는다면, 그러한 상징은 조만간 죽은 상징이 될 것이다. 상징이 죽음을 맞이하면, 두 가지 가능성이 생기게 된다. 죽은 상징은 또 다른 상징으로 대체되거나 혹은 개념적 사유가 그 상징을 보다 적절하게 표현하기 위해 수정될 것이다. 상징의 페티시즘과 개념의 승리주의라는 이중적 위험은 피해야 한다. 미학적 신정론은 이러한 위험성을 피하기 위해, 특히 산타야나가 너무도 우아하게 보여주었던 것처럼 미학적 상징의 심리학 페티시즘을 피하기 위해, 논리분석철학이라는 엄격한 개념적 사유의 도움을 받는 것도 유용할 것이다. 필자는 《아름다움과 악》의 나머지 3권을 통해서 이러한 상징과 개념의 상호보완성을 악의 문제라는 신정론의 구성을 위해 사용하고자 한다. 구체적으로 말해서 신학적 미학의 일반적 가능성을 옹호하기 위해 그 일례로서 아우구스티누스, 화이트헤드, 헤겔의 미학적 신정론이 지니는 타당성을 분석하고 있다. 특히 앞에서 분석되어진 아담스(Marilyn Adams)의 신정론에 있어서의 미학적 가치의 옹호와 네 가지 성공의 척도가 이 세 사람의 신정론의 인상주의적 얼굴을 그리는 데 사용될 것이다. 미리 예견하는 의미에서 아래의 도표는 세 사람의 미학적 신정론의 특성을 간략하게 요약하고 있다. 많은 척도를 충족시킨다고

---

76) Ricoeur, *The Conflict of Interpretations*, ed. Don Ihde (Evanston: Northwestern University Press, 1974), 288.

해서 반드시 더 성공적인 신정론은 아닐 것이다. 문제는 각각의 미학적 가치와 척도를 통해 보여주는 형이상학적이고 신학적인 통찰 전체이다. 악의 난제에 직면하여 과연 어떤 존재신학적 풍경 속에 거주할지는 우리의 삶 전체에 대한 미학적 직관만이 대답할 수 있을 것이다.

아우구스티누스, 화이트헤드, 헤겔의 미학적 신정론 비교

	아우구스티누스	화이트헤드	헤겔
I. 중심적 미학 가치 :	조화(harmony)	모험(adventure)	테오드라마 (theo-drama)
II. 구원의 범위:			
(1) 개인적 구원	X	O	O
(2) 우주적 구원	O	X	O
III. 구원의 방법:			
(3) 악의 균형잡기	O	X	X
(4) 악의 미학적 승리	O	O	O

3장 그림은 가난한 자의 성서인가 :
서방 교회의 예술교육론

    기독교는 신앙의 교육을 위해 예술을 필요로 하는가?[1] 교황 그레고리우스 I세(Gregorius I, 재위 590-604)는 그렇다고 대답한 가장 중요한 사람 중 하나이다. 풍부한 고고학적 발견들이 보여주듯 초대 교회는 미술적 표현을 완전히 금지하지는 않았지만 정치적 박해 상황, 출애굽기 20장 4절의 형상(形象)예술 금지령, 이교도적인 우상숭배와의 차별화 필요성 같은 여러 이유로 과도한 예술적 추구보다는 소박하고 상징적인 장식미술의 길을 택했다. 하지만 로마제국의 공식종교로 인정되고 점차 중세의 발전기를 거치면서 교회는 예술적 이미지에 대한 새로운 평가를 내려야 할 필요성을 느끼게 된다. 신자들의 거의 대부분이 가난한 자 혹은 마음이 가난한 자로서 라틴어를 모르던 문맹자들이었고, 라틴어로 작성된 문서를 읽을 수 있었던 자는 성직자를 포함한 극히 소수의 엘리트뿐이었다. 또한 수도원에서 손으로 제작되던 필사본 서적들은 희소했을

---

1) 이 글은 손호현, "그림은 '빈자(貧者)의 성서'(biblia pauperum)인가?: 그레고리우스 I 세의 기독교 예술교육론", 〈기독교교육정보〉 제14집 (2006), 283-311에 실렸던 것을 개정한 것이다.

뿐 아니라 매우 고가여서 성직자들도 개인적으로 소유하기는 어려웠다. 이런 어려운 상황에서 보다 손쉽게 접근할 수 있는 교육매체에 대한 요구가 성직자들 사이에서 자연스럽게 거론되게 된 것이다.

분수령이 된 사건은 6세기 말엽 교황 그레고리우스 I세가 어떤 성상파괴론자였던 주교에게 보낸 두 편지였다. 여기서 그는 문맹자인 신자들을 위해 성당의 벽면에 성서의 사건들이나 성자들의 모범을 그림으로 표현하여, 읽지 못하는 자도 그림을 통해 신앙에 대해 배울 수 있게 하라고 지시한다. 이후 그레고리우스의 두 편지는 교회가 신앙교육을 위해 예술을 사용할 수 있다는 것을 정당화한 근거로 거듭 인용되었고, 비록 자신이 직접 그런 표현을 사용하지는 않았지만 그림은 "가난한 자의 성서"(biblia pauperum, the Bibles of the poor)라고 한 것으로 널리 알려지게 되었다.[2] 그레고리우스의 예술교육의 정신을 미술사학자인 임영방(林英芳)은 이렇게 표현한다.

> 성당은 글을 읽을 줄 몰랐던 일반대중들의 성서였고 사람들이 알아야 할 종교적인 교리를 가르쳐주는 곳이었다. 이 세상이 창조된 때부터 인류가 살아온 이야기, 그리스도의 탄생과 죽음으로 이루어진 구원의 역사, 하느님의 뜻을 품고 있는 자연의 세계, 하느님께로 가기 위한 올바른 삶의 길인 미덕의 세계, 에덴동산에서 쫓겨난 인간이 자신의 비참한 처지를 벗어나기 위해서 해야 하는 생활에서의 일과 학문의 세계가 시각적으로 형상화되어 있다. 그래서 성당은 신학 그 자체이기도 했거니와 돌로 된 백과사전이기도 했다. 중세미술은 비유를 통한 형상표현으로 그리스도의 가르침을 전해 주는 것과 동시에 여러 가지의 상징성으로 하나님의 뜻을 전해 주고 있다.[3]

---

2) Celia M. Chazelle, "Pictures, books, and the illiterate: Pope Gregory I's letters to Serenus of Marseilles," *Word & Image*, vol. 6, no. 2 (1990), 138.

3) 임영방, 《중세미술과 도상》 (서울: 서울대학교출판부, 2005), 뒤표지 글. 또한 본문의 183-184도 참조하라. 임영방은 그레고리우스의 예술교육론을 9세기 라이헤나우 (Reichenau) 수도원의 사제이고 시인이었던 발라프리드 스트라보(Walhafried Strabo)

역사적으로 볼 때, 교회의 예술은 일종의 신학형태였던 동시에 교육매체였다. 예술가들이 성당을 "돌로 된 백과사전"으로 건축한 것처럼, 신학자들은 교리체계를 개념의 돌로 지은 것이다. 20세기의 신학자 폴 틸리히(Paul Tillich)도 자신의 어릴 적 꿈인 건축가 대신에 조직신학자가 된 이유를 "돌, 강철, 유리로 건축하는 대신에 개념과 명제로서 건축하기"로 결심하였기 때문이라고 밝힌다.[4] 난 이 글에서 그레고리우스 I세의 두 편지에 드러나는 기독교 예술교육론을 문헌을 통해 자세히 분석하고, 그림은 문맹자들의 책이라는 그레고리우스 I세의 격언의 영향사(影響史)를 고찰한 후에, 예술이 교육의 수단으로 도구적으로 사용될 수 있는 몇몇 신학적 이유에 대한 단상으로 마치고자 한다.

I. 그레고리우스 I세와 "가난한 자의 성서"

교황 그레고리우스 I세는 기원후 600년을 전후하여 당시 성상 파괴운동을 주도하고 있던 마르세유의 주교 세레누스(Serenus of Marseilles)에게 두 개의 편지를 보내게 된다. 앞서 세레누스는 교황의 조언을 구함이 없이 자신의 교구 안에 있는 종교예술 작품들을 파괴하였고, 그러한 그의 행동은 주교와 다른 기독교인들 사이의 분열을 가져오게 되었던 것이다. 서방 교회에서 점증적으로 강화되는 로마 교황의 권위를 보여주기라도 하듯이, 그레고리우스 대제의 편지는 이후 예술과 미학의 문제에 대한 서방 교회의 교육적 도구론의 견해를 대표적으로 전달하는 것으로 끊임없이 인용되었다. 전통적으로 동방의 그리스 정교회에서는 로마, 콘스탄티노플, 예루살렘, 알렉산드리아, 안디옥의 다섯 명의 사도적 주교들이 동등한 권한을 가진다는 "펜타르키"(pentarchy, 五頭制)를 주장한 반

가 적절하게 요약한다고 본다: "그림은 글을 읽지 못하는 사람에게는 글과 같은 것이다(Pictura est quaedam litteratura illitterato)." 같은 책, 99-100.
4) Michael F. Palmer, *Paul Tillich's Philosophy of Art* (Berlin: de Gruyter, 1984), 2.

면, 서방의 라틴 교회에서는 사도 베드로를 계승하는 로마 교황권(papacy)의 우월적 권위를 강조하였다.[5] 또한 교회의 전례음악을 정리하여 그레고리오성가(Gregorian chant)를 편찬한 일만 보아도, 그레고리우스 I세의 예술에 대한 관심이 각별한 것을 알 수 있다. 6세기 말엽 그의 예술 옹호론이 없었다면, 기독교 예술이 지금처럼 만개하지는 못하였을 지도 모른다.

그레고리우스 I세의 예술에 대한 입장에 영향을 주었을 수도 있는 인물로 닐루스(Nilus), 바실리우스(Basil of Caesarea), 그리고 니사의 그레고리우스(Gregorius of Nyssa) 같은 동방 교부들과, 아우구스티누스(Augustinus)와 놀라의 파울리누스(Paulinus of Nola) 같은 서방 교부들이 언급된다. 하지만 가장 크고 직접적인 영향력을 행사했을 것이 거의 확실한 성 아우구스티누스에서도 그레고리우스 I세의 예술 옹호론적 입장이 보여주는 그런 정도의 적극성은 발견되지는 않기 때문에, 학자들은 그의 입장을 대체로 독자적인 사유의 결과로 본다.[6]

"가난한 자(貧者)의 성서" 혹은 "비블리아 파우페룸"(*biblia paupe-rum*)이란 말이 흔히 그레고리우스 I세에게 돌려지고 있지만, 사실 그는 이런 표현을 한 번도 사용하지는 않았다. 역사적으로 이 표현을 처음 사용한 것은 15세기의 인쇄업자들로서, 자신들이 만들어 낸 개인용 경건서적을 이렇게 불렀다.[7] 이 장르의 종교서적은 성서의 내용에 대한 문자 텍스트와 더불어, 각 장면에 대한 도판이 목판으로 함께 인쇄되어 있어서 문맹자라도 개인적으로 기도와 명상을 위해 사용할 수 있었다고 한다. 하지만 점차 "비블리아 파우페룸"은 그레고리우스 I세가 자신의 편

---

5) Jaroslav Pelikan, *Imago Dei: The Byzantine Apologia for Icons* (Princeton, New Jersey: Princeton University Press, 1990), 29.

6) Lawrence G. Duggan, "Was art really the 'book of the illiterate'?," *Word & Image*, vol. 5, no. 3 (1989), 228-229. Chazelle, "Pictures, books, and the illiterate," 138-139.

7) Duggan, "Was art really the 'book of the illiterate'?," 241.

지에서 교회의 미술작품들을 옹호하며 문맹자의 "책"(*scriptura of the ignorant*)이라 부른 사실을 가리키는 것으로 해석된다. 엄밀히 말해 "가난한 자의 성서"와 문맹자의 "책"이라는 두 표현은 기원이 서로 다른 것이다. 하지만 이같이 다른 두 표현이 모두 교황 그레고리우스 I세에게 관습적으로 돌려지고 있다는 사실은 그가 서방 교회의 예술교육론에서 차지하고 있는 중요한 위치를 잘 보여주는 것이다.

여기서 우리는 그레고리우스 I세의 두 편지에서 논의와 관련이 되는 본문만을 번역하여 소개하고자 한다.[8] 세레누스가 마르세유에서 교회 안의 미술 작품들을 파괴함으로 극렬한 내분을 가져왔다는 소식을 들은 교황은 599년 7월에 세레누스에게 첫 번째 편지를 보낸다.

> 몇몇 사람들이 이미지들(images, *imagines*)을 숭배(adore, *adorare*)하는 것을 보고, 형제의 수도회에서 그러한 이미지들을 부수어서 교회들 밖으로 던져버렸다는 소식이 얼마 전 우리들에게 전해진 것을 알고 있습니다. 그리고 어떤 만들어진 것도 숭배되어서는 안 된다는 그대들의 열정을 우리는 분명 칭송합니다. 하지만 그대들이 그러한 이미지들을 부수지는 말았어야 했다고 우리들은 판단합니다. 그림(picture, *pictura*)이 교회들에 전시되어진 이유는 글씨(letters, *litterae*)를 모르는 자들로 하여금 그들이 책(books, *codices*)으로 읽을 수는 없었던 것들을 최소한 벽면에서 봄(see, *videre*)으로써 읽도록(read, *legere*) 하기 위해서입니다. 따라서 그대들의 수도회는 그러한 것들을 [파괴로부터] 보존하는 동시에, 사람들로 하여금 그것들을 숭배하는 것을 금지하도록 하십시오. 그렇게 할 때에 글씨를 모르는 무지한 자들도 이야기에 대해 알 수 있는 어떤 것을 가질 수 있는 동시에, 그림을 숭배하는 죄를 짓지는 않게 될 것입니다.[9]

---

8) 그레고리우스의 두 편지 전체의 영문 번역을 보려면, *Selected Epistles of Gregory the Great,* trans. J. Barmby, Select Library of Nicene and Post-Nicene Fathers, 2nd ser., 13 (repr., Grand Rapids, Mich.: Eerdmans Publishing Co., 1976), 23, 53-54를 참조하라. 라틴어 원문은 Chazelle, "Pictures, books, and the illiterate," 139-140에 제공되고 있다.

9) "Praeterea indico dudum ad nos peruenisse quod fraternitas uestra quosdam

하지만 세레누스는 교황 그레고리우스 I세의 지침을 따르는 것을 피할 목적으로 첫 번째 편지가 그레고리우스 I세가 직접 쓴 것이 아니라 그것을 전달한 사람인 키리아쿠스(Cyriacus)에 의해 위조되었다고 주장하였다. 마침내 600년 10월에 그레고리우스는 두 번째 편지를 보내 세레누스를 강하게 질책하게 되고, 여기서 첫 번째 편지보다 훨씬 자세히 기독교 예술의 교회 안에서의 사용에 대한 지침과 옹호의 입장을 전달하게 된다.

> 그러나 그대들이 [첫 번째 편지의] 경고들을 유익하게 생각하기를 꺼렸기 때문에, 그대들은 행동에서 뿐만 아니라 [교황이 거기서 썼던 것들을] 반문함에서도 잘못을 저지르게 되었습니다. 사려 깊지 않은 열정에 불타올라, [이미지들은] 숭배되어서는 안 된다는 변명을 그대들이 하며 성자들의 이미지들을 파괴하였다는 소식이 우리들에게 전해졌습니다. 그리고 그대들이 그것들을 숭배하지 못하도록 금지한 사실을 분명 우리들은 모든 방식으로 칭송하지만, 그것들을 파괴한 것에 대해서는 그대들을 질책합니다. 형제여, 말해보시오. 어떤 사제가 그대들이 했던 것과 같은 일을 했다고 들어본 적이 있단 말입니까? 다른 이유가 없다면 최소한 이 사실만이라도 그대들로 하여금 다른 형제들을 책망하고, 자신들만 성스럽고 지혜롭다고 믿는 일로부터 삼가게 했어야 하지 않았겠습니까? 그림을 숭배하는 것과 그림의 이야기를 통해 숭배되어야 할 것을 배우는 것은 서로 다른 일입니다. 책(writing, *scriptura*)이 그것을 읽을 수 있는 자들에게 제공하는 것을, 그림(picture, *pictura*)은 그것을 눈으로 볼 수 있는 무지한 자들(the ignorant, *idiotae*)에게 제공합니다. 그림을

---

imaginum adoratores aspiciens easdem ecclesiis imagines confregit atque proiecit. Et quidem zelum uos, ne quid manufactum adorari possit, habuisse laudauimus, sed frangere easdem imagines non debuisse iudicamus. Idcirco enim pictura in ecclesiis adhibetur, ut hi qui litteras nesciunt saltem in parietibus uidendo legant, quae legere in codicibus non ualent. Tua ergo fraternitas et illa seruare et ab eorum adoratu populum prohibere debuit, quatenus et litterarum nescii haberent, unde scientiam historiae colligerent, et populus in picturae adoratione minime peccaret." (Chazelle, "Pictures, books, and the illiterate," 139).

통해 무지한 자들은 그들이 모범으로 따라야 하는 것을 보게 되고, 그림을 통해 읽지 못하는 자들도 읽을 수 있게 됩니다. 따라서 이방인들(gentiles, *gentes*)에게는 그림이 독서의 역할을 하기도 합니다. 특히 이 방인들 가운데 거주하는 그대들은 이러한 것에 주의를 기울였어야 했습니다. 그대들은 옳은 열정으로 불타올랐지만, 야만인들의 마음에 좋지 못한 소문을 일으키지 말았어야 했습니다. 따라서 숭배의 목적을 위해서가 아니라 오직 무지한 자들의 마음을 교육할 목적으로 교회 안에 전시된 것은 파괴되어서는 안 됩니다. 우리 선조들이 성자들의 이야기를 거룩한 장소들에 전시되도록 합리적으로 허용한 예를 볼 적에, 만약 그대들이 사려 깊은 생각 위에 열정을 기초하였다면 그대들은 의심의 여지 없이 분명 그대들이 원했던 것들을 유익한 방식으로 이룰 수 있었을 것입니다. 모여든 무리들을 흩어지게 하지 않고 오히려 흩어진 자들을 모아들였을 것이고, 그대들의 목회자로서의 명성이 높이 퍼져나가고 흩어지게 하는 자라는 비난이 그대들에게 돌아오지는 않았을 것입니다. 그러나 그대들은 마음이 소란한 가운데 부주의하게 이러한 것들을 처리함으로써, 자신들의 [영적] 아들들에게 좋지 못한 소문을 가져다주었고 대부분이 그대들로부터 떠나가게 만들었습니다. 담당하던 양들도 지켜내지 못한 그대들이 어떻게 방황하는 양들을 목자이신 주님께 인도할 수 있단 말입니까? 우리는 그대들이 교만하기를 삼가고, 간청하는 마음이 되도록 노력할 것을 권고합니다. 다정함으로, 모든 분발과 노력으로, [영적] 아버지인 그대들에게서 떠나간 자들의 영혼을 되찾기를 서두르십시오.

그대들은 교회의 흩어진 아들들을 다시 모아들여야 하며, 만들어진 어떤 것도 숭배하도록 허락되지 않았다는 성서(sacred scripture, *scriptura sacra*)의 증언을 전달하여야 합니다. '주 너의 하나님께 공경[προσκυνήσεις]하고 다만 그를 숭배하라[λατρεύσεις]'고 성서는 말합니다[마태 4:10]. 그리고 이렇게 첨언하십시오. 이미지와 그림은 무지한 자들의 교화(edification, *aedificatio*)를 위해 만들어 진 것으로 글자를 모르는 무지한 자들도 이야기의 그림을 통해 말해진 것을 배울 수 있도록 한 것이지만, 이미지와 그림이 숭배의 초점으로 변질된 것을 보고 그대들이 그러한 이미지들을 파괴하도록 명령한 것이라는 걸 설명하십시오. 그리고 이것도 또한 그들에게 말하십시오. '만약 이러한 가르침

(instruction, *instructio*)을 위해 당신들이 교회 안에 [이미지들을] 가지기를 원한다면, 우리 선조들이 그런 목적으로 이미지를 만들었던 것처럼 나도 또한 모든 방식으로 그것들이 만들어지고 소유되도록 허락합니다 (permit, *permitto*).' 그리고 그대들을 화나게 했던 것은 그림의 증언을 통해 드러나는 이야기의 광경 그 자체가 아니라, 그러한 그림들에 부적절하게 돌려지던 숭배의 행동이었다는 것을 분명하게 밝히십시오. 이러한 말들로 그들의 마음을 위로하고, 그대들과의 교제로 다시 불러들이십시오. 그리고 만약 어떤 이가 이미지들을 만들고자 원한다면 그것을 결코 금하지 마시고, 대신 그것들을 숭배하는 것을 전적으로 피하게 하십시오. 그러나 그대들의 수도회로 하여금 그들을 지혜롭게 경고하여, [그림에 그려진] 과거의 사건을 봄으로써 그들로 하여금 불타는 양심의 가책을 느끼게 하고 오직 전능하신 성 삼위일체를 숭배하는데 자신을 겸손하게 굴복시키도록 하십시오.

우리는 이 모든 것들을 성스러운 교회와 그대들의 수도회에 대한 온전한 사랑에서 말합니다. 나의 이러한 질책이 의로움에 대한 [그대들의] 열정을 감소시키게 하는 것이 아니라, 오히려 거룩한 섭리에 도움이 되었으면 합니다.[10]

---

10) "Sed dum monita salubria pensare postponis, contigit ut iam non solum actu uerum etiam esses interrogatione culpabilis. Perlatum siquidem ad nos fuerat quod inconsiderato zelo succensus sanctorum imagines sub hac quasi excusatione, ne adorari debuissent, confringeres. Et quidem quia eas adorari uetuisses omnino laudauimus, fregisse uero reprehendimus. Dic, frater, a quo factum sacerdote aliquando auditum est quod fecisti? Si non aliud, uel illud te non debuit reuocare, ut despectis aliis fratibus solum te sanctum et esse crederes sapientem? Aliud est enim picturam adorare, aliud per picturae historiam quid sit adorandum addiscere. Nam quod legentibus scriptura, hoc idiotis praestat pictura cernentibus, quia in ipsa ignorantes uident quod qui debeant, in ipsa legunt qui litteras nesciunt; unde praecipue gentibus pro lectione pictura est. Quod magnopere a te, qui inter gentes habitas, attendi decuerat, ne, dum recto zelo incaute succenderis, ferocibus animis scandalum generares. Frangi ergo non debuit quod non ad adorandum in ecclesiis sed ad instruendas solummodo mentes fuit nescientium collocatum. Et quia in locis uenerabilibus sanctorum depingi historias non sine ratione uetustas admisit, si

그레고리우스의 편지에서 우리는 서방 교회가 후에 동방 교회에서 일어난 성상파괴논쟁과는 달리 "무지한 자들의 교회"와 교육을 위한 예술의 도구적 효용성에 집중하고 있다는 사실을 확인할 수 있다. 두 편지는 교회 안의 예술창작뿐 아니라 예술교육의 정당화를 제공하는 로마 교황의 구속력 있는 결정을 담고 있다. 이런 이유에서 이콘이 표현할 수 있는 주제들에 대해 동방 교회가 엄격하게 규제했던 것과는 달리, 서방

> zelum discretione condisses, sine dubio et ea quae intendebas salubriter obtinere et collectum gregem non dispergere, sed dispersum potius poteras congregare, ut pastoris in te merito nomen excelleret, non culpa dispersoris incumberet. Haec autem dum in hoc animi tui incaute nimis motu exsequeris, ita tuos scandalizasse filios perhiberis, ut maxima eorum pars a tua se communione suspenderet. Quando ergo ad ouile dominicum errantes oues adducas, qui quas habes retinere non praeuales? Proinde hortamur ut uel nunc studeas esse sollicitus atque ab hac te praesumptione compescas et eorum animos quos a tua disiunctos unitate cognoscis paterna ad te dulcedine, omni annisu omnique studio reuocare festines.
> Conuocandi enim sunt diuersi ecclesiae filii, eisque scripturae sacrae est testimoniis ostendendum quia omne manufactum adorare non liceat, quoniam scriptum est: 'Dominum Deum tuum adorabis et illi soli seruies'; ac deinde subiungendum: Quia picturas imaginum, quae ad aedificationem imperiti populi factae fuerant, ut nescientes litteras ipsam historiam intendentes, quid dictum sit discerent, transisse in adorationem uideras, idcirco commotus es, ut eas imagines fragi praeciperes. Atque eis dicendum: Si ad hanc instructionem, ad quam imagines antiquitus factae sunt, habere uults in ecclesia, eas modis omnibus et fieri et haberi permitto. Atque indica quod non tibi ipsa uisio historiae, quae pictura teste pandebatur, displicuerit sed illa adoratio, quae picturis fuerat incompetenter exhibita. Atque in his uerbis eorum mentes demulcens eos ad concordiam tuam reuoca. Et si quis imagines facere uoluerit, minime prohibe, adorare uero imagines omnimodis deuita. Sed hoc sollicite fraternitas tua admoneat ut ex uisione rei gestae ardorem compunctionis percipiant et in adoratione solius omnipotentis sanctae trinitatis humiliter prosternantur.
> Cuncta uero haec et amore sanctae ecclesiae et tuae fraternitatis loquimur. Non ergo ex mea correptione frangatur a zelo rectitudinis, sed magis adiuuetur in studio piae dispensationis." (Chazelle, "Pictures, books, and the illiterate," 139-140).

교회는 신앙의 교육을 위해서라면 다양한 성서의 내용들을 예술로 표현할 수 있도록 보다 자유롭게 허락하였다. 또한 편지에서 비문맹자(the literate)와 문맹자(the illiterate)의 병행구조가 철저히 지켜지고 있다. 여기서 비문맹자란 당시 라틴어를 읽을 수 있었던 수도사들과 신자들을 가리켰다. 반면 문맹자는 라틴어를 읽을 수 없었던 자들, 교육수준이 낮거나 지적으로 발전되지 못해 라틴어는 물론 다른 언어도 읽을 수 없었던 자들, 혹은 기독교 신앙을 모르는 이방인들 등을 가리켰다.[11] 교회에서 라틴어로 이루어지던 언어적 종교교육에서 배제될 수밖에 없었던 다양한 집단들을 통칭해서 문맹자라고 부른 것이다. 라틴어 설교를 이해할 수 없었던 그들은 수도사에게 그 내용에 대해 물었고, 수도사는 그 지역의 지방어와 교회 안에 있던 벽화나 성화를 사용하여 추가적인 시각적 교육을 할 수 있었던 것이다. 그레고리우스가 편지에서 제안하는 문맹자와 비문맹자의 병행적인 교육구조는 다음과 같이 요약될 수 있다.

	비문맹자	문맹자
교육의 대상	라틴어를 읽을수 있는 수도사와 신자	라틴어를 읽지 못하는 자, 무지한 자, 이방인
교육의 매체	글씨, 책, 문서	회화, 벽화, 조각
교육의 방법	독서, 설교	봄, 그림 주해 듣기
교육의 목적	기독교 신앙의 전달	기독교 신앙의 전달

교황의 두 편지는 한편으로 교회 안의 예술창작(藝術創作)을 허용한 중요한 역사적 근거를 제공한다는 예술사적 의의를 가질 뿐 아니라, 다른 한편으로 설교나 교리문답 등으로 대변되는 언어적 교육과 더불어서 회화·벽화·조각·건축 같은 형상예술도 신앙을 가르치는데 사용될 수 있다는 교회의 예술교육(藝術敎育) 혹은 미학교육(美學敎育)의 정당화를 제

---

11) Michael Camille, "Seeing and Reading: Some Visual Implications of Medieval Literacy and Illiteracy," *Art History*, vol. 8, no. 1 (1985), 32-33.

공하고 있는 것이다. 언어만이 아니라 이미지도 가르칠 수 있는 것이다.

그레고리우스의 두 편지는 이후 중세의 "라티오 트리플렉스"(*ratio triplex*)라고 불리던 예술의 세 가지 옹호의 이유를 이미 모두 담고 있다. 예술은 교훈적(didactic), 회상적(mnemonic), 그리고 감정고양적(affective) 기능을 가진다는 것이다. 첫째로, 그레고리우스의 편지는 라틴어를 몰랐던 하층민들뿐만 아니라, 그림이나 이미지 자체의 숭배에 익숙하던 주로 독일계 이방인들에게도 기독교 신앙을 익숙한 방식으로 교육하고자 하는 호교론적 선교의 관심을 분명히 한다. 그림은 그들에게 책의 교육적 기능을 수행한다는 것이다. 하지만 그레고리우스는 그림을 숭배하는 것과 그림을 통해서 그것이 가르치는 것을 숭배하는 것은 전적으로 다르다는 중요한 신학적 구분을 한다. 하나님과 그림의 존재론적 차이를 분명하게 하기 위해서 그레고리우스는 아주 일관적으로 "숭배"(*adorare*)라는 용어를 사용하고 있다. 하나님만이 숭배되어야 하는 것이다. 또한 언급되어야 할 사실은 그레고리우스가 교육적 기능을 위해 여기서 옹호하고 있는 이미지 혹은 그림의 종류는 보다 구체적으로 교회의 벽면에 크게 그려진 성자들이나 성서 이야기에 관한 대형 벽화들 혹은 회화들로서, 나중에 8-9세기 동방 교회에서 일어난 보다 작은 규모의 이콘 성상에 대한 논쟁과는 별도로 취급되어야 한다는 것이다. 둘째로, 그레고리우스는 그림이 기억을 회상시키는 역할을 한다는 것을 분명히 한다. 즉 언어에서 분리되어서 그림이 감상자에게 완전히 독자적으로 신앙의 지식을 전달할 수 있는 교육의 독립적 매체로서의 역할을 한다고 여기지 않으며, 이미 설교에서 말해진 내용을 다시 전달하거나 회상시키는 보조적 매체의 기능을 한다고 그는 본 것이다. 예를 들어 성직자의 그림에 대한 주석이나 설명 없이 에덴동산의 타락에 대한 그림을 본다면, 문맹자들은 거기서 단지 벌거벗은 두 남녀와 뱀 그리고 과일나무만을 볼 수 있을 뿐이다. 셋째로, 그레고리우스는 회화라는 미학적 매개체가 감정을 고양시켜 깊은 경건심을 불러오는 역할을 한다고 보았다. 그림을 통한 이야기의 생생한 전달은 문맹자들로 하여금 회개의 감정을 보다 쉽게 가져오고, 따라서 이후의 보다 엄밀한 지적 훈련의 준비를 할 수 있다는 것이다.

영향사적으로 볼 때, 이러한 그레고리우스의 입장은 나중에 보나벤투라와 토마스 아퀴나스의 흔히 "라티오 트리플렉스"(ratio triplex)라고 말해지던 예술교육론으로 이어지게 된다. 보나벤투라(St. Bonaventura, 1221-1274)는 피터 롬바르드의 《문장들》(Sentences, lib. Ⅲ, dist. Ⅸ, art. Ⅰ, q. 2, concl.)에 대한 자신의 주석서에서 종교예술에 대한 세 가지 옹호의 이유들을 다음과 같이 밝힌다. 예술은 교훈적 기능, 감정고양적 기능, 그리고 회상적 기능을 가진다는 것이다.

(1) 이미지들은 무지한 자의 단순함 때문에(propter simplicium ruditatem) 만들어진 것이다. 성서를 읽을 수 없는 교육받지 못한 자도 조각들과 그림들을 통해 우리 신앙의 성례(聖禮)들에 대해 이러한 보다 열린 책들에서 읽을 수 있게 된다.

(2) 이미지들은 감정의 게으름 때문에(propter affectuum tarditatem) 소개되었다. 그리스도가 우리를 위해 행한 일들을 귀로 들음에도 불구하고 헌신의 열정에 다다르지 못하는 자도 최소한 자신의 육체적 눈으로 동일한 일들을 봄으로써 고무될 것이다. 왜냐하면 우리의 감정은 들은 것보다는 본 것을 통해 보다 고무되기 때문이다.

(3) 이미지들은 기억의 순간성 때문에(propter memoriae labilitatem) 소개되었다. 왜냐하면 단지 들은 것은 본 것보다 더 쉽게 망각되기 때문이다.[12]

---

12) "(1) They [images] were made for the simplicity of the ignorant, so that the uneducated who are unable to read Scripture can, through statues and paintings of this kind, read about the sacraments of our faith in, as it were, more open scriptures. (2) They were introduced because of the sluggishness of the affections, so that men who are not aroused to devotion when they hear with the ear about those things which Christ has done for us will at least be inspired when they see the same things in figures present, as it were, to their bodily eyes. For our emotion is aroused more by what is seen than by what is heard. (3) They were introduced on account of the

토마스 아퀴나스(St. Thomas Aquinas, 1225-1274)도 보나벤투라와 마찬가지로 종교예술에 대한 자신의 성찰을 시작함에 있어서 피터 롬바르드의《문장들》의 동일한 부분에 근거하여 세 가지 옹호의 이유를 밝힌다.

> 교회 안에서 이미지들을 사용하는 데에는 세 가지 이유가 있다. 첫째는 단순한 자의 교육을 위해서이다. 단순한 자는 마치 책들을 통해서처럼 그림들을 통해서 배우기 때문이다. 둘째는 성육신의 신비와 성자들의 모범이 우리 눈에 매일 보임을 통해서 우리의 기억력이 보다 활동적이 되기 때문이다. 셋째는 들은 것보다는 본 것을 통해서 헌신의 감정을 보다 효과적으로 고무시킬 수 있기 때문이다.[13]

그레고리우스 I세의 편지는 기독교 예술교육론을 옹호하는 직접적 근거를 제공하였을 뿐만 아니라, 8-9세기 동방 교회를 휩쓴 성상파괴논쟁에서도 간접적으로 중요한 역할을 하게 된다. 그는 "그림을 숭배하는 것"과 "그림의 이야기를 통해 숭배되어야 할 것을 배우는 것"은 서로 다른 일이라고 분명하게 구분하였다. 동일한 성화도 그것이 적절하게 혹은 부적절하게 사용될 수 있다는 것이다. 이처럼 예술의 올바른 사용을 강조한 그레고리우스 I세의 입장은 로마를 중심으로 한 서방 교회의 견해를 대변하였을 뿐 아니라, 동방 교회에서도 그의 친구이자 테오폴리스

---

transitory nature of memory, because those things which are only heard fall into oblivion more easily than those things which are seen." *Opera omnia* (Quarrachi: Ex typographia Collegii S. Bonaventurae, 1882-1902), 3:203. Duggan, "Was art really the 'book of the illiterate'?," 232에 재인용되고 있다.

13) "There were three reasons for the institution of images in churches. First, for the instruction of simple people, because they are instructed by them as if by books. Second, so that the mystery of the Incarnation and the examples of the saints may be the more active in our memory through being represented daily to our eyes. Third, to excite feelings of devotion, these being aroused more effectively by things seen than by things heard." *Opera omnia*, 7 (Parma: tipis Petri Fiaccadori, 1857), 109. Duggan, "Was art really the 'book of the illiterate' ?," 232에 재인용되고 있다.

(Theopolis)의 주교였던 아나스타시우스(Anastasius, d. 609) 같은 동조자를 얻게 된다. 그는 그레고리우스 I세의 편지를 그리스어로 번역하였을 뿐 아니라, 그레고리우스의 입장을 대변하며 "공경"(προσκύνησις, proskynesis)과 "숭배"(λατρία, latria)라는 나중에 성상파괴 논쟁에서 유명해진 구분을 공식화하게 되는 것이다. 오직 하나님만 "숭배"의 대상이며, 인간과 천사를 포함한 모든 피조된 것들은 거기에 적합한 "공경"의 대상이라는 것이다. 앞서 그레고리우스가 자신의 두 번째 편지에서 마태복음 4장 10절에 기초하여 "숭배"의 섬김과 숭배가 아닌 "공경"을 언어적으로 구분한 것을 보았다. 이를 아나스타시우스는 보다 신학적으로 공식화한 것이고, 나중에 787년의 제7차 니케아 제2공의회에서 이러한 "숭배"와 "공경"의 구분은 승인되기에 이른다.[14] 843년 콘스탄티노플 회의에서 제7차 니케아 제2공의회의 결정을 재확인함으로써 격렬했던 동방 교회의 성상파괴논쟁은 성상옹호론의 승리로 마감된다. 종교개혁의 과정에서 칼빈은 공경과 숭배라는 이러한 구분을 한 그레고리우스 I세와 교황주의자들을 비판한다.

II. 종교개혁과 칼빈의 반(反)예술교육론

종교개혁자들은 그림이 "문맹자들의 책"이라는 교황 그레고리우스 I세의 예술교육론에 대해 크게 두 가지 입장으로 나누어진다. 위클리프나 루터 같은 이들은 다소 옹호적인 입장을 보인 반면, 칼빈은 이러한 그레고리우스의 생각을 철저히 거부하였다. 가톨릭이 항상 예술 옹호적이었던 반면 개신교는 항상 예술 반대적이라고 보는 것은 지나친 단순화이지만, 이러한 개괄적 이해가 드러내는 부분적 진실도 부정할 수 없는 사

---

14) Daniel J. Sahas, *Icon and Logos: Sources in Eighth-Century Iconoclasm* (Toronto: University of Toronto Press, 1986), 64, 108, 179.

실이다.

위클리프(John Wycliffe)는 그레고리우스의 글을 호의적으로 인용하면서, 그림은 "평신도를 위한 책"(books for the laity, *libri laicis*)으로서 선용될 수도 혹은 악용될 수도 있다는 다소 중립적인 입장을 견지한다.[15] 또한 대부분의 다른 종교개혁자들이 예술적 형상의 사용을 거부하였던 상황에서도, 루터(Martin Luther)는 오히려 아주 적극적으로 그림의 사용을 옹호하였을 뿐 아니라 "평신도 성서"(*ein leyen Bibel*)로서의 삽화성서(挿畵聖書)를 꿈꾸었다. 더군다나 루터는 이러한 성화들이 성서 본문 옆에 뿐만 아니라 건물의 벽에도 그려져야 한다고 주장한다.

> 우리는 보다 나은 이해와 기억력을 위해서 이러한 책들에 나오는 그림들을 벽면에도 그려야 한다. 그림들이 책들 속에서보다 벽면들 위에서 더 해로운 결과를 가져오는 것은 아니기 때문이다. … 그렇다, 만일 하나님이 허락하신다면 난 부자와 권력자를 설득하여 건물들의 안과 밖에 성서 전체를 그려놓고 모든 이들이 볼 수 있게 만들고 싶다. 그것은 진정한 기독교적인 작품일 것이다.[16]

루터의 이 진술에서 중세의 "라티오 트리플렉스"(*ratio triplex*)의 교육론적 견해가 그대로 긍정적으로 보존되고 있는 것을 볼 수 있다.

하지만 개신교의 전반적인 태도를 대표적으로 보여주고 있는 것은 칼빈(John Calvin)의 반(反)예술교육론이라 생각된다. 특히 그는 교황 그레고리우스 I세에 대해 직접적이고 조직적인 비판을 제공한다. 자신의 《기독교 강요》에서 그림은 문맹자의 책이라는 그레고리우스의 격언을 언급하며, 칼빈은 "하나님의 성령은 전혀 다르게 가르치고 있다"고 선언한다.[17] 그레고리우스의 예술교육론을 반대한 그의 이유들을 살펴보도록

---

15) Duggan, "Was art really the 'book of the illiterate' ?," 234.
16) Martin Luther, "Against the Heavenly Prophets in the Matter of Images and Sacraments"(1525), *Luther's Works,* 40, ed. C. Bergendoff (Philadelphia: Muhlenberg Press, 1958), 99. Duggan의 논문 237에 재인용되고 있다.

하자.

첫째로, 칼빈의 성서적 원칙을 들 수 있다. 그는 출애굽기 20장 4절이 모든 하나님에 대한 예술적 혹은 그림적 형상의 제작을 금지하고 있다고 본다. 나무, 돌, 금속, 혹은 다른 물질로 하나님의 형상을 만들려는 것은 사실 하나님의 형상이 아니라 우상을 만드는 것이라고 주장한다. "어떠한 형상이 하나님에게 돌려지게 될 때마다, 하나님의 영광은 경건치 못한 거짓에 의해 훼손된다."[18] 칼빈은 이러한 십계명의 금지령을 따라 하나님에 대한 모든 형상예술의 이미지를 부적절한 것으로 비판하고 있다. "하나님을 표현하기 위하여 인간이 세운 모든 동상 혹은 인간이 그린 모든 그림은 하나님을 기쁘시게 하지 못할 뿐 아니라 단지 그의 장엄함을 손상시키는 불명예스러운 것일 뿐이다."[19]

둘째로, 이미지는 본질적으로 단지 거짓의 교사로서 기능할 뿐이라고 칼빈은 이해한다. 사용자의 악의적인 오용 때문만이 아니라, 그 본질에 있어 이미지는 오직 거짓을 가르칠 뿐이라는 것이다. 왜냐하면 이미지는 항상 그 이미지의 원래 대상으로부터의 분리를 전제하기 때문이다. 이러한 칼빈의 입장은 교회가 이미지를 오용하고 있는지 혹은 선용하고 있는지의 문제를 논하는 것이 아니다. 하나님에 대한 모든 이미지의 사용은 본질적으로 '항상' 오용일 수밖에 없기 때문이다. 기독교 조형예술은 불가능하게 된다.

> 인간이 이미지를 통해 하나님에 대해 배운 어떤 것도 소용없고 가짜이다. 예언자들이 질책한 것은 하나님의 불경한 대체물로서 이미지를 단지 오용한 것이라고 만약 어떤 이가 주장한다면, 그럴 수도 있을 것이라고 인정한다. 하지만 모두에게 분명하듯이, 난 이렇게 첨언하고 싶다: 교황주의자들이 당연하게 받아들이는 입장 즉 이미지가 책을 대신할 수 있다는

---

17) John Calvin, *Institutes of the Christian Religion*, vol. 1 (Philadelphia: The Westminster Press, 1960), 105.
18) Calvin, *Institutes of the Christian Religion*, vol. 1, 100.
19) Calvin, *Institutes of the Christian Religion*, vol. 1, 101.

입장을 예언자들은 전적으로 저주한다. 왜냐하면 예언자들은 이미지와 진정한 하나님은 결코 화해할 수 없는 대적자라고 보기 때문이다.[20]

따라서 형상 혹은 이미지는 하나님에 관한 지식을 위한 계시의 통로나 교육의 수단이 결코 될 수 없는 것이다. 기독교인은 다른 원천을 찾아야 한다. "따라서 올바르게 교육받기를 원하는 누구도 그가 하나님에 대해 알아야 하는 것들을 배우기 위해서는 이미지가 아닌 다른 곳에서 배워야 한다."[21]

셋째, 교육의 방법은 미술적 이미지가 아닌 언어적 설교라야 한다고 칼빈은 본다. 무지한 자를 가르치는 기독교적 방법론에는 설교만이 있을 뿐이다. "하나님은 자신의 말씀과 성스러운 신비들이 설교되는 속에서 만인을 위한 공통의 교리가 드러나도록 명령하셨다."[22] 교황주의자들은 이미지의 우상을 즐겨 명상함으로써 이러한 교리적 가르침을 배신하였다고 칼빈은 생각한다. 설교 대신에 교회의 벽화로 가르치려는 시도는 이미 기독교적 교육론의 포기라는 것이다. "진실로, 교회의 권위 있는 자들이 교육의 직책을 우상들에게 맡기는 것은 그들 스스로가 벙어리라는 이유 외에 어떠한 이유도 없는 것이다."[23] 그림이 교육받지 못한 자들의 책이라는 입장은 명백히 성서적 교육론을 위배하는 것이다.

넷째, 칼빈은 신학적으로 이미지를 숭배하는 것과 이미지 속의 하나님을 숭배하는 것 사이에는 차이가 있다는 교황 그레고리우스 I세의 주장을 일종의 부질없는 언어유희일 뿐이라고 본다. "사람들이 단지 우상을 숭배하는 것과 우상 속의 하나님을 숭배하는 것 사이에는 아무런 차이가 없다."[24] 어떤 변명에서 이루어지든지, 우상을 신성하게 경배하는

---

20) Calvin, *Institutes of the Christian Religion*, vol. 1, 105.
21) Calvin, *Institutes of the Christian Religion*, vol. 1, 106.
22) Calvin, *Institutes of the Christian Religion*, vol. 1, 106.
23) Calvin, *Institutes of the Christian Religion*, vol. 1, 107.
24) Calvin, *Institutes of the Christian Religion*, vol. 1, 109.

것은 항상 우상숭배일 뿐이라는 것이다. 이방인들도 이미지와 이미지 속의 하나님이라는 구분을 몰라서 우상숭배를 범하는 것이 아니다. 그들도 하나님이 나무덩어리 혹은 돌덩어리와 다르다는 것을 모를 만큼 어리석지는 않다. 이방인들도 자신들이 "보이는 물체"를 숭배하는 것이 아니라 거기에 "보이지 않게 임재하는 존재"를 숭배한다고 변명한다.[25] 하지만 이러한 사변적 구분이 구체적 실천에 있어서는 아무런 힘도 발휘하지 못한다. 따라서 칼빈은 교황주의자들이 형상에 대해 "숭배"(λατρεία, latria)와 그보다 못한 형태인 "경배"(δουλεία, dulia)를 구분하고 있는 것은 단지 본질적 문제를 회피하려는 일종의 언어유희라고 평가한다. 교황주의자들은 이미지 혹은 이콘에 대한 잘못된 과도한 숭배를 "εἰδωλολατρεία"라고 부르고, 적절하게 올바른 존경으로서의 경배를 "εἰδωλοδουλεία"라고 부른다. "하지만 아무리 그들이 지적으로 세련되게 보일지라도, 그들이 그런 세련됨으로 똑같은 하나의 것을 서로 다른 두 가지라고 우리를 설득하지는 못할 것이다."[26]

마지막으로, 칼빈은 초대교회에서는 이미지의 도움 없이도 보다 순수한 교리적 가르침이 전달될 수 있었다고 본다. 점차 이것이 중세의 가톨릭을 통해 타락해간 것으로 이해한다. "우리는 기독교가 아직 번성하며 보다 순수한 교리가 발전되던 처음 오백 년 동안 기독교 교회 내에는 아무런 이미지도 부재하였던 것을 기억해야 한다."[27] 오직 신앙의 순수성이 잃어질 때에만, 사람들이 교회를 예술로 치장하기 시작했던 것이다. 교리의 순수성이 올바로 견지될수록, 교회는 이미지 없이도 교육받지 못한 자들을 가르칠 수 있다는 것이다.

하지만 칼빈도 교회 안에서의 이미지 사용을 전적으로 부정한 것은 아니며, 예술의 제한적인 사용은 옹호한다. 하나님이 주신 예술적 재능

---

25) Calvin, *Institutes of the Christian Religion*, vol. 1, 110.
26) Calvin, *Institutes of the Christian Religion*, vol. 1, 111.
27) Calvin, *Institutes of the Christian Religion*, vol. 1, 112. 하지만 오늘날의 고고학적 발굴들은 이것이 사실이 아님을 말해준다.

은 올바로 사용되어야 하고, 그 오용이 경계되어야 한다고 본 것이다. "그렇다고 내가 어떠한 이미지도 절대적으로 허용되어서는 안 된다고 생각하는 미신에 사로잡힌 것은 아니다. 조각과 회화는 하나님의 선물이기 때문에, 하나님의 영광과 우리의 선(善)을 위해 주님께서 우리에게 수여하신 이러한 것들이 사악하게 오용되고 더렵혀져 우리의 파멸을 가져오지 않도록 나는 이것들의 순수하고 합법적인 사용을 추구한다."[28] 이러한 제한적 이미지의 허용에도 불구하고, 칼빈은 하나님 자체의 예술적 표현은 절대적으로 부적절하다고 보았다. "우리는 하나님이 가시적인 형상으로 표현되는 것이 잘못되었다고 믿는다. 하나님 자신이 그것을 금하였기 때문이며[출애 20:4], 그것이 하나님의 영광을 훼손시키지 않고 이루어질 수는 없기 때문이다."[29] 예술적 이미지로 표현될 수 있는 것은 오직 우리가 실제 눈으로 볼 수 있는 것들이어야 한다고 칼빈은 제안한다. 이 분류에 속하는 것들로 "역사적 이야기나 사건", 혹은 이러한 과거의 사건과는 무관한 "단순한 신체의 이미지나 형태"를 들고 있다.[30] 칼빈은 교회와 관련된 역사적 사건의 이미지는 신자의 교육이나 훈계를 위해 유익한 것으로 여겼으나, 단순히 육체적 이미지를 표현하는 것은 쾌락만을 목적으로 하는 부적절한 것으로 보았다. 당시 교회 안의 대부분의 예술작품들이 후자에 속한다고 그는 보았다. 칼빈은 "이미지의 사용이 어떤 악한 것을 내포하고 있지는 않지만, 그것은 여전히 교육을 위해 아무런 가치가 없다"고 결론 내린다.[31]

칼빈의 예술에 대한 견해는 교황 그레고리우스 I세의 격언에 대한 비판의 성격을 띠고 있지만, 그러한 비판에는 모호한 점들이 없지는 않다. 첫째로, 그레고리우스의 두 편지는 8-9세기 동방 교회의 이콘 논쟁에서처럼 하나님 혹은 그리스도의 예술적 표현가능성에 초점을 맞추고 있는

---

28) Calvin, *Institutes of the Christian Religion*, vol. 1, 112.
29) Calvin, *Institutes of the Christian Religion*, vol. 1, 112.
30) Calvin, *Institutes of the Christian Religion*, vol. 1, 112.
31) Calvin, *Institutes of the Christian Religion*, vol. 1, 112.

것이 아니라, 과거의 사건들이나 성자들의 이야기를 그린 교훈적 그림에 초점을 맞추고 있다. 이러한 종류의 그림에 대한 그레고리우스의 격언은 사실 과거의 역사와 사건에 대한 예술적 표현이 "교육"이나 "훈계"를 위해서는 사용될 수도 있다는 칼빈 자신의 입장과 동일한 것이다.[32] 둘째로, 그레고리우스는 단순히 그림을 통한 독자적인 교육을 이야기하고 있지 않으며, 그림과 설교의 상호 보충성을 분명히 제안하고 있다. 라틴어를 읽고 들을 수 있는 자들은 설교를 통해서 교육받고, 그렇지 못한 자들은 그림을 통해서라도 교육받아야 한다는 것이다. 그리고 성화의 감상은 항상 성직자의 그림 주해(visual exegesis)에 의해 인도되었다. 이것 또한 설교가 교육의 원천이며 교훈적 그림은 도움을 주는 보조수단으로 사용될 수 있다는 칼빈의 입장과 상충되지 않는다. 셋째로, 이미지의 사용은 "교육을 위해 아무런 가치가 없다"는 칼빈의 진술이 역사와 사건의 이미지를 포함하는 것인지, 아니면 단지 육체적 이미지를 묘사한 조각이나 그림을 가리키는 것인지 문맥상으로 분명하지 않다. 전체적으로 고려할 때, 그의 진술은 단지 심미적 쾌락만을 목적으로 한 화가와 조각가의 예술작품을 가리키는 것으로 해석되는 것이 보다 타당하다. 이처럼 그림의 제한적 유용성을 옹호하는 그레고리우스의 예술교육론과 설교의 배타적 우위성을 강조하는 칼빈의 반(反)예술교육론은 가톨릭과 개신교의 두 정신의 충돌을 상징적으로 보여주고 있음에도 불구하고, 그 내용에 있어서는 화해의 여지가 많은 것도 사실이다.

III. 신학적 예술교육론을 향하여

서방 교회에서의 그레고리우스의 편지, 8-9세기 동방 교회를 휩쓴 이콘 논쟁, 종교개혁자 칼빈의 설교 중심적 교육론 등은 예술에 대한 교회

---

32) Calvin, *Institutes of the Christian Religion*, vol. 1, 112.

의 모호한 양면성을 잘 드러내 준다. 교회는 종교교육에서 예술이라는 매체가 지니는 기능적 유용성을 의심하지는 않았지만, 예술매체의 신학적 함의의 적합성에 있어서는 항상 보다 유보적인 태도를 보인다. 도구적 유용성에 대한 합의가 바로 신학적 적합성에 대한 합의로 옮겨지지는 않는 것이다. 여기서 우리는 예술교육론에 대한 신학적 적합성을 간략하게 성찰하고자 한다.

현대에는 글을 읽지 못하는 대중들 때문에 이미지를 교육에 사용하는 경우는 드물 것이다. 더 이상 라틴어가 교회의 공식적 교육언어로 기능하지는 않고 있으며, 한국에서의 문맹률도 매우 낮은 편이다. 하지만 이미지가 여전히 교회의 교육기능에 실제로 중요한 역할을 하는 이유는 현대인들이 이미지를 통한 의사소통에 매우 익숙하기 때문이다. 그래서 포스트모던 신학자인 마크 C. 테일러는 인터넷으로 상징되는 가상현실의 공간에서 "하나님의 형상"(imago dei)은 이미 "이미지의 하나님"(deus imaginis)이 되었다고 분석한다.[33] 포스트모던 시대에서 신학은 "이미지학"(imagology)인 것이다. 또한 언어적 인지 능력이 떨어지는 장애인 기독교인들을 위해서도 예술교육은 새롭게 고려되어야 한다.

하지만 이런 현실분석과는 확연이 구분되는 것이 기독교의 전통적 이미지 공포증이다. 칼빈이 지적하듯, 출애굽기 20장 4절은 모든 형상예술의 신학적 사용에 대한 금지령으로 이해되었다. 하나님은 그림그려질 수 없는 분이다. 그래서 칼빈이 상징적으로 대변하는 개신교 전통은 자연스럽게 그림이나 벽화와 같은 예술을 통한 교육보다는 설교와 같은 언어적 매체를 통한 교육을 선호하게 된 것이다. 하지만 하나님이 이미지로 그려질 수 없는 예술적 "그림 불가능성"(unpicturability)을 가진다면, 동시에 하나님은 개념으로도 사유될 수 없는 언어적 "인식 불가능성"(inconceivability)을 가지는 것이 아닐까?[34] 글이나 그림은 모두 무

---

33) Mark C. Taylor and Esa Saarinen, *Imagologies: Media Philosophy* (London: Routledge, 1994), "Simcult," 6-7.
34) 리차드 빌라데서/ 손호현 옮김,《신학적 미학: 상상력, 아름다움, 그리고 예술 속의 하

한을 담으려는 유한의 시도이다. 그 부분적 성공의 가능성을 무한의 유한화로서의 하나님의 성육신(成肉身)이 제공한 것이다. 구약의 이미지 금지령은 이제 신약 시대에 와서 하나님의 이콘이 되시는 예수 그리스도의 성육신을 통해서 하나님께서 스스로 철폐하셨다고 다마스커스의 요안네스는 말한다. "구약의 이스라엘은 하나님을 보지 못했지만, '우리는 모두 너울을 벗어버리고 주님의 영광을 바라봅니다' [고후 3:18]"(《이미지론》, 1.16). 예수 그리스도는 신학의 근거인 동시에 예술의 근거이다.[35] 이미지는 잠재적인 개념이며 개념은 발전된 이미지이다. 이미지와 개념은 본질적으로 동질의 것이다. 여기에 바로 예술의 기능론적 유용성뿐 아니라 신학적 적합성도 있는 것이다. 예술은 이미 존재론적으로 신학적이다. 하나님의 그림 불/가능성과 인식 불/가능성은 항상 병행적으로 존재할 수밖에 없는 것이다. 예술은 잠재적인 신학이고, 신학은 발전된 예술이다. 둘 다 가능하든지, 아니면 둘 다 불가능할 수밖에 없다.

유대인이면서 예술가였던 쇤베르크(Arnold Schoenberg)가 출애굽기를 해석한 오페라《모세와 아론》은 개념과 이미지의 분리 불가능성을 잘 드러내주고 있다. 유대교의 철저한 형상예술 거부의 전통을 상징하는 모세는 개념적 사유의 순수성을 지키기 위해 모든 이미지를 버리라는 반(反)이콘적 입장을 드러낸다. 여기에 대해 예술의 수호성자로 묘사되는 아론은 모세가 말하는 개념은 단지 또 다른 이미지 혹은 이콘일 뿐이라는 근본적인 반박을 제공한다. "그러나 나의 이미지를 파괴한 너의 말이라는 기적은 단지 이미지 그 자체일 뿐이다."[36] 따라서 출애굽기의 형상 금지령은 벽화나 미술과 같은 외재적 예술형상뿐 아니라 개념과

나님》(서울: 한국신학연구소, 2001), 120ff.
35) 기독론(Christology)이 예술의 근거라고 보는 신학적 입장에 대해서는 폰 발타자의 대작《주님의 영광》을 참조하라. Hans Urs von Balthasar, *The Glory of the Lord: A Theological Aesthetics,* 7 vols. (San Francisco: Ignatius Press, 1982-1989). 또한 나중에 4장에서 동방 정교회의 이콘 논쟁이 지닌 기독론적 함의를 살펴보게 될 것이다.
36) 빌라데서,《신학적 미학》, 103.

교리 같은 내재적 언어형상의 금지도 포함하는 것이다. 여기서 설교와 성화는 비슷한 존재론적 운명을 공유한다. 그림은 객체화된 말이고, 말은 내재화된 이미지인 것이다.

기독교 철학자 헤겔(G. W. F. Hegel)도 이미지와 개념의 신학적 관계를 주목하였다. 예술의 외연적 형상, 종교의 내재적 그림언어, 그리고 철학의 논리적 개념은 모두 다른 표현방식으로 이루어진 동일한 "하나님에 대한 예배"(Gottesdienst)라고 헤겔은 보았다. 그 표현 방식에 있어서, 예술의 "직접적 통찰"(unmittelbaren Anschauung)과 종교의 "표상"(Vorstellung)과 철학의 개념적 "사유"(Denken)가 다를 뿐이다. 그러나 그 내용에 있어서, 예술·종교·철학이라는 다른 표현양식들의 단 하나의 유일한 주제는 하나님이라는 것이다.[37] 결과적으로, 기독교 철학의 개념적 사유도 이미 항상 그 속에 외연적 그림언어인 예술과 내재적 그림언어인 종교를 담고 있으며, 예술의 그림언어는 종교와 철학의 비물질적인 언어 속에서도 항상 미학적인 심층구조로서 생존하여 남아 있게 되는 것이다. 예술은 이미지로 말해진 설교이고, 설교는 말로 그려진 예술이다. 그런데 헤겔에 따르면, 예술로 먼저 본 후에라야 설교로 말할 수 있는 것이다. 언어를 선행하는 이미지의 존재론적 선행성을 가리키는 것이다.

우상숭배의 위험성은 단지 예술에만 고유한 것이 아니라, 언어를 통해 이루어지는 설교와 신학에도 동일하게 존재한다. 여성신학자 셀리 멕페그의 가부장적 "종교 언어의 우상숭배"에 대한 비판은 이러한 사실을 분명하게 보여준다.[38] 예를 들어 성서의 하나님에 대한 남성적 언어를

---

37) G. W. F. Hegel, *Lectures on the Philosophy of Religion, Volume 1: Introduction and The Concept of Religion,* ed. by Peter C. Hodgson (Berkeley, Los Angeles, London: University of California Press, 1984), 84와 233-234. 또한 idem, *The Difference between Fichte's and Schelling's System of Philosophy,* trans. by H. S. Harris and Walter Cerf (Albany: State University of New York Press, 1977), 172.

38) Sallie McFague, *Metaphorical Theology: Models of God in Religious Language* (Philadelphia: Fortress Press, 1982), 4-10.

문자적으로 해석하는 근본주의자들은 하나님을 남성적 그림으로 표현한 수많은 화가들과 마찬가지로 동일하게 우상숭배의 위험에 노출되는 것이다. 설교자와 예술가 둘 다 "만약 하나님이 남자라면, 남자가 하나님이다"라는 메리 데일리의 비판으로부터 자유로울 수 없는 것이다.[39] 기독교 신학의 가부장적 남성중심주의에 대한 여성신학자들의 비판은 비물리적인 언어적 개념이 물리적인 예술적 이미지보다 상대적으로 우상숭배의 위험으로부터 자유롭다고 보는 거의 전형적인 개신교적 선입견을 근본적으로 전복시킨다. 언어의 우상이 예술의 우상보다 신학적으로 덜 위험하다고 생각하는 것은 착각이다. 이미지는 잠재적인 개념이고, 개념은 발전된 이미지이기 때문이다.

언어와 이미지, 설교와 예술 둘 다에 적용되는 이러한 신학적인 '병행적 불/가능성'(parallel im/possibility)은 예술적 이미지를 신학적 이유 때문에 단지 교육의 매체로부터 배제하기보다는, 보다 긍정적으로 예술매체의 독특한 존재론적 혹은 기능론적 장점에 주목하는 기독교 예술 교육론을 발전시켜야 함을 보여준다. 언어적 책이라는 배타적 매체에 의존하는 이전의 기독교 교육 모델은 더 이상 신학적으로, 교육학적으로, 그리고 시대정신적으로 정당화될 수 없다. 그리고 이러한 언어적 교육의 영역 안으로 포섭될 수 없는 인지능력이 급격하게 떨어지는 장애우의 경우는 또 어떻게 해야 하는가? 우리는 그레고리우스의 예술교육론을 다시 재고해야 할 것이다. 예술은 여전히 마음이 가난한 우리 모두의 성서이다.

예술에 대한 신학적 성찰과는 또 다른 차원의 문제가 예술의 이데올로기성에 대한 성찰이다. 그림이 문맹자의 책이라는 입장은 정치적으로 성직자 엘리트주의를 강화할 뿐인가? 그림이 마음이 가난한 자를 위한 성서(biblia pauperum)라는 생각은 어쩌면 글을 읽을 수 있는 지식인

---

39) Mary Daly, *Beyond God the Father: Toward a Philosophy of Women's Liberation* (Boston: Beacon Press, 1973), 19.

성직자와 그렇지 못한 평신도라는 교회 내의 이데올로기적, 즉 '신학-정치적 위계질서'(theo-political hierarchy)의 고착화를 가져오는 것은 아닐까? 중세에 성직자의 그림 주해를 통한 예술교육이 항상 문맹자의 성화 감상의 적절함에 대한 최종적인 해석의 권위로 작용하였던 사실은 이러한 이데올로기성에 대한 염려가 단지 기우만은 아니라는 것을 보여준다. 그렇다면 교리문답과 같은 언어적 교육이 항상 가르치는 자와 배우는 자의 권력 불균형을 전제했듯이, 그림 주해를 통한 예술교육도 이러한 불평등한 신학정치의 재생산을 가져올 수도 있는 것이다.

예를 들어 중세의 세 가지 예술 옹호의 이유를 연구하는 비평가들은 종교예술의 "교훈적"(didactic), "회상적"(mnemonic), "감정고양적"(affective) 기능이 사실 "회상적" 기능 하나로 환원될 수 있다고 주장한다.[40] 왜냐하면 그림은 사람들이 이미 그것이 가리키는 이야기를 알고 있을 때에만 교훈을 가르칠 수도 있고 감정을 고양시킬 수도 있기 때문이다. 따라서 그림은 이미 알려진 진리를 다시 기억시키는 회상적 기능을 주로 한다는 것이다. 더군다나 성직자와 평신도, 남성 수도사와 여성 수녀와 같이 잠재적으로 이데올로기적일 수 있는 위계적 관계에 있어서, 이러한 회상적 기능이 주로 남성 성직자 집단에 의해 통제되었던 것도 사실이다. 성당 벽면의 그림 주해(visual exegesis)에 있어 최종적인 해석의 권위는 예술가나 감상자 어느 누구에게도 없었으며, 오직 해석자인 남성 성직자에게 주어졌다. 그렇다면 예술은 교회의 또 다른 정치신학적 도구일 뿐인가?

다른 모든 것과 마찬가지로 예술도 결코 이데올로기적 지형에서 자유롭지는 않다. 하지만 동시에 예술이 지니는 통제되기 힘든 창조성과 생산성은 이런 일방적인 통제를 종종 벗어나는 결과를 가져왔다는 것도 인정되어야 할 것이다. 예술은 전복한다. 그래서 아름다움은 통제되기

---

40) Avril Henry, *Biblia Pauperum: A Facsimile and Edition* (Ithaca, New York: Cornell University Press, 1987), 17-18; Duggan, "Was art really the 'book of the illiterate'?," 242-243; Chazelle, "Pictures, books, and the illiterate," 147-148.

힘든 것이다. 중세의 그림 주해 전통의 수호자들은 예술이 단지 이미 설교 등을 통해 형성된 생각을 다시 떠오르게 하는 기억의 촉매제 역할을 한다고 여겼을 수도 있다. 하지만 예술이 감상자에게 전혀 새로운 사유의 자극제의 역할을 한다는 사실도 우리는 알고 있다. 신학자나 철학자와 같이 추상적 사유를 하는 자들에게도 단순한 그림도식 하나, 혹은 미학적 이미지 하나가 전체 사상체계에 대한 근본적 영감을 제공하기도 한다. 따라서 폴 리꾀르가 말한 상징과 사유의 해석학적 순환이 문맹자인 감상자와 그림 주해가인 성직자 사이에서도 존재할 수 있다고 가정할 수 있을 것이다.

실제로 중세 수도원의 수녀들은 자신들의 관리자였던 남성 성직자에 의해 합법적으로 허락된 이미지의 사용 혹은 해석만이 아니라, 그녀들 자신들의 명상과 기도를 위해 독특하고 개인적인 이미지의 "개방적인 사용"(open-ended uses)을 발전시켰었다.[41] 그녀들의 이러한 개방적인 이미지 사용은 종종 신학적 엘리트들에 의해 합법적으로 공인된 사용이나 해석을 더 풍부하게 만드는 결과를 가져오기도 하였다. 라틴어를 말하고 추상적인 사유를 하던 남성 성직자들은 이미지를 초월하지 못하는 육체적인 존재로 여겼던 여성 수녀들에게 마치 마지못해 던져주는 빵조각처럼 그림을 "가난한 자의 성서"로 허락하였을지도 모른다. 하지만, 이러한 여성 수도사들의 규제받지 않은 이미지 명상은 바로 그 신학적 엘리트들인 자신들의 이론적이고 실천적인 삶을 보다 풍부하게 먹이는 영성의 빵으로 종종 되돌아 왔다. 중세에 있어 언어적 텍스트 혹은 책보다는 예술과 그림이 보다 잠재적인 여성 해방의 공간이었을 수도 있었던 것이다. 이러한 영성의 해방공간을 다시 확보하기 위해서도 예술은 잊어진 하나의 신학 텍스트로서 재발견되어야 하는 것이다. 예술도 가르친다.

---

41) Jeffrey F. Hamburger, *The Visual and the Visionary: Art and Female Spirituality in Late Medieval Germany* (New York: Zone Books, 1998), 108-109.

4장 이콘의 신학:
동방 교회의 성상파괴 논쟁

예술이 하나님을 계시할 수 있는가? 이 글이 분석하는 이콘의 신학은 예술의 계시성을 긍정한다. 루돌프 오토에 따르면, "예술에 있어서 거의 대부분의 경우 누미노제의 경험을 가장 효과적으로 표현하는 수단은 '숭엄'이다."[1] 두렵고 떨림의 경험으로서의 숭엄은 건축, 음악 등의 서양예술에서는 어두움과 침묵을 통해 표현되어졌고, 회화 등의 동양예술에서는 이러한 어두움과 침묵 외에도 여백 혹은 여백의 거리라는 제3의 표현매체를 통해 드러났다는 것이다. 예술은 이처럼 신성한 숭엄의 계시이다. 특히 기독교 교회의 역사에 있어서 이러한 가장 적절한 예가 바로 동방 정교회의 이콘 예술이다. 이콘 예술은 그림의 심미적 장식성과 교육적 도구성을 넘어서 성스러운 숭엄을 직면하게 하는 성례전적 계시의 통로가 된다. 이콘(εἰκών)은 그리스어로 "형상", "이미지", "초상화", "닮은꼴" 등을 뜻하며, 넓은 의미에서는 시각적 예술 전체를 가리키는 말로 이해될 수 있다. 하지만 동방 정교회의 성상파괴 논쟁에서

---

1) Rudolf Otto, *The Idea of the Holy, second edition*, tr. by John W. Harvey (London: Oxford University Press, 1950), 65.

사용된 좁은 의미에서의 이콘은 커다란 벽화와는 달리 쉽게 휴대하고 이동할 수 있도록 보다 소규모의 재료 위에 그리스도, 성모 마리아, 성자, 순교자, 천사 등을 표현한 전례물을 가리킨다.

이콘은 세계 내재적이면서 동시에 세계 초월적인 양면성을 가진다. 넓은 의미에서 이콘은 6세기말 교황 그레고리우스 I세가 말했듯 글을 읽지 못하는 문맹자에게 "책"의 교육적 기능을 대신할 수도 있다. 이때 이콘은 교리적 가르침을 보다 쉽게 전달하여 신도들을 교화시키는 예술매체라는 세계 내재적 도구성을 가진다. 동시에 동방 정교회의 이해에서처럼 좁은 의미에서의 이콘은 보이는 물질적 세계와 보이지 않는 초월적 하나님, 말씀과 육신, 그리스도의 신성과 인성, 시간과 영원, 내재성과 초월성을 다리 놓는 예술적 "모순의 일치"(coincidentia oppositorum)라는 독특한 존재론적 위치를 지닌다. 이콘은 영원으로 열린 세계의 창문이며 영원으로 놓인 다리이다. 서방교회가 문맹자를 위한 책이라는 이콘의 보다 단순한 교육론적 기능에 집중하였다면, 동방교회는 은총의 통로로서의 예술의 계시성이라는 이콘의 존재론적 지위에 집중한 것이다. 신학이 계시의 언어성 뿐만 아니라 계시의 미학성에 주목해야 하는 이유도 여기에 있다.

이 글의 목적은 기원후 8-9세기 동방 비잔티움 제국의 정교회에서 일어난 성상파괴논쟁에 대한 역사적이고 신학적인 분석을 제공하는 것이다. 먼저 **726년** 황제 레오 **3세**의 금지령으로 성상파괴논쟁이 일어나기 이전에 그 배경을 이루고 있는 성서와 초대 교부들의 이콘에 대한 입장들을 고찰할 것이다. 다음으로 8-9세기 발생한 동방 정교회 이콘 논쟁의 정치적이고 신학적인 전개 과정을 살펴보게 될 것이다. 이때 이콘 논쟁이 사실상 기독론의 논쟁이라는 사실이 강조될 것이다. 마지막으로 결론에서 이러한 이콘 논쟁의 역사적이고 신학적인 분석에 기초하여 필자는 기독론의 교리와 계시의 미학성이 근본적인 연관성을 가진다고 주장할 것이다. 그리스도가 성육신이 되셨기에 계시의 미학성이 가능한 것이다. 나아가 그리스도와 예술, 예수와 예술 사이의 존재론적 유비에 대한 성찰을 통해 이콘 신학의 현대적 변용의 가능성을 모색하고자 한다.

I. 성서와 이콘

성서와 전통, 이 둘은 초대 교부들의 신학적 방법론을 요약해준다. 이콘 논쟁을 둘러싼 동방 정교회의 신학뿐 아니라 초기의 기독교 신학 일반에 있어서도 가장 보편적인 방법론이 성서와 이전의 권위 있는 교부들의 전통에 호소하는 것이었다. 특히 기독교 발생으로부터 처음의 5세기 동안 활동한 교부들은 특별히 중요한 지위를 가지는 것으로 이해되었다. 당시 가장 중요한 신학적 척도는 새로운 혁신이 아니라 전통과의 변함없는 연속성이었기 때문이다. 이콘 반대론자들과 옹호론자들은 모두 이러한 성서와 전통에의 호소라는 방법론을 공통적으로 사용하였다.

성서는 분명 성상파괴적(聖像破壞的, iconoclastic)인 것처럼 보인다. 십계명 중 둘째 계명에 따르면 "너희는 너희가 섬기려고 위로 하늘에 있는 것이나, 아래로 땅에 있는 것이나, 땅 아래 물속에 있는 어떤 것이든지 그 모양을 본떠서 우상을 만들지 못한다. 너희는 그것들에게 절하거나 그것들을 섬기지 못한다. 나, 주 너희의 하나님은 질투하는 하나님이다"(출애 20:4-5). 이처럼 손으로 만든 보이는 우상과 보이지 않는 하나님의 대조는 신명기에서는 훨씬 자세하고 극적이다(신명 4:15-19). 신약시대에 와서도 우상숭배와 예술작품을 연관시킨 유대교 전통은 어느 정도 계승된다. 로마서 1장 23절에서 바울은 종교예술을 "썩어지지 아니하는 하나님의 영광"을 "썩어질 사람과 새와 짐승과 기어 다니는 동물 모양의 우상"으로 바꾸는 기만적 행위라고 비판한다. 초기 기독교는 한편으로는 유대교의 형상금지적 문화와 다른 한편으로는 로마제국의 형상과잉적 헬레니즘 문화 사이에서 자신의 정체성을 확립해가야만 했다.

하지만 성서와 초대 기독교 교부들 거의 모두가 시각적 예술을 반대했으며, 그러한 이콘 반대주의는 콘스탄티누스 황제의 시기 직전까지 지속되었다고 본 하르낙(Adolf von Harnack)과 같은 위대한 학자들의 주장은 풍부한 고고학적 발견들과 함께 이제 더 이상 받아들여지지 않고 있다.[2] 성서 자체와 초기 기독교 운동 내에서도 예술과 이미지에 대한 다양한 이질적인 견해들이 공존하고 있었다고 점차 학자들은 생각하게 되었다. 특히 성상옹호론(聖像擁護論, iconodulism)의 가장 결정적인 성서적 근거는 그리스도의 성육신 사건 자체이다. 이콘 옹호론자들은 구약시대에는 하나님이 자신의 존재를 묘사할 수 없도록 금지했으나, 신약시대에 와서 하나님이 스스로 육신의 가시성을 가지심으로써 자신의 존재를 미학적으로 묘사할 수 있도록 허락하였다고 주장한다. 요한의 신학에 따르면, "말씀"(λόγος)이 "육신"(σάρξ)이 되어 우리의 세계 가운데 거하셨다(요한복음 1:14). 육신이 된 로고스로서 그리스도는 하나님의 비가시성을 가시성으로 전환시킨 하나님의 형상이며 하나님의 이콘이다. 신약성서에 따르면, "그 아들은 보이지 않는 하나님의 이콘(εἰκών τοῦ θεοῦ, imago Dei)이시요, 모든 피조물보다 먼저 나신 분이십니다(골로 1:15)." 다마스커스의 요안네스는 누가 최초로 이콘을 만들었는지의 질문에 대해 이렇게 대답한다.

> 누가 최초로 이콘을 만들었는가? 하나님 자신이 그렇게 한 최초의 분이시다. 하나님은 처음에 자신의 독생자이자 로고스, 자신의 살아 있고 자연적인 이콘을 낳으셨다. 자신의 영원성의 정확한 날인(捺印)을 낳으셨다. 그리고 나서 하나님은 동일한 이콘과 형상을 따라 인간을 만드셨다.[3]

---

2) George Pattison, *Art, Modernity and Faith: Towards a Theology of Art* (Besingstoke: Macmillan, 1991), 11-12.
3) John of Damascus, De imaginibus oratio, III, 26. 영어 번역본으로는 Andrew Louth가 번역한 *Three Treatises on the Divine Images* (Crestwood, New York: St Vladimir's Seminary Press, 2003), 101을 보라. Jaroslav Pelikan, *Imago Dei: The Byzantine Apologia for Icons* (Princeton, New Jersey: Princeton University Press, 1990), 176에도 인용되고 있다.

로고스(logos)와 이콘(icon)의 유비적 상응에 대한 이콘 옹호론자들의 관심은 또한 이미 구약시대에 이콘에 대한 성서적 정당화의 근거를 찾게 된다. 그들이 발견한 것은 그리스도만이 "하나님의 이콘"일 뿐 아니라, 인간 자체도 그 창조의 원초적 순간에는 하나님의 이콘으로 만들어졌다는 사실이다. 70인역과 불가타 성서의 번역에 따르면, 하나님은 "우리가 우리의 이콘(εἰκών, imago)을 따라서, 우리의 모양대로 사람을 만들자"(창세 1:26)고 하셨다. 나아가 성서는 하나님의 비가시성을 가시성으로 전환시키는 이러한 이콘적 기능을 그리스도와 인간에서 피조물 전체에게로 확장시킨다. "이 세상 창조 때로부터 하나님의 보이지 않는 속성, 곧 그분의 영원하신 능력과 신성은 사람이 그 지으신 만물을 보고서 깨닫게 되어 있습니다"(로마 1:20). 흙에서 만들어진 인간의 육신을 가지심으로 하나님의 이콘이 되셨으며, 성육신이라는 이러한 미학적 계시 사건이 결정적으로 있었기에 우주와 인간과 예술도 하나님의 이콘으로서의 존재론적 지위의 그림자를 약속 안에서 선취적으로 예감하는 것이다.

II. 반이콘 신학들과 이콘의 신학들

신학적 입장의 정당화는 성서뿐 아니라 권위 있는 초대 교부들의 글에 호소하는 방식으로도 이루어졌다. 동방 교회와 서방 교회 안에는 성상옹호론자들과 성상파괴론자들이 둘 다 공존하고 있었다. 여기서는 초대 교부들 중에서 이미지와 예술에 대해 비판적이었던 대표적 신학자들 중에서 클레멘스와 에우세비우스를 살펴보도록 하자. 알렉산드리아의 클레멘스(Clement of Alexandria, c. 150-216)는 기독교와 그리스 철학의 전통을 종합하고자 시도한 인물이다. 그래서 그의 성상파괴주의는 성서와 함께 플라톤주의의 예술비판에도 근거하고 있다. 그는 하나님에게서 심미적인 범주에 속하는 아름다움을 완전히 배제하고자 하지는 않는다. 오히려 클레멘스는 "하나님은 모든 아름다운 것의 원인이다"

(*Stromata*, V, 8)라고까지 주장한다.[4] 하지만 클레멘스가 거부하는 것은 하나님의 신성한 아름다움 자체가 아니라 그러한 아름다움을 예술가들의 장난감으로 격하시키는 신성모독이다. 인간은 신의 장난감이라는 플라톤의 말을 인용하며(*Laws* 803C), 클레멘스는 "신의 장난감인 인간이 오히려 하나님을 만들고, 인간의 예술 놀이를 통해 하나님이 존재케 된다는 것은 진정 어리석은 생각이다"(*Stromateis*, VII, 5)라고 비판한다.[5]

에우세비우스(Eusebius of Caesarea, c. 263-339)는 콘스탄티누스 황제의 누이인 콘스탄티아로부터 그리스도의 이콘을 구해달라는 편지를 받는다. 답신에서 그는 오히려 이렇게 되묻는다. "어떤 그리스도의 이콘을 의미하시는 겁니까? … 진리이며 불변하며 그의 본성을 지니고 있는 것입니까, 아니면 그가 우리를 위해 입으신 형상 곧 그가 취하신 종의 형상의 것입니까?"[6] 이 두 의미의 이콘 중에서 어떤 것을 선택하더라도 이콘의 불가능성을 옹호하는 것이 된다. 그는 그리스도의 변하지 않는 신성이 당연히 이미지 너머에 존재하는 것으로 여겼으며, 종의 형상으로서의 그리스도의 인성은 잠시 순간적으로 취하신 변하는 몸의 것으로 왜 그런 것에 관심을 가지는가 묻는 것이다. 에우세비우스의 편지는 이후 8-9세기 성상파괴논쟁이 일어났을 때 이콘 반대론자들의 주요한 신학적 근거가 되었고, 이런 이유에서 펠리칸은 그를 "성상파괴주의의 아버지"라고 부른다.[7]

이콘의 신학을 옹호하는 자들도 반대론자들과 마찬가지로 성서 본문과 교부들의 저작에 호소하는 동일한 방법론을 사용하였다. 또한 여기에

---

4) Wladyslaw Tatarkiewicz, *History of Aesthetics, Volume II, Medieval Aesthetics* (The Hague and Paris: Mouton, 1970), 24에 인용. 타타르키비츠/ 손효주 옮김,《미학사 2: 중세미학》(서울: 미술문화, 2006), 54 참조.

5) John E. L. Oulton and Henry Chadwick, eds. *Alexandrian Christianity: selected translations of Clement and Origen* (Philadelphia: The Westminster Press, 1954), 109.

6) Daniel J. Sahas, *Icon and Logos: Sources in Eighth-Century Iconoclasm* (Toronto: University of Toronto Press, 1986), 134.

7) Pelikan, *Imago Dei* (1990), 72.

추가적으로 기독교 역사상 최초의 공의회가 325년 니케아에서 콘스탄티누스 황제의 소집으로 열린 이래로 성서, 교부들의 저작, 그리고 공의회들의 결정이 신학적 정당화의 중요한 근거가 되었다. 여기서는 성상파괴 논쟁이 발생하기 이전 거기에 중요한 영향을 끼친 트룰로(Trullo) 공의회의 결정과 함께 바실리우스와 요안네스의 이콘의 신학을 시대 순으로 살펴보도록 하겠다.

바실리우스(Basil of Caesarea, 330-379)는 이콘의 신학적 가치를 옹호하는데 가장 큰 역할을 한 초대 교부들 중 하나이다. 그는 자신의 신학적 미학을 성서뿐만 아니라 그리스 미학에 기초하고 있다. 특히 플로티누스(Plotinus, c. 204-270)의 신플라톤주의적 미학은 원형과 그것에서 유래한 형상 사이의 존재론적 연관 관계를 옹호할 수 있는 사상적 기반을 그에게 제공한다. 플로티누스는 「지성적 아름다움에 대하여」라는 글에서 "형상을 공경하는 것은 그것이 모방한 원형을 공경하는 것이다"(*Enneads*, V, viii, 8)고 말한다.[8] 형상과 원형 사이의 존재론적 소통이라는 이러한 플로티누스의 생각은 초대 기독교 교부들에게도 낯선 것이 아니었다. 이러한 고대의 미학적 사유는 바실리우스에 의해서 결정적으로 정리되고 요약된다.

> 형상(εἰκών, icon)에 바쳐진 공경은 원형(πρωτότυπος, *prototype*)에게로 전달된다. 모방예술에서 형상이 가지는 위치는, 자연에서 하나님의 아들이 가지는 위치와 동일하다.[9]

바실리우스는 여기서 형상에게 바쳐진 공경이 원형에게로 전달된다는 신플라톤주의적 미학을 반복하고 있을 뿐만 아니라, 이러한 형상과 원형

---

8) Plotinus, *The Enneads*, tr. by Stephen MacKenna (New York: Larson Publications, 1992), 492.

9) Basil, *On the Holy Spirit*, xviii, 45. Tatarkiewicz, *Medieval Aesthetics* (1970), 26에 인용. 타타르키비츠,《미학사 2: 중세미학》(2006), 57 참조.

의 관계를 기독교의 삼위일체와 성육신의 교리에 기초하여 성자와 성부의 관계에도 적용시키는 독특한 신학적 미학을 구축하고 있는 것이다. 골로새서 1:15절의 예수 그리스도가 하나님의 형상 곧 "하나님의 이콘"이라는 사상이 여기에 저류로 흐르고 있다. 하나님은 자연 곧 세계 속에서 예술들의 예술, 이콘들의 이콘, 곧 이콘 자체인 그리스도가 되시었다. 바로 그리스도의 성육신 때문에 모든 세계 내적 사물들이 이콘적 기능을 수행할 수 있는 존재론적 근거를 가지게 되는 것이다. 따라서 바실리우스는 예술가의 시각적 이미지 창작은 설교가의 언어적 이미지 창작에 결코 열등하지 않다고 여겼다. 오히려 보다 더 나을 수 있다고까지 주장하며 성자들의 모습과 함께 직접 그리스도의 모습을 그릴 것도 권면한다.[10]

트룰로(Trullo) 공의회(692)는 성상파괴 논쟁이 일어나기 이전에 이콘을 둘러싼 여러 신학적 논쟁들에 대해 교회가 공식적인 입장을 밝힌 최초의 공의회라는 의의를 가진다. 크게 두 가지 중요한 사안들이 여기서 결정된다. 첫째, 교회 바닥에 이전까지 그려졌던 십자가를 더 이상 바닥에 그리지 못하도록 금지했다. 십자가는 공경의 대상으로 사람들의 발에 짓밟혀져서는 안 된다는 이유에서이다. 둘째, 그리스도를 상징적으로 양(羊)의 모습으로 그리는 것과 같은 이전의 관행은 금지되고, 알레고리적 회화 대신에 인간의 모습으로 그리스도를 직접 사실적으로 그릴 것을 선포한다. 구약의 시대가 알레고리적 표현밖에 허용할 수 없었던 약속의 시기였다면, 그러한 약속의 성취로 그리스도가 성육신으로 오신 신약의 시대에 이러한 알레고리는 불필요하게 되었기 때문이다. 그래서 기독론에 관한 트룰로 공의회의 82번째 규범에 따르면, "이제부터는 세상 죄를 지고 가는 양이자 우리의 하나님이신 그리스도를 과거의 양의 모습이 아니라 인간의 형상으로 묘사할 것을 선포한다."[11] 하지만 이러한

---

10) 이덕형,《비잔티움, 빛의 모자이크》(서울: 성균관대학교 출판부, 2006), 412.
11) Philip Schaff and Nenry Wace, eds. *Nicene and Post-Nicene Fathers,* Second Series, Volume 14, *The Seven Ecumenical Councils* (Peabody, MA: Hendrickson,

트룰로 공의회의 결정을 교황 세르기우스(Sergius, 687-701 재위)가 거부함으로써 이콘에 대한 이러한 엄격한 원칙들은 서방 교회에 크게 영향을 미치지는 못했다.

다마스쿠스의 요안네스(St. John of Damascus 혹은 Johannes Damascenus, 675-749)는 제1차 성상파괴운동(726-787)에 반대했던 이콘 옹호론자들의 대표적 신학자이다. 그는 황제 레오 3세가 726년에 이콘 공경을 금지하였을 때, 730년경에 세 권의《이미지론》(De imaginibus oratio)을 썼다. 특히 창조주 하나님에 대한 "숭배"(λατρεία, latreia)와 이콘을 포함한 다른 모든 성스러운 것들에 대한 "공경"(προσκύνησις, proskynēsis) 혹은 "경배"(δουλεία, douleia)는 구분되어야 한다는 그의 주장은 이콘 논쟁의 가장 중요한 구분이 되었다.[12] 요안네스의 이콘 신학을 이해하는데 결정적인 자료를 제공하고 있는《이미지론》의 한 부분을 보도록 하자.

> 이콘은 원형을 재현하는 닮은꼴이다. 하지만 또한 그것은 원본과는 차이가 있다. 그것이 원본을 모든 면에서 닮은 것은 아니기 때문이다. 성자(聖子)는 보이지 않는 하나님의 살아있는, 자연적인, 그리고 변하지 않는 이콘이다.… 또한 하나님 안에는 그의 미래의 피조물들에 대한 이콘들과 모델들이 있다. …
> 이콘들은 비가시적이고 드러날 수 없는 것들을 의미하는 가시적인 것들이다. 이콘들은 우리의 연약한 판독력으로 인해 그것들을 감각적으로 표현한다.… 이콘들을 통해서 우리는 상상할 수 없는 것들에 대한 생각들을 가지게 되고, 형태 없는 것들에 대한 형태들을 우리 앞에 가지게 된다.…
> 이콘은 두 측면을 가진다. 이콘은 책들에 쓰여진 말씀을 통해서,… 혹은 감각적이고 미학적인 성찰을 통해서 다시 기억나게 만드는 수단이 된다. 책이 글을 읽을 수 있는 자들에게 하는 역할처럼, 이콘은 읽거나 쓸 수

1995), 401.
12) 이덕형,《비잔티움, 빛의 모자이크》(2006), 419.

없는 자들에게 동일한 역할을 한다. 청각에 말씀(λόγος)이 하는 역할처럼, 시각에 이콘(εἰκών)은 동일한 역할을 한다.[13]

이콘의 정의를 내리고 있는 이 글에서 우리는 요안네스의 이콘의 신학이 지니는 세 가지 중요한 사상을 요약할 수 있다. 첫째, 하나님의 이콘이 가능한 이유는 신약시대가 도래하였기 때문이다. 구약시대가 말씀으로만 하나님의 계시에 직면하였다면, 신약시대에는 말씀과 형상 두 가지를 통해 계시가 이루어진다는 것이다. 왜냐하면 그리스도가 "보이지 않는 하나님의 살아있는, 자연적인, 그리고 변하지 않는 이콘"으로 직접 성육신이 되시었기 때문이다. 요안네스는 이콘을 공경하는 것이 구약시대에 금지한 존재하지 않는 허구의 "우상"(*eidolon*, idol)을 숭배하는 것이 아니라, 신약시대의 성육신이라는 역사적 이콘에 기초하여 이콘이 증거 하는 하나님을 숭배하는 것이라고 본다. 이전에는 하나님의 형상을 만드는 것이 죄였으나, 하나님이 실제로 인간의 모습으로 오신 이후에는 그리스도의 형상을 이콘으로 묘사하는 것이 적절한 신앙의 표현이라는 것이다. 이런 의미에서 하나님 스스로가 자신의 계명을 "위반"하는 것을 통해 이콘 금지령을 먼저 중지하셨고, 보다 적절하게 표현한다면 이콘 금지령을 그리스도의 살아있는 이콘을 통해 완성하신 것으로 요안네스는 생각하였다.[14]

둘째, 로고스와 이콘은 계시의 동등한 두 가지 길이다. 요한복음이 선재하던 로고스가 육신이 되었다고 선포하듯, 요안네스는 하나님 안에 선재하는 이콘이 실현되는 것에 대해 이야기한다. 책이 하나님의 말씀을 청각을 통해 가르치듯, 이콘은 하나님의 모습과 활동을 시각을 통해 가르친다. 나아가 말씀인 로고스와 그림인 이콘은 보다 궁극적인 의미에서는 모두 하나님의 형상으로서의 이콘의 두 측면이라고 그는 주장한다.

---

13) John of Damascus, *De imaginibus oratio*, I, 9-13. *Three Treatises on the Divine Images*, 25-27. Tatarkiewicz, *Medieval Aesthetics* (1970), 45-46.

14) John of Damascus, *De imaginibus oratio*, I, 15. Pelikan, *Imago Dei* (1990), 82.

글이 듣는 이미지라면(그 당시 책은 대부분의 사람들에게 읽는 것이 아니라 듣는 것이었다), 그림은 보는 이미지이다. 따라서 언어적 계시와 시각적 계시는 동등한 무게를 지니는 것으로 둘 다 존중되어야 하며, 사실 초대 교회의 전통은 그러했다고 요안네스는 본다. 그에 따르면 교회의 전통은 성서와 같이 "글로 쓴 문자"(engraphos)와 구전이나 이콘과 같은 "비문자"(agraphos)를 통해서 후대에 전해져 왔으며, 이 둘은 모두 정당한 전승의 매체이다.[15]

셋째, 이콘은 미학적 성찰을 통해 하나님에게로 나아가는 상승의 길(via ascensionis)이다. 그는 "형상에 바쳐진 공경은 원형에게로 전달된다"는 바실리우스의 유명한 이콘에 대한 명제를 인용하면서, 미학적이고 감각적인 이미지를 통해서 초미학적이고 비감각적인 원형에게로 우리의 영혼이 상승할 수 있는 가능성이 있다고 보았다.[16] 이러한 미학적 성찰을 통한 상승의 가능성은 하나님의 이콘 그리스도와 인간의 이콘 예술뿐만 아니라 자연 전체에도 존재한다. "피조물" 전체가 "하나님의 빛을 희미하게 우리에게 보여주는 이콘들"이기 때문이다.[17] 요안네스의 이콘의 신학이 주장하는 상승의 길은 다음과 같은 근본적으로 미학적인 인간 인식의 조건을 드러내어준다. "하나님의 물리적 모습을 바라볼 때에, 우리는 가능한 범위 안에서는 하나님의 신성의 영광도 통찰하게 된다. 우리는 육체와 영혼이라는 이중적 본성을 가지기 때문에, 물리적인 것들을 통하지 않고는 영적인 것들을 통찰할 수 없다. 물리적인 성찰이라는 이러한 방식으로 우리는 영적인 성찰에 도달하게 되는 것이다."[18]

---

15) 이덕형,《비잔티움, 빛의 모자이크》(2006), 444.
16) John of Damascus, *De imaginibus oratio*, III, 41. 에릭 푹스/ 박건택 옮김,《신학으로 그림보기》(서울: 솔로몬, 2007), 45.
17) John of Damascus, *De imaginibus oratio*, I, 11. Tatarkiewicz, *Medieval Aesthetics* (1970), 45.
18) John of Damascus, *De imaginibus oratio*, III, 12. Tatarkiewicz, *Medieval Aesthetics* (1970), 46-47.

III. 동방정교회 성상파괴 논쟁의 역사적 전개

비잔티움 제국에서 8-9세기에 이른바 성상파괴 논쟁(Iconoclastic controversy)이 발생하게 된 데에는 종교문화적, 정치적, 신학적 요인들이 서로 얽히어 있었다. 첫째, 대중적인 종교문화의 측면에서 볼 때 신학적으로 엄밀한 구분에 익숙하지 못한 농민들은 이콘에 대한 몰이해와 마술적 견해를 가지며 그것을 지나치게 남용하는 사례가 빈번하였다. 이콘이 악령을 쫓아내고 병자를 치료하는 주술적 도구 혹은 미래를 점치는 예언의 도구로 이용되었으며, 가축을 질병에서 보호할 수 있다는 미신까지 퍼져있었다. 심지어 교회에 있는 이콘들의 먼지를 털어내는데 사용된 솜이나 천 조각들조차도 일종의 부적처럼 간직되었다고 한다.

둘째, 정치적 측면에서 성상파괴주의의 적극적 등장에 중요한 역할을 한 요인으로는 비잔티움 제국의 혼란과 이슬람의 침략을 들 수 있다. 632년 마호메트가 사망한 후 이슬람은 7세기에 급속도로 성장하여 비잔티움 제국의 영토 일부분을 정복하게 되고 717년에는 콘스탄티노플까지 침략한다. 정복된 기독교 지역에서 이슬람교는 723년경부터 이콘을 제거하기 시작했고 이미지 자체의 사용을 엄격히 제한하였다. 비잔티움 제국의 정치적 위기와 종교적 혼란의 상황은 레오 3세(Leo III, 717-741)가 황제가 되면서 진정 국면에 이른다. 레오 3세는 기독교, 유대교, 이슬람교 사이의 종교적 갈등의 가장 큰 원인이 이콘 공경에 있으며, 이것이 비잔티움 제국의 정치적 통합을 위협한다고 보았다. 마침내 레오 3세는 726년에 콘스탄티노플 황궁의 대문에서 판토크라토르(*Pantokrator*) 그리스도의 형상을 담은 십자가를 떼어내면서 성상파괴운동을 시작하게 된다. 레오 3세의 뒤를 이은 그의 아들 콘스탄티노스 5세(Konstantinos Copronymus, 741-775)는 아버지를 계승하여 더욱 철저하게 성상파괴운동을 전개해나갈 뿐 아니라 여기에 대한 이론적 비판 작업도 병행하여 추진한다. 그는 754년 히에레이아(Hiereia)에서 종교회의를 소집하여 이콘 파괴에 대한 신학적 정당화를 시도한다. 그의 집권기에 이콘 화가

이자 수도사들은 이탈리아, 키프로스, 그리스, 시리아, 팔레스타인 지역으로 집단 이주를 시도하거나, 흑해의 크림 지역이나 카파도키아와 같은 제국의 변방에서 은밀하게 이콘을 제작하였다.

이러한 이콘 파괴의 열풍은 마침내 성상옹호론자였던 이레네 황태후(Irene, 780-790 섭정)가 정치적으로 집권하게 되자 새로운 국면을 맞이하게 된다. 이레네 황태후는 제7차 니케아 제2공의회(787)를 소집한다. 기독교 최초의 공의회가 열렸던 니케아라는 상징적인 장소에서 다시 모임으로 그 정통성을 강조하며, 제7차 니케아 제2공의회는 다마스쿠스의 요안네스의 이콘 옹호론에 신학적으로 기반하여 이콘 파괴주의를 이단으로 정죄하고 이콘 공경을 정당화함으로써 제1차 성상파괴운동(726-787)을 일단락 짓는다.

하지만 이콘을 둘러싼 논쟁이 완전히 끝난 것은 아니었다. 제2차 성상파괴운동(813-843)이 레오 5세가 813년에 황제로 등극하면서 다시 시작되고, 그는 과거 성상파괴운동을 펼친 황제였던 레오 3세와 콘스탄티노스 5세의 노선을 지지하게 된다. 레오 5세는 815년 콘스탄티노플의 하기아 소피아 성당에서 종교회의를 개최하며, 이콘 파괴론자들의 히에레이아 종교회의의 입장을 다시 받아들인다. 하지만 그에 대한 교회 불복종 운동은 콘스탄티노플에서 천 명의 수도사들이 이콘을 받들고 행진하는 일까지 가져오게 된다. 그는 결국 하기아 소피아 성당에서 살해당하고 후에 이콘 옹호론자인 황태후 테오도라(Theodora)가 섭정하게 된다. 테오도라 황태후는 843년 콘스탄티노플에서 종교회의를 다시 개체하여 제7차 니케아 제2공의회에서 결정된 것을 다시 확인함으로 120년에 걸쳐 동방 비잔티움 제국을 분열시켰던 성상파괴 논쟁에 종지부를 찍게 된다. 비잔티움 제국의 황제들이 이콘을 파괴한 반면, 비잔티움 제국의 황태후들은 이콘을 다시 복구시켜 놓은 것이다.[19]

셋째, 성상파괴운동은 성서와 초대 교부들에 존재하던 반이콘 신학들

---

19) 이덕형, 《비잔티움, 빛의 모자이크》(2006), 426-442.

과 이콘 신학들의 충돌이라는 신학적 측면을 지닌다. 우리는 아래에서 성서와 전통, 기독론, 성만찬을 둘러싼 성상파괴적인 히에레이아 공의회(754)와 성상옹호적인 제7차 니케아 제2공의회(787)의 신학적 논쟁을 분석할 것이다. 제7차 니케아 공의회는 히에레이아 공의회의 이콘에 대한 비판들을 조목조목 신학적으로 반박할 뿐만 아니라, 성육신의 계시는 미학적 인식을 요구한다는 핵심 통찰에 근거함으로써 이콘의 신학이 승리하는 결정적 계기가 된다.

IV. 이콘의 승리: 성상파괴 논쟁의 신학적 분석

1. 성서와 전통

히에레이아 공의회의 이콘 반대론자들은 자신들을 위해 새긴 "우상"(eidolon)을 만들지 말라는 출애굽기 20장 4절과 신명기 5장 8절의 우상 금지령에 철저하고자 한다.[20] 또한 하나님은 "영과 진리"로 예배를 드려야 한다는 요한복음 4장 24절에 근거하여, 감각적 이미지를 통한 예배가 아니라 영적인 말씀을 통해 예배를 드려야 한다고 보았다.[21] 이에 대해 제7차 니케아 제2공의회에서 이콘 옹호론자들은 구약시대의 이스라엘 민족에게 주어진 하나님의 우상금지령을, 그리스도의 성육신과 함께 도래한 신약시대의 기독교 교회에 적용하는 것은 옳지 않다고 주장한다.[22] 우상은 그것이 지시하는 실체 혹은 원형이 없는 허상인데 반해, 이콘은 그것이 지시하는 원형을 지니는 상징이다. 이런 맥락에서 제7차 공의회는 그리스어로 번역된 70인역 성서의 창세기 1장 26절이 인간을 하나님의 형상, 즉 하나님의 이콘으로 창조되었다고 선포하는 것을 인용한다.

---

20) Sahas, *Icon and Logos*, 109.
21) Sahas, *Icon and Logos*, 107.
22) Sahas, *Icon and Logos*, 110.

"성서는 천지의 창조에서 다음과 같은 하나님의 말씀을 선포하고 있다. '우리가 우리의 이콘(εἰκόνα, eikona)을 따라서, 우리의 모양대로 사람을 만들자.' 따라서 인간의 존엄성은 진정 위대하고도 어마어마한 것이다. 비록 흙에서 태어났으나, 인간은 하나님의 이콘으로 영화롭게 되었다."[23] 또한 제7차 공의회는 출애굽기 31장 1-6절을 인용하며, 하나님이 "브살렐"을 지명하여 온갖 기술과 재주를 채워주신 것처럼 예술적 재능은 그 자체로 하나님의 선물임을 강조한다.[24]

이콘 반대론자들은 "'이콘'이 그리스도나 사도들이나 교부들의 전통에 존재하지도 않았으며, 그것이 일상적인 상태에서 성스러운 상태로 변화하도록 드려지는 성화의 기도도 존재하지 않는다"고 주장한다.[25] 한마디로 기독교 전통에 없던 이콘은 잘못된 새로운 시도라는 것이다. 하지만 이콘 옹호론자들에 따르면, "이콘의 제작은 화가들이 새롭게 고안해 낸 것이 아니라, 보편적 교회가 수용하였던 제도이고 전통이다."[26] 이처럼 이콘 옹호자들은 기독교 공의회가 최초로 니케아에서 325년 개최된 이래로 성상파괴논쟁이 시작되기 전까지 여섯 번의 보편적 공의회에서 이러한 이콘들이 이전에 정죄되지 않았음을 강조한다. 만약 이콘이 우상으로 여겨졌다면 이러한 여섯 번의 공의회에서 이미 비판되고 정죄되었을 것이라는 논지이다. 뿐만 아니라 십자가 등도 성화의 기도가 없이 그 모양만으로 신성한 성물로 인정되듯 이콘도 마찬가지라고 주장한다.[27]

흥미롭게도 그리스어 "그라패"(γραφή, Graphê)는 한편으로 그림과 형상을 뜻할 뿐 아니라, 다른 한편으로 언어로 쓰인 문서와 글이라는 의미도 동시에 가진다. 이러한 양면성을 지닌 표현은 동방정교회가 왜 언어와 그림을 의사소통의 동등한 두 수단으로 여기는 전통을 가지게 되

---

23) Sahas, *Icon and Logos*, 57.
24) Sahas, *Icon and Logos*, 82.
25) Sahas, *Icon and Logos*, 97.
26) Sahas, *Icon and Logos*, 84.
27) Sahas, *Icon and Logos*, 99.

었는지를 설명해준다. 성서가 하나님의 뜻을 언어를 통해 계시하는 것처럼, 이콘은 우리의 영혼이 물질과 형상의 세계를 통해 하나님의 영원한 세계로 상승하도록 돕는 역할을 한다. 니사의 그레고리우스는 이콘을 "벽에서 말하는 침묵의 책"이라 불렀다.[28] 또한 바실리우스에 따르면, "연설을 들음으로 알게 되는 것을 회화는 비록 침묵하지만 모방을 통해 보여준다."[29] 이러한 글과 그림, 복음서와 이콘의 상호보완성을 제7차 공의회는 다음과 같이 선포한다. "우리 모두는 복음서의 전통과 마찬가지로 이콘의 그림들도 성스러운 공의회들 이전에 그리고 이후에도 교회에 전승되고 있는 것으로 여기고 이해한다. 우리의 귀가 독서하는 소리를 들을 때 그것을 우리 마음에 전달하는 것처럼, 우리의 눈이 그려진 이콘들을 바라볼 때 우리 마음은 또한 밝게 계몽된다. 이 둘이 각각 서로를 뒤따름으로써, 곧 독서뿐만 아니라 그림의 재현을 바라봄으로써 우리는 일어난 사건을 어떻게 회상할 것인지 동일한 것을 배운다."[30] 하지만 이콘 옹호론자들은 논란의 여지를 없애기 위해서 이미 언급한 '우상'과 '이콘'의 차이뿐 아니라 '이콘'과 이콘이 묘사하는 '원형'의 차이, 그리고 '숭배'와 '공경'의 차이를 분명히 하였다. 제7차 공의회는 오직 하나님에게만 드려지는 숭배와 이콘을 포함해서 모든 성물에게 드려지는 상대적인 공경을 엄격하게 구분한다.

> 우리가 이콘 속에 재현된 것을 바라볼 때면 바라볼 때 마다, 그것을 응시하면 응시할 때마다, 우리는 원형을 상기하게 되고 그것을 더 사랑하게 된다. 우리는 이콘에게 영광의 공경(προσκύνησις, proskynēsis)을 드릴 수는 있지만, 오직 신적 본성에게만 바쳐져야 하는 우리 신앙의 진정한 숭배(λατρεία, latreia)를 드릴 수는 없다. 이러한 공경은 고귀하고 생명을 주는 십자가의 이미지, 거룩한 복음서, 그리고 다른 성물들에게도 드려질 수 있다. 또한 우리 선조들의 경건한 관습에 따라 향을 피

---

28) Sahas, *Icon and Logos*, 16에 인용되고 있다.
29) Sahas, *Icon and Logos*, 123.
30) Sahas, *Icon and Logos*, 61.

우고 촛불을 밝혀 이러한 것들을 영화롭게 공경할 수 있다. "형상(εἰκών, icon)에 바쳐진 공경은 원형(πρωτότυπος, prototype)에게로 전달된다"고 한다. 따라서 이콘을 공경하는 사람은 거기에 그려진 분도 공경하는 것이다.[31]

2. 기독론

이콘 논쟁은 그 본질에 있어 기독론 논쟁이다. 동방 정교회의 성상파괴논쟁이 단지 성서와 초대 교부들의 이미지에 대한 비판과 옹호의 차원에 머물지 않고 보다 발전할 수 있었던 것은 그것이 모든 이미지 일반에 대한 종교적 논란의 차원을 넘어서 한 구체적인 이미지, 곧 그리스도의 이콘적 지위에 대한 기독론적 논쟁이기도 하였기 때문이다. 이콘의 신학은 예수 그리스도에 대한 존재론적 성찰의 절정을 이루고 있다. 제1차 니케아 공의회가 "동일 본질"(homoousious)이라는 언어를 둘러싼 기독론의 논쟁이었다면, 제7차 니케아 제2공의회는 "신의 이콘"(εἰκών του θεου, imago Dei)이라는 이미지를 둘러싼 기독론의 논쟁이었다. 하르낙은 초대 기독교인들의 마음에 자리하고 있던 이 두 논쟁의 공통적 핵심을 다음과 같이 요약한다. "이 땅에 오셔서 신과 인간을 다시 결합시킨 성스러운 존재는 하늘과 땅을 통치하는 지고의 성스러운 존재와 동일한가, 아니면 그것은 일종의 반신(半神, demigod)인가?"[32]

히에레이아 공의회는 이콘을 제작하는 것은 네스토리우스주의, 아리우스주의, 단성론 등의 이단에 빠지는 것과 마찬가지라고 비난하며, "화가들의 불법적인 예술은 우리 구원에 있어 바로 이 근본적인 교리, 곧 그리스도의 본성에 반하는 신성모독을 범하는 것이다"라고 주장한다.[33] 달리 말해, 이콘 제작자들은 그리스도의 본성을 이루고 있는 인성과 신

---

31) Sahas, *Icon and Logos*, 179. 또한 108-109도 참조하라.
32) Pelikan, *Imago Dei*, 69에 인용되고 있다.
33) Sahas, *Icon and Logos*, 75.

성을 동시에 표현하는 것이 불가능함에도 불구하고 그리스도를 이콘으로 그림으로써 한편으로는 인성만 표현하고 신성을 제한하는 네스토리우스주의의 이단에 빠지거나, 다른 한편으로 혼합될 수 없는 인성과 신성을 혼합시키는 아리우스주의와 단성론의 오류를 범한다는 것이다. 전자가 "제한"(circumscription)의 신성모독이라면, 후자는 "혼합"(confusion)의 신성모독이라고 이콘 파괴론자들은 보았다.[34] 제한과 혼합의 비판을 나누어 살펴보도록 하자.

제한(制限)의 비판은 네스토리우스(Nestorius) 이단과 관계되었다. 히에레이아 공의회는 이전의 에우세비우스의 이콘 불가능성에 대한 논지에 근거하여, 이콘 화가들이 사실상 그리스도의 신성과 인성을 나눈 후 인성만을 표현하려고 하는 네스토리우스주의자들이라고 비난한다. "그들은 '우리가 묘사하는 것은 우리가 보았고 만졌던 육체만을 그린 이콘이다' 라는 또 다른 불순한 대답에 의지한다. 그것은 불경할 뿐 아니라 네스토리우스주의자들이 만들어낸 불운한 입장이다."[35] 제7차 공의회는 네스토리우스주의라는 혐의에 대항하여 이콘이 그리스도를 그 신성에서가 아니라 그 인성에서 사람의 형상으로 표현하지만, 이때 단지 사람만이 아니라 한 인격 안에 두 본성이 연합된 그리스도를 표현하는 것이라는 논리를 제시한다. 신성한 말씀이 인간의 육신이 된 것이 그리스도이기 때문이다. "참된 기독교인들은 한 분이며 동일하신 아들을 그리스도와 주님으로 고백하며, 그들이 물감으로 이콘을 제작할 때에 '말씀이 육신이 되어' 완전한 사람으로 '우리 가운데 거하시는' 한에서 그러한 제작을 한 것이며, 이것은 온전히 적절한 것이다.… 따라서 제한될 수 없는 것과 제한될 수 있는 것이 한 분 그리스도 안에서 보이는 것이다."[36]

혼합(混合)의 비판은 한편으로는 아리우스주의 이단과, 다른 한편으로는 단성론의 이단에 동시에 관계되었다. 아리우스(Arius)는 하나님의

---

34) Sahas, *Icon and Logos*, 83-84.
35) Sahas, *Icon and Logos*, 87.
36) Sahas, *Icon and Logos*, 77.

아들이자 하나님과 동일본질을 지닌 그리스도를 하나님보다 열등한 피조물이라고 여긴 것으로 전해진다. 반대로 에우티케스(Eutyches)와 같은 단성론자들은 그리스도의 신성이 아니라 인성을 무시하는 경향을 보여준다. 에우티케스는 마치 물이 바다에 떨어질 때 완전히 바다에 흡수되는 것처럼 그리스도의 인성이 그리스도의 신성에 완전히 흡수되어 하나의 본성을 지니게 된다고 보았다. 그렇다면 그리스도를 순전히 신이나 인간의 이콘으로 그리려는 시도는 하나로 통합된 두 본성을 다시 둘로 쪼갤 위험성을 가진다고 이해되었다. 하지만 제7차 공의회는 그리스도의 인성을 강조하는 아리우스의 종속론과 신성을 강조하는 에우티케스의 단성론이 정반대의 주장을 하는 서로 다른 두 이단임을 지적한다. 따라서 이콘 옹호자들은 이렇게 서로 본질적으로 다른 네스토리우스주의, 아리우스주의, 단성론 등의 이단을 이콘에 적용시키는 것은 신학적으로 부정확할 뿐만 아니라 논리적으로도 맞지 않는다고 반박한다.[37]

보다 구체적으로 아리우스주의라는 이단에 대항하여, 이콘 옹호론자들은 오히려 이콘 파괴론자였던 에우세비우스가 아리우스주의자였다고 역으로 비판한다. 부활 이전의 그리스도가 그 인성과 종의 모습에서 그림으로 그려질 수 있을지는 모르나, 부활 이후의 그리스도는 그려질 수 없다는 것이 그의 입장이었다. 이러한 에우세비우스의 입장은 제7차 공의회에 의해 부활 이전 그리스도의 신성을 무시하고 인성만을 강조하는 아리우스의 가르침을 따르는 것으로 정죄된다.[38] 단성론이라는 비판에 대항하여, 제7차 공의회는 이콘이 육체를 지닌 그리스도의 인성을 묘사하고 있지만, 그러한 인성이 형상화될 수 없는 신성에 완전히 흡수되어서 사라져 버리는 것은 아니라고 선포한다. 그리스도는 그 신성에 있어 제한되지 않는 분이지만, 그 인성에 있어서는 제한되어진 분이다. 예를 들어 그리스도는 나사로가 죽었을 때 거기에 계시지 않았다. 그것은 바

---

37) Sahas, *Icon and Logos*, 78-79.
38) Sahas, *Icon and Logos*, 134-135.

로 그리스도의 인성으로 인한 공간적 제한을 가리킨다. 따라서 "모든 이들의 주님이신 예수 그리스도, 우리의 진정한 하나님이 성육신 후에도 묘사할 수 없다고 말하는 것은 완전히 신성모독이다."[39]

결론적으로, 동방정교회의 성상파괴논쟁은 본질적으로 반이콘적 기독론과 이콘적 기독론의 충돌이었다. 히에레이아 공의회는 부활 이후의 그리스도는 말할 것도 없고 "성육신이 되신 이후라고 할지라도 말씀은 그려질 수 없다"는 반이콘 신학으로 요약될 수 있다.[40] 이처럼 이콘 파괴주의자들이 부활의 교리에 집중하였다면, 이콘 옹호론자들의 제7차 공의회는 하나님의 이콘으로서의 성육신 교리가 모든 이콘 신학의 궁극적 근거가 된다고 본다. 이콘의 신학은 이콘이 단지 그리스도의 인성을 묘사하기 때문에 신성을 제한하지 않았을 뿐만 아니라, 이콘과 원형을 엄격하게 구분함으로 인성과 신성을 혼합하지도 않았다고 주장한다. 말씀이 육신이 된 그리스도의 성육신이 바로 이콘의 신학을 가능케 했을 뿐 아니라, 모든 기독교 미학의 가능성에 초석을 제공하는 것이다.

3. 성만찬

마지막으로 성만찬과 관련하여 이콘 반대론자들은 그리스도가 이미 성만찬을 통해 자신의 이콘을 스스로 제정하셨다고 주장한다. 그리스도가 떡을 떼며 그것을 자신의 몸이라고 하고, 잔을 들어 그것을 자신의 피라고 성만찬을 제정하실 때에 오직 성만찬의 떡과 피만을 그리스도의 "자연적 육체의 진정한 이콘"으로 허락하셨다는 것이다.[41] 이에 대해 이콘 옹호론자들은 오히려 반대론자들이 이콘과 원형의 차이를 무시할 뿐 아니라 성만찬에 임재하는 그리스도의 원형적 몸을 이콘으로 격하시킨다고 비판한다. 이콘 옹호론자들은 어떤 사도들이나 교부도 성만찬의 떡

---

39) Sahas, *Icon and Logos*, 155.
40) Schaff and Wace, eds. *The Seven Ecumenical Councils* (1995), 545.
41) Sahas, *Icon and Logos*, 93.

과 포도주를 "그리스도의 몸의 이콘"이라고 부르지 않았다는 것을 상기시킬 뿐만 아니라, 성만찬에서 우리에게 주어지는 것은 단지 "하나의 이콘"이 아니라 그리스도의 "진정한 몸"과 "진정한 피"라고 선포한다.[42] 만약 성만찬의 떡이 그리스도의 몸의 이콘이라면, 그것은 동시에 그리스도의 진정한 원형적 몸이 될 수는 없기 때문이다.

성만찬의 궁극적 목표는 성도의 교제와 분리될 수 없다. 여기서 이콘은 사도신경에서 고백하고 있는 "성도의 교제"(communio sanctorum)를 단지 신앙의 언어적 고백으로서만이 아니라 신앙의 시각적 경험으로 가능케 한다. 나아가 이콘의 공경이 원형의 공경으로 이어진다는 바실리우스의 진술은 이콘이 단지 신앙을 위한 교육의 시각적 도구만이 아니라, 이콘을 통해 원형이 되는 존재와 일종의 신비로운 성도의 교제를 가진다는 생각을 옹호하는 중요한 근거가 된다. 이콘을 공경하는 것은 그것이 묘사하고 있는 그리스도, 성모 마리아, 예언자들, 성자들, 순교자들을 공경하는 것과도 같다. 이처럼 이콘을 통해 우리는 이미 이 세상을 떠난 성도들과의 영적 교제를 가능케 할 수도 있는 것이다.[43]

V. 계시와 예술

이 글은 8-9세기 동방 정교회의 성상파괴논쟁에 대한 신학적 배경과 역사적 진행과정의 분석을 통해 그것이 신성과 인성이라는 두 본성을 지닌 그리스도에 대한 사실상의 기독론 논쟁이었다는 사실을 보여주었다.

---

42) Sahas, *Icon and Logos*, 94-95.
43) 한국문화에서 제사라는 조상숭배와 관련하여 성도의 교제를 새롭게 재해석하고 있는 논문으로는 김경재, "죽음의 영생과 그 현존 방식에 관하여: 개신교의 제례 토착화와 '성도의 교제'(communio sanctorum) 재해석,"〈문화와 신학〉2집 (2008), 9-29를 참조하라. 이콘의 신학이 어쩌면 제사에 사용되는 영정(影幀)의 문제를 기독교적으로 해석하는 실마리를 제공할 수도 있을 것이다.

우리는 여기에 기초하여 다음과 같은 몇몇 중요한 신학적 함의들을 구성해볼 수 있다. 첫째, 성육신의 계시는 미학적 사건이다. 이콘의 신학에 따르면 구약시대의 형상 금지령은 신약시대에 와서 보이지 않는 "하나님의 이콘"이신 그리스도의 성육신을 통해 해제되고 극복된 것으로 이해된다. 하나님의 비가시성이 성육신의 가시성으로 존재론적 전환을 가지게 되었다. 하나님 존재의 드러남으로서의 계시는 이제 말씀의 언어성과 함께 이콘의 미학성을 통해서도 가능케 된 것이다. 이런 맥락에서, "계시는 그 개념 자체에 있어 하나의 미학적 사건이다"라는 윙엘의 진술은 이콘 신학의 계시론을 적절히 요약하고 있다고 볼 수도 있을 것이다.[44]

둘째, 예술은 미학적 성육신의 재현적 사건이다. 예수 그리스도가 말씀과 육신, 신성과 인성을 하나로 묶은 '신학적 성육신'(theological incarnation)의 사건이듯, 예술은 자연의 질료와 인간의 정신, 흙과 예술가의 영혼이 결합하는 '미학적 성육신'(aesthetic incarnation)의 사건이다. 전자가 하나님의 예술 행동이라면, 후자는 인간의 재현적 예술 행동이다. 그 어원이 말해주듯, 자연적 물질의 육체(*carnis*) 속으로(*in-*) 정신을 실현시키는 미학적 행동이 바로 성육신이고 예술이다. 영지주의와 달리 기독교는 육체와 세상의 물질성을 배제하지 않고 성스러움의 영역 안으로 포함시킨다. 신성한 하나님에게는 바깥이 없기 때문이다. 예술은 자연인으로서 우리가 영원성을 경험하는 최초의 미학적 성육신의 경험이며, 기독교의 신학적 성육신의 교리는 이러한 예술의 궁극적인 존재론적 정당성을 제공한다. 따라서 예술도 하나님 계시의 한 통로가 될 수 있는 것이다. 예술의 교육적 도구성에 집중했던 서방 교회와는 달리, 동방 교회는 하나님의 숭엄함의 표현으로서 이콘 예술이 지니는 존재론적 계시성에 대한 신학적 성찰을 발전시켰다. 이러한 예술의 존재론적 계시성은 예술의 도구적 효용성의 입장과는 다른 것이다. 성자 하나님의 비

---

44) Eberhard Jüngel, "'Even the beautiful must die' —Beauty in the Light of Truth: Theological Observations on the Aesthetic Relation," in J. B. Webster ed. *Theological Essays* II (Edinburgh: T&T Clark, 1995), 76.

물질적 초월성과 물질적 내재성, 신성과 인성이 "모순의 일치"로서의 이콘 예술에 동시에 드러나기 때문이다. 나아가 그리스도의 성육신에 대한 이콘의 신학은 이콘 예술을 넘어서 예술 일반이 지니는 계시성을 옹호한다.

마지막으로, 계시와 예술의 유비적 관계에 있어 하지만 언제나 계시가 존재론적으로 우선한다. 예술은 미학적 성찰을 통해 하나님에게로 나아가는 상승의 길이다. 이콘의 신학과 예술신학은 오직 물질적인 것을 통해 영적인 것을 통찰할 수 있는 인간 인식의 조건을 드러내어 준다. 기독론의 교리와 계시의 미학성이 가지는 근본적인 존재론적 유비는 이러한 상승의 길의 궁극적 기초를 제시한다. 하지만 유비에는 선후 관계가 있다. 무엇이 어떤 다른 것을 닮은 것이다. 로고스가 성육신의 계시가 되셨기에 거꾸로 계시의 미학적 인식이 가능한 것이다. 그리스도의 성육신이라는 하나님의 하강의 길(*via descensionis*)이 있었기에, 미학적 성찰이라는 인간의 상승의 길(*via ascensionis*)이 가능한 것이다. 그리스도가 내려오셨기에 우리의 인식이 상승할 수 있는 것이다. "이콘에 드려진 공경은 원형에게로 전달된다"는 바실리우스의 말에서처럼, 예술은 존재의 의미가 지니는 실마리를 푸는 하나의 열쇠와도 같다.[45] 예술은 단지 아름다운 심미적 대상이 아니라 그것을 통해 볼 수 없는 숭엄의 세계로 나아가는 고딕 성당의 스테인드글라스 창문과도 같다. 다마스쿠스의 요안네스가 말했듯, 이콘들은 "신비를 담고 있으며, 성만찬에서처럼 신성한 에너지와 은총의 그릇이 된다.··· 감각적 인식의 중재물을 통해 우리의 마음은 영적인 성흔(聖痕)을 받게 되고, 보이지 않는 하나님의 장엄한 위엄을 향해 상승하게 된다."[46]

현대신학적 미학의 거장 한스 우어스 폰 발타자가 칼 바르트의 "존재의 유비"(*analogia entis*) 거부를 비판하며 오히려 그것을 "아름다움과

---

45) Sahas, *Icon and Logos*, 99, 101, 143, 179에 인용되고 있다.
46) Saint John of Damascus, *On the Divine Images*, tr. by David Anderson (Crestwood, NY: St. Vladimir's Seminary Press, 1980), 84.

그리스도 사이의 사건의 유비"(*analogia eventus pulchri et Christi*)로 재해석하고 있는 것도 바로 이러한 계시의 미학성에 기초한 이콘 신학의 현대적 수용이라고도 볼 수 있을 것이다.[47] 폰 발타자는 로고스가 이콘이 된 그리스도의 성육신 사건을 충만한 존재의 사건, 곧 "하나님이 그 자신을 쏟아 부어내는 신현(神顯)"의 사건이자 "무한한 힘이 자신을 유한하게 만든 동시에 다시 자신을 유한으로부터 되찾는" 사건으로서의 "아름다움의 유비"(*analogia pulchri*)라고 보았다.[48] 하나님이 아름답기 때문에 세계는 아름다울 수 있는 근거를 가지는 것이다. 그리스도라는 신학적 성육신의 하강의 길이 있었기에 예술이라는 미학적 성육신의 상승의 길이 또한 존재할 수 있는 것이다. 그것이 아름다움의 유비 곧 세계라는 미학적 사다리의 근거이다. 영적 로고스가 감각적 이콘이 된 그리스도의 성육신이 있었기에 모든 세속적인 미학이 도대체 가능한 것이다. 발타자가 말하듯, "하나님의 성육신은 피조된 존재에 관한 모든 존재론과 미학을 완성시킨다.… 이 비교할 수 없는 패러독스가 기독교 미학의, 그리고 따라서 모든 미학의 근원이 되는 것이다."[49] 베들레헴, 골고다, 갈릴리의 그리스도는 시간의 지평을 넘어서 과거와 미래를 동시에 비추는 영구한 아름다움의 초점이다. 성육신은 구심력을 지닌 빛에서 다시 원심력의 빛으로 퍼져나가는 빛의 사건이다. 이런 빛으로부터 오신 빛의 하나님 그리스도만이 진정한 의미에서 아름답다.

---

47) Hans Urs von Balthasar, *The Glory of the Lord: A Theological Aesthetics, Volume 1: Seeing the Form* (San Francisco: Ignatius Press, 1998), 65, 384.
48) Balthasar, *The Glory of the Lord,* vol. 1, 61, 450.
49) Balthasar, *The Glory of the Lord,* vol. 1, 29.

5장 몰트만의 놀이의 신학

태초에 놀이가 있었다!(*Im Anfang war das* Spiel!)[1] 독일의 문호 괴테는 요한복음 1장 1절의 구절을 번역하는 파우스트의 입을 빌려서 태초에 존재했던 것을 말씀이 아니라 행동이라고 한다. 《파우스트》, 제1부 1237행에서 "태초에 행동이 있었다!(*Im Anfang war die* Tat!)"고 그는 말한다. 그러나 그러한 태초의 행동은 미학적 행동이었을 것이다. 그것은 행동의 놀이였다. 말씀의 놀이였다. 칼 바르트는 음악가 모차르트에 대해 다음과 같은 찬사를 보낸 적이 있다.

> 아무리 칭송해도 모자라는 축음기의 발명 덕분에, 해를 거듭하는 동안 하루를 모차르트와 함께 시작하였다는 것을 나는 고백한다. 오직 그런 후에야 (신문은 제쳐놓고) 나의 《교회교의학》에로 눈을 돌렸다. 그리고 만약 천국에 간다면 오직 모차르트를 먼저 수소문한 후에야 아우구스티누스, 토마스 아퀴나스, 루터, 칼빈, 슐라이어마허에 대해 물어볼 것이라는 것도 나는 고백해야 할 것 같다. 이것을 어떻게 설명할 수 있을까? 간략하게 대답하자면 다음과 같을 것이다: 우리의 일용할 양식은 또한

---

[1] 이 글은 손호현, "몰트만의 놀이의 신학," 〈신학사상〉 137집 (2007), 129-159에 발표되었던 것을 수정한 것이다.

놀이를 포함해야만 한다.[2]

이러한 놀이의 신학적 의미에 주목한 사람 중 하나가 바로 위르겐 몰트만(Jürgen Moltmann)이다. 몰트만은 신학에서 윤리적 가치의 지나친 독주에 대항하여 미학적 가치를 회복시키고자 《놀이의 신학》이라는 비판적 성찰을 제시한다. 놀이의 신학은 다섯 가지 중요한 생각들을 제시한다. 첫째, 몰트만은 사회정치적 차원에서 과연 놀이가 해방적이고 현실 전복적일 수 있는지 질문한다. 모든 것들을 유용성이라는 척도로 평가하는 현대의 업적 지향적이고 경제논리 중심적인 환경에서, 몰트만은 놀이와 예술이라는 미학적 반(反)환경이 지닌 현실 전복성을 신학적으로 주목할 필요가 있다고 본다. 둘째, 몰트만은 "왜 하나님은 세계를 창조하셨는가?"(창조론)라는 교리적 질문에 대해 놀이의 창조론을 제시한다. 하나님의 세계 창조는 단지 형이상학적인 필연성으로 설명될 수 없는 하나님의 존재케 하시는 자유와 기쁨의 표현이다. 셋째, "왜 하나님은 인간이 되셨는가?"(기독론)라는 질문에 대해, 그리스도의 성육신은 비참한 죄의 현실을 구속하기 위한 필연성을 지니는 동시에 그러한 필연성을 초월하여 하나님의 희비극(喜悲劇)으로서의 경이로운 자유를 드러낸다고 몰트만은 대답한다. 넷째, "역사의 궁극적 목적은 무엇인가?"(종말론)라는 질문에 대해, 그는 위로받지 못한 역사의 신정론에 대한 갈망은 새로운 창조를 예견하는 희망의 종말론에 의해서만 대답될 수 있다고 한다. 마지막으로, "하나님은 아름다우신가?"(신론)라는 질문에 대해, 몰트만은 아름다움에 대한 미학적 역설·회심·저항을 통해서 십자가에 달리신 하나님의 아름다움을 선포해야 한다고 주장한다. 이를 이제 하나씩 살펴보도록 하자.

희망의 신학자 혹은 정치 신학자로 우리에게 널리 알려진 위르겐 몰트만이 1972년에 《놀이의 신학》을 출판하였다.[3] 조금 뜻밖에도 그는 이

---

2) Karl Barth, *Wolfgang Amadeus Mozart* (Grand Rapids, Michigan: William B. Eerdmans Publishing Company, 1986), 16.

저작을 집필한 이유를 윤리의 절대적인 요구에 대항하여 미학적 즐거움의 가치를 신학에서 재주장하기 위해서라고 밝힌다. 현대신학은 인간을 이해하는데 있어 사회정치적인 소외는 중심적인 분석의 대상으로 삼고 있으나, 소외되기 이전의 혹은 소외에서 해방된 이후의 자유의 기쁨과 존재의 즐거움에 대해서는 별다른 담론을 제공하지 못하고 있다는 것이다. 몰트만은 현대의 강박적으로 업적 지향적인 문화와 그에 병행하는 편협한 종교적 도덕주의에 대항하여, 존재 자체가 지니는 가치와 아름다움을 주목하는 미학적 감성을 회복하고자 한다.

커피는 알코올에 빠진 인류를 각성시키려는 하나님의 "중대한 구원의 음료"라고 근대의 엄격한 청교도적 직업윤리는 선전하였다. 영국에서 **1674**년 발표된 한 익명의 시(詩)는 이렇게 적고 있다. "칙칙한 맥주가 우리 머릿속에 순결치 못한 증기를 올려 보냈을 때 하늘은 동정심에서… 처음 우리에게 이 구원의 열매를 보내 주었다.… 생기를 일깨우면서도 방종치 않게 하는 이 중대한 구원의 음료 커피가 우리에게 온 것이다."[4] 커피의 금욕적 직업윤리와 병행되는 현상이 개신교 전통 내에서의 도덕신학의 독주이다. 신학이 윤리적 가치를 배타적으로 추구하기 시작한 가장 뚜렷한 징후는 계몽주의 철학자인 칸트(I. Kant)에서 발견된다. 기존의 신개념에서 신존재를 증명하려 했던 존재신학이나 세계존재에서 신존재를 증명하려 했던 자연신학을 둘 다 폐기하고, 그러한 신학의 폐허 위에 칸트

---

3) Jürgen Moltmann, *Theology of Play*, trans. *Reinhard Ulrich* (New York: Harper & Row, 1972). 노란 표지의 이 책은 사실 몰트만 혼자가 아니라 그를 포함한 4명의 저자가 공동집필한 것이다. 여기에는 원래 독일어로 출판되었던 몰트만의 *Die Ersten Freigelassenen Der Schöpfung* (München: Chr. Kaiser Verlag, 1971)의 영역본이 실려 있고, 이에 대한 닐(Robert E. Neale), 킨(Sam Keen), 밀러(David L. Miller)라는 세 명의 미국 논평자의 글도 함께 포함되어 있다. 이들에 대한 몰트만의 응답도 마지막에 담겨 있다. 한 마디로, 놀이의 신학에 대해 글을 썼던 독일과 미국의 작가들 사이의 생동하는 대화가 되도록 이 책이 기획된 것이다.

4) 볼프강 쉬벨부쉬 / 이병련·한운석 옮김,《기호품의 역사 : 파라다이스, 맛과 이성》(서울 : 한마당, 2000), 53-54.

는 도덕의 확실성에 기초하여 신존재를 요청하는 "도덕신학"(moral theology)을 건설한다.[5] 인간의 윤리성에 근거하여 신존재의 확실성을 담보하려 했던 칸트의 도덕신학은 예술과 미학의 문제를 다룬 자신의 세 번째 비판서《판단력 비판》에서도 계속 이어졌다. 여기서도 칸트는 미학적 판단의 보편성이 인류의 연대성을 드러낼 수 있을 뿐이고, 신존재의 증명이라는 엄중한 신학적 문제는 여전히 도덕신학의 영역으로 보고 있다. "우리가 도덕적 법칙을 따라서 어떤 최종적 목표를 향해 나아가기 위해서는 세계의 도덕적 원인(*eine moralische Weltursache*), 즉 세계의 저자(著者)를 가정해야만 한다. 그러한 최종적 목표가 필연적인 한에 있어서, 또한 신이 존재한다는 사실을 가정하는 것도 필연적이게 된다."[6] 우리가 도덕적으로 살아야 한다는 신념이 확실한 한에 있어서, 그러한 도덕의 창시자로서 신이 존재한다는 신념도 확실해진다는 것이다. 몰트만은 이러한 신학의 윤리적 환원주의를 비판적으로 극복하고, 기독교 전통에 침잠되어 있던 미학적 이미지와 담론을 놀이의 신학으로 재발굴하고자 시도하는 것이다.

하지만 그렇다면 놀이의 신학은 또 하나의 이데올로기는 아닐까? 몰트만은 이 글을 쓰면서 스스로 자문한다. 베트남에서 무고한 자들이 죽임을 당하고, 인도에서 아이들이 굶어 죽어가고 있고, 브라질에서 시민들이 고문으로 고통당하는 상황에서 어떻게 놀이하고 노래하며 즐거워할 수 있단 말인가? 인간 존재의 고향에서 소외되어 낯선 현실을 살아가야하는 우리를 성서의 시편은 시온에서 끌려와 이방 땅에 사는 노예의 처량한 신세로 묘사하고 있다. "우리가 어찌 이방 땅에서 주님의 노래를 부를 수 있으랴"(시편 137:4). 히브리인들을 노예로 사로잡아온 자들이 노래를 강요하고 흥을 돋우어 주기를 요구하였던 것처럼, 놀이의

---

5) Immanuel Kant, *Critique of Pure Reason,* trans. W. S. Pluhar (Indianapolis: Hackett Publishing Company, 1996), A632/B660.
6) Immanuel Kant, *Critique of the Power of Judgment*, trans. P. Guyer and E. Matthews (Cambridge: Cambridge University Press, 2000), 5: 450.

신학도 암울한 현실을 즐거워하라는 또 하나의 지배 이데올로기에 불과한가? 아우슈비츠 이후에 도대체 어떻게 놀이할 수 있단 말인가? "놀이의 인간(*homo ludens*) 그리고 행복·재미·게임에 대한 우리의 권리를 복권하는 것은 괜찮은 생각인 듯 보이지만, 오직 여유와 돈이 있는 사람들에게만 그러하다."[7] 만약 그것이 진실의 전부라면 놀이의 신학은 시도되어서는 안 되는 레저의 신학일 것이다. 하지만 몰트만은 고난이 지니는 미학적 역설도 주목한다. 억압 가운데서도 주님의 노래를 높이 부르며 자유의 아름다움을 꿈꾸었던 히브리 노예들의 합창처럼, 소외된 삶의 해방을 우리의 자유로운 놀이에서 예견할 수 있는 가능성을 몰트만은 질문한다. 필자는 이 글에서 놀이가 어떻게 전복적 희망을 가져오는지 그 철학적이고 사회정치적인 함의를 먼저 살펴본 후에, 몰트만이 구체적으로 재구성하고 있는 네 가지 신학적 교리들 곧 창조론·기독론·종말론·신론을 분석하고자 한다.

I. 놀이의 현실 전복성: 노동의 인간에서 놀이의 인간으로

몰트만은 자신의 놀이의 신학을 쉴러(F. Schiller)의 《인간의 미학적 교육에 관한 편지》에 대한 성찰로서 시작한다. 그가 쉴러에게서 발견한 것은 놀이가 가지는 자유의 함의였다. 놀이는 실존하는 사회적 실체이며 정치적 기능을 가진다. 근대의 산업혁명이 보다 숙련되고 합리적인 노동을 요구하게 됨에 따라, 놀이는 점차 어리석은 시간낭비로 금지되었다. 쉴러가 정확하게 진단하듯, "유용성(utility)은 우리 시대의 위대한 우상이다."[8] 따라서 유용성이 없는 놀이는 고도로 발전된 산업화와 기계의 시대를 살아가는 현대인에게 단지 잃어버린 어린 시절의 향수 정도로

---

7) Moltmann, *Theology of Play*, 2.
8) Friedrich Schiller, *On the Aesthetic Education of Man*, trans. E. M. Wilkinson and L. A. Willoughby (Oxford: Clarendon Press, 1967), 7.

여겨질 뿐이다. 노동의 인간은 커피를 마시며 일해야 하고, 정치적 토론과 윤리적 실천으로 자유의 확장을 가져와야 한다. 하지만 쉴러가 보여준 것은 진정한 정치적 자유의 건설이 미학적 아름다움을 통해서만 가능하다는 통찰이다. 그는 단호하게 자유 앞에 아름다움을 놓는다. "만약 정치적 실천의 문제를 인간이 언젠가 풀 수 있다면, 그는 그러한 문제를 미학의 문제를 통해서 접근해야만 할 것이다. 왜냐하면 인간이 자유(*Freiheit*)를 향해 나아가는 길은 오직 아름다움(*Schönheit*)을 통해서이기 때문이다."9) 몰트만은 여기서 예술이 지니는 정치적 함의를 읽어내게 된다. 현실 정치에서 좌절되고 패배한 꿈이라도, 예술은 그것을 아름답게 보존하여 새로운 가능성으로 미래를 향해 남겨둔다. 예술의 혁명성에 대한 몰트만의 성찰에 따르면, "자유의 혁명이 정치적 남용과 불운에 의해 질식된 후에, 그것은 예술의 아름다운 환상 속에서 자신의 완성을 발견하게 된다." 10)

화이트헤드(A. N. Whitehead)는 예술이 지닌 이러한 현실 전복성을 형이상학적으로 설명하고 있다. 그는 이를 위해 "명제"(proposition)라는 다소 기술적인 용어를 사용한다. 명제란 현실과 가능성 사이에 존재하는 일종의 가설적인 대안 혹은 "느낌의 유혹"으로서, 예술이나 종교가 이러한 명제로서 기능한다는 것이다.11) 화이트헤드는 워털루 전투의 예를 든다. 그 전투에서 나폴레옹은 패배하였다. 하지만 이러한 역사적 사실과는 별개로, '만약 나폴레옹이 승리하였다면 역사는 어떻게 변했을까?'와 같은 가설적 명제는 단지 세계의 사실성으로 환원되지 않는 일종의 중요성을 지닌다. 역사가 단지 인과론적으로 과거를 반복하지 않는 이유가 바로 이러한 영원한 이상의 그림자로 기능하는 가상의 미학적 명제가 있기 때문이다. 화이트헤드에 따르면, "명제가 참인지의 여부보

---

9) Schiller, *On the Aesthetic Education of Man*, 9.
10) Moltmann, *Theology of Play*, 4.
11) A. N. Whitehead, *Process and Reality, corrected edition* (New York: Free Press, 1978), 185 (초판 281-2). 오영환 역, 《과정과 실재》 (서울: 민음사, 1991), 345-346.

다 더 중요한 것은 그것이 흥미로운가 하는 것이다."[12] 예술은 현실의 사전(辭典)이라기보다는 미래의 풍경화이다.

몰트만은 예술이 유토피아적 가능성을 계시하는 역할을 한다고 본다. 현실 세계 그 어디에도 예수의 가르침이 완전히 실현된 교회가 존재하지 않듯이, 정치적 자유가 완전히 실현된 공화국도 존재하지 않는다. 하지만 예술은 그러한 계시적 가능성을 열어주는 문명의 숨통이다. "따라서 '진정한 교회'와 마찬가지로 '진정한 공화국'은 오직 몇몇 선택된 아름다운 영혼들의 모임 속에만 존재할 수 있다."[13] 현실의 미래를 꿈꾸는 예술적 상상력은 단지 정치적으로 좌절된 우울한 영혼의 현실도피가 아니라 긴 호흡을 지닌 혁명가의 유토피아적 실천인 것이다. 여기서 몰트만은 예술이 단지 반동적이 아니라 현실 전복적인 이유를 발견하게 된다. 예술적 놀이는 역사가 지닌 가상의 미학적 해방구이다.

> 놀이를 노는 자유에 대한 순수한 미학적 관심은 몇몇 고집스러운 리얼리스트 혁명가들이 주장하듯 단지 반혁명적(反革命的 counter-revolutionary)이지만은 않다. 오히려 그것은 잘 알려져 있고 또한 계속적으로 관찰되듯, 변화에 대한 메시아적 희망을 보다 나은 세상에 대한 신비주의로 전환시킨다. 즉 외부적인 실망을 내향적인 관심으로 변신(變身 metamorphosis)시키고, 정치적인 패배를 영혼에 대한 발견의 여행으로 변신시키는 것이다.[14]

몰트만은 가상적 해방으로서의 놀이가 지닌 사회정치적인 역기능도 주목한다. 놀이는 억압된 정치적 자유에 대한 민중의 열망이 폭발하는 것을 잠시 막아주는 안전판 역할을 하기도 하였다. 로마제국의 통치자들

---

12) Whitehead, *Process and Reality*, 259 (초판 395-396).《과정과 실재》, 463. 명제로서의 예술 혹은 미학에 대한 화이트헤드의 생각에 대해서는 Donald W. Sherburne, *A Whiteheadian Aesthetic* (New Haven: Yale University Press, 1961)을 참조하라.
13) Moltmann, *Theology of Play*, 5.
14) Moltmann, *Theology of Play*, 5.

은 군대만이 아니라 "빵과 서커스"(*panem et circenses*)로 다스렸고, 현대의 독재자들은 스포츠와 기념우표 발행으로 국민을 달래기도 한다.[15] 한국의 군사독재 정권이 대중의 탈정치적 우민화를 위해 '3S 정책'(스포츠, 섹스, 스크린)을 펼친 것은 잘 알려진 사실이다. 루카치(G. Lukács)는 인간의 놀이나 미학적 활동은 탈출구 없는 현실에서 가상적으로 탈출하게 만드는 일종의 현실 "중지"의 역할을 한다고 보았다.[16]

하지만 몰트만은 하비 콕스(H. Cox)와 함께, 가상의 미학적 해방구로서의 놀이 혹은 축제가 현실에 대한 대안의 계시기능을 할 수도 있다고 희망한다.[17] 놀이를 통한 현실로부터의 일시적 해방은 정치적 통치의 도구인 동시에, 그러한 통치를 뿌리에서 뒤엎고 현실을 상대화시키는 전복의 힘으로도 작용한다는 것이다. "일상생활의 스트레스를 경감시키는 안전판으로 기능하지만, 이러한 게임은 동시에 해방의 게임이기도 하다. 그것은 억압의 현실에 놓인 자들의 게임이고 그들 자신의 억압을 유지시키는 게임이지만, 그럼에도 불구하고 해방의 게임이다."[18] 우리는 미학적 놀이가 오용되었다고 해서 그것이 지니는 인간화의 기능조차 거부해서는 안 된다. 놀이의 영역이 완전히 철폐되거나 청교도적인 "고발, 항거, 그리고 요구의 윤리"로서 환원될 때, 유용성이라는 우리의 현대적 우상에 저항했던 마지막 인간다움의 자취도 역사에서 완전히 사라지게 될 것이다.[19] 이러한 축제와 놀이가 폐지된 삶은 어떠할까?

베버(M. Weber)의 《프로테스탄트 윤리와 자본주의 정신》은 서구 근대 자본주의 경제의 발전이 금욕적인 개신교 종교윤리와 가지는 상관관계를 연구하였다. 그는 청교도들 사이에서 자본주의 정신이 발전하게 된

---

15) Moltmann, *Theology of Play*, 7.
16) Moltmann, *Theology of Play*, 72 note 5.
17) 하비 콕스에 따르면, "인간은 환상의 인간(homo fantasia), 미래의 몽상가, 그리고 신화의 제작자이다." Harvey Cox, *The Feast of Fools: A Theological Essay on Festivity and Fantasy* (Cambridge, M.A.: Harvard University Press, 1969), 11.
18) Moltmann, *Theology of Play*, 10.
19) Moltmann, *Theology of Play*, 10.

이유를 '소명'(*Beruf*, calling)이라는 신학적 개념과 연관시킨다. "하나님이 보시기에 합당한 유일한 삶의 방식은 수도원적인 금욕주의를 통해 세상적인 도덕성을 초월하려는 것이 아니라, 세상 속에서 개인의 위치에 따라 부여되는 여러 의무들을 완성시킴을 통해서이다. 바로 그것이 그 사람의 소명인 것이다."[20] 베버는 이러한 세속적 경제활동에 대한 신학적 옹호가 자본주의의 발전에 있어서 종교개혁의 가장 중요한 기여라고 평가하였다. 개인들은 근면한 노동을 하나님의 소명으로 여길 수 있게 되었고, 이익의 추구와 부의 축적은 부정적인 함의를 벗게 되었다. 몰트만은 이러한 태도를 청교도들이 그 자녀들에게 했던 다음의 격언으로 요약한다. "너는 세상에 즐거움을 위해 태어난 것이 아니다."[21] 놀이가 아닌 노동이 하나님의 소명이라는 것이다.

그러나 몰트만은 동시에 이러한 종교개혁 신학의 뿌리에 존재하는 일종의 근원적인 패러독스를 감지한다. 자본주의적 경제활동이 신의 의지 혹은 소명이라는 신학적 해석은 청교도들로 하여금 그 사회의 안전판 혹은 미학적 해방구로서의 기능을 가지던 오락과 놀이와 축제를 폐지시키게 만들었다. 대신 신의 섭리에 기초한 "성취의 도덕"(morality of achievement)이 종교적 구원의 길로 통용되기에 이른다.[22] 이러한 성취의 도덕에서 몰트만은 개신교가 대항하여 극복하려 했던 과거 중세교회의 참회·면죄부·자선을 강조하던 "행위로 의롭게 됨"이라는 교리로의 회귀를 발견한다.[23] 개신교에 놀이의 신학이 부재한 것은 믿음으로 의롭게 된다는 루터의 근본교리에 대한 일종의 망각일 수 있다는 지적이다.

인간이 보다 인간화되는 해방을 위해서는 소외된 형태의 놀이를 단지 무시하고 외면하기보다는, 그것을 한편으로 지배자들의 통제적 관심

---

20) Max Weber, *The Protestant Ethic and the Spirit of Capitalism*, trans. Talcott Parsons (New York: Charles Scribner's Sons, 1930), 80.
21) Moltmann, *Theology of Play*, 10.
22) Moltmann, *Theology of Play*, 11.
23) Moltmann, *Theology of Play*, 10.

에서 분리시켜 다른 한편으로 해방된 사회를 위해 인간을 준비시키는 일종의 자유의 놀이로 전환시켜야 한다. 자유로운 상상력을 통해 현실의 절대화에 저항한다는 점에서, 놀이와 예술은 동일하게 "반(反)환경"(anti-environment, counter-environment)으로서의 중요성을 가진다.[24] 놀이와 예술의 자유분방함은 현실의 부동성(不動性)을 가상적으로 극복하고, 변화된 미래에 대한 우리의 비판적 상상력을 양육한다. "그렇다면 우리는 더 이상 과거로부터 탈출하기 위해 잠시 그것과 노는 것이 아니라, 미래를 알기 위해서 미래와 조금씩 노는 것이 된다."[25]

결론적으로, 놀이는 이중적인 심리학적 기능을 수행한다. 한편으로 놀이는 현실에 대한 안전판의 기능, 즉 현실의 "중지, 이완, 보상"(suspension, relaxation, compensation)을 통해 현실을 보다 공고히 하는 이데올로기적 기능을 한다. 그렇게 함으로써 노동과 권위의 현실 시스템을 안정화시키는 결과를 가져오는 것이다. 하지만 다른 한편으로, 놀이는 보다 나은 미래에 대한 "준비와 실험"(preparation and experimentation)의 유토피아적 역할도 한다.[26] 놀이는 사물의 질서에 대한 절대화를 그 자유분방함의 미학으로 교란시킴으로써 새로운 정치적 시스템 혹은 삶의 방식을 꿈꾸고 미리 살아보게 만든다. 정치적 유머, 농담, 게임, 패러디, 연극, 고의적인 오해 등은 독재 하에 놓인 민중의 정치적 저항의 한 방법론이다. 이러한 말의 놀이를 통해 독재자는 웃음거리가 되기도 하고, 무시무시한 폭력적 지배는 그 절대적인 권위를 잃게 되는 것이다. "그것들은 힘없는 자들이 자신의 굴레를 벗어 던지기 위해 사용하는 수단이다. 이러한 놀라움의 상황 속에서, 그들은 자신들의 복종을 가능케 했던 두려움의 사슬로부터 벗어나기 때문이다. 힘없는 자들의 힘은 신처럼 두려워하던 지배자들이 사실은 예쁘게 차려입은 난쟁이들에 불과하다는 웃음에, 그러한 두려움으로부터의 해방에 놓여있는 것이다."[27]

---

24) Moltmann, *Theology of Play*, 12.
25) Moltmann, *Theology of Play*, 12-13.
26) Moltmann, *Theology of Play*, 13.

이러한 몰트만의 놀이의 신학은 한국에서 예술신학의 지평을 개척한 유동식(柳東植)에게도 영향을 주었다. 그는 산대놀이와 봉산탈춤에서 자유의 억압에 대항하는 한국 민중들의 예술적 저항의 방법론을 이렇게 묘사한다.

굿놀이 탈춤에 한결같이 흐르고 있는 것은 기성세계질서의 전도이다. 노장이 파계하고, 양반이 체통을 잃는다. 성속이 뒤바뀌고 상하가 뒤바뀐다. 이 세상의 역사와 문화와 사회는 결코 고정되어 절대화되거나 영원화 될 수 있는 것이 아니다. 기성질서도 권위도 유동적인 것이요, 뜯어고칠 수 있는 상대적인 것이다. 인생은 연극이요, 놀이이다. 각자의 사회적 역할은 역조될 수도 있고(role-reversal) 바꿀 수도 있는 것이다. 굿놀이 탈춤에서 민중은 현실을 상대화함으로써 초월할 수 있었다. 이러한 뜻에서 탈춤은 인간 해방의 프로그램이기도 하다(J. Moltmann).[28]

몰트만의 놀이의 신학, 유동식의 예술신학이 모두 주목한 것은 이러한 가상의 미학적 해방구가 지닌 유토피아적 비판기능이다. 생태신학이 기존의 자연의 지배자로서의 인간관에서 자연으로서의 인간관으로의 근원적인 회심을 촉구하듯, 놀이의 신학은 단지 일하는 인간관에서 하나님의 창조의 상상력에 동참하는 놀이의 인간관으로 전환할 것을 촉구한다. 자본주의적 모더니즘의 감성을 지닌 신학이 노동의 인간 곧 도구를 만들어 쓰는 공작인(工作人, *homo faber*)을 절대화했다면, 이제 포스트모더니즘의 탈자본주의적 감성을 지닌 신학은 놀이의 인간(*homo ludens*)을 주목해야 할 것이다.

---

27) Moltmann, *Theology of Play*, 13-14.
28) 유동식,《民俗宗敎와 韓國文化》(현대사상사, 1978), 72. 한국신학에서 유동식, 현영학, 그리고 서남동은 서로와의 생산적 대화를 통해 민중의 탈춤이 지닌 현실 전복성을 신학적으로 조명하였다.

II. 놀이의 창조론: 왜 하나님은 세계를 창조하셨는가?

놀이는 신학적 개념이다. 인간의 놀이 이전에 이미 하나님의 놀이가 있었기 때문이다. 몰트만은 단지 놀이가 지니는 사회정치적인 기능을 분석하는데 그치지 않고, "하나님의 놀이"(theological play)가 가지는 교리적이고 신학적인 함의를 고찰한다.[29] 그는 다음과 같은 네 가지 물음을 제기한다: "왜 하나님은 세계를 창조하셨는가?"(창조론), "왜 하나님은 인간이 되셨는가?"(기독론), "역사의 궁극적 목적은 무엇인가?"(종말론), 그리고 "하나님은 아름다우신가?"(신론)[30] 이것들을 하나씩 살펴보도록 하자.

라이프니츠(G. W. Leibniz)에 따르면, 형이상학이란 어떤 존재도 필연적이고 충분한 이유 없이는 생겨나지 않는다고 보는 사유방식이다. 따라서 형이상학의 첫 번째 질문은 "왜 아무 것도 없지 않고, 어떤 것이 존재하는가?"이다. 어떤 것이 존재한다는 것은 그것을 만든 필연적인 이유가 있어야 한다는 사유방식은 세계의 존재를 그 세계 존재의 필연적 이유와 논리적으로 연관시켜서 생각하게 된다. 서구의 형이상학은 이러한 필연성 혹은 "사물들의 궁극적 이유"(ultima ratio rerum)를 하나님이라 불렀다.[31] 바로 하이데거가 말한 "철학자의 하나님"(Gott der Philosophie), 곧 그 앞에서 무릎을 꿇을 수도 혹은 노래하고 춤출 수도 없는 "자기 존재의 이유로서의 하나님"(Gott als Causa sui)이다.[32] 세계 존재의 궁극적 이유로서 하나님이 존재하며, 그 하나님의 존재 이유는 그 자신이라는 논지이다.

---

29) Moltmann, *Theology of Play*, 15.
30) Moltmann, *Theology of Play*, 15-45.
31) G. W. Leibniz, "Principles of Nature and Grace, Based on Reason"(1714), G. W. Leibniz: *Philosophical Essays,* trans. R. Ariew and D. Garber (Indianapolis & Cambridge: Hackett Publishing Company, 1989), 210.
32) Martin Heidegger, *Identität und differenz* (Günther Neske Pfullingen, 1957), 71.

하지만 세계가 존재하는데 꼭 논리적 이유가 있어야만 할까? 몰트만은 성서의 하나님이 아무런 이유도 없이 우연히 혹은 실수로 세계를 창조한 변덕스러운 신은 아니지만, 동시에 세계 존재의 필연성이라는 사슬에 묶인 형이상학의 하나님도 아니라고 주장한다. 그에 따르면, "아무 것도 없지 않고 어떤 것이 존재한다는 명제에는 그 어떤 목적론적 이유도 없다." 오히려 성서의 창조론의 핵심은 세계를 "하나님의 피조물"로 보는 것이며, 창조신학의 핵심은 그러한 세계의 창조자가 "자유로운 창조자"라는 것이다.[33] 하나님의 자유는 형이상학적 필연성의 너머에 있다. 몰트만의 놀이의 신학은 하나님의 세계 창조를 형이상학적 필연성으로 설명하기보다는, 일종의 미학적 필연성으로, 즉 전혀 필연적이지 않은 필연성으로 설명한다.

> 하나님이 무엇을 창조하셨을 때, 그 무엇은 하나님 자신이 아니며 또한 무(無)도 아니다. 따라서 그것은 자신의 존재 근거를 그 자신에서 가질 수 없으며 오직 하나님의 선한 의지 혹은 기쁨 속에서 가질 수 있을 뿐이다. 창조는 하나님의 놀이(God's play), 곧 하나님의 측량할 수 없고 근거를 가지지 않는 지혜의 놀이이다. 창조는 하나님이 자신의 영광을 드러내는 영역인 것이다.[34]

천지창조는 하나님의 놀이이며 미학적인 예술 활동이다. 하나님의 창조적 놀이는 유한한 인간의 그것과는 다르다. 몰트만은 구약에서 하나님의 예술적 창조활동을 가리키는 "바라"(ברא, *bahrah* 혹은 *bara*; 예를 들어 창세 1:1)라는 동사가 오직 하나님만을 주어로 가질 수 있는 독특한 것임을 강조한다. 오직 하나님만이 어떠한 형이상학적 이유나 근거가 없

---

33) Moltmann, *Theology of Play*, 16-17. 형이상학적 필연성에 붙잡히지 않는 하나님 존재에 대한 연구로는 Eberhard Jüngel, *God as the Mystery of the World* (Edinburgh: T. & T. Clark, 1983)와 Paul J. DeHart, Beyond the Necessary God (Georgia: Scholars Press, 1999)를 참조하라.
34) Moltmann, *Theology of Play*, 17.

는 창조, 곧 무로부터의 창조(creatio ex nihilo)의 주체가 될 수 있는 것이다.[35]

따라서 몰트만은 "왜"라는 하나님의 세계 창조에 대한 논리적 이유의 추구가 잘못된 방향의 질문일 수 있다고 본다. 그것은 이미 형이상학적 필연성의 세계관이나 근대적 유용성의 경제관에 기초한 비신학적 질문인 것이다. 기독교 전통은 이러한 질문에 대해 대답 아닌 대답 혹은 다른 차원의 대답을 제공한다. 칼빈(J. Calvin)은 히브리서 11장 3절에 대한 자신의 주석에서 창조는 하나님의 영광을 위해서라고 답한다.

> 세계는 하나님의 거울(the mirror of divinity)이라고 올바르게 말해진다. 인간이 세계를 바라봄으로써 하나님에 대한 온전한 지식을 얻을 수 있을 정도로 그 거울이 충분히 투명하다는 의미가 아니라, 믿지 않는 자들이 변명하지 못하도록 하나님이 자신을 드러내셨다는 것을 의미한다. 하나님은 신실한 자에게 볼 수 있는 눈을 주시어 자신의 영광의 광채가 모든 창조된 것 속에 빛나고 있다는 것을 보게 하셨다. 세계는 의심할 수 없이 만들어진 것이며, 하나님의 영광의 극장(theatrum gloriae Dei)이다.[36]

세계가 하나님의 영광의 극장이라는 칼빈의 입장은 창조의 윤리적 목표나 형이상학적 목적론을 가리키는 것이 아니라, 창조된 세계 그 자체가 지니는 "존재의 명시적 가치"(demonstrative value of being)를 가리킨다는 점을 몰트만은 주목한다.[37] 바르트도 칼빈의 영광의 창조론에

---

35) Moltmann, *Theology of Play*, 17. "바라"와 "무로부터의 창조"의 연관에 대해서는 Gerhard von Rad, *Old Testament Theology*, vol. 1 (New York: Harper & Row, 1962), 142를 참조하라.
36) John Calvin, *Commentaries on the Epistle of Paul the Apostle to the Hebrews*, trans. John Owen (Grand Rapids, MI: Christian Classics Ethereal Library, 2005), http://www.ccel.org 참조. 칼빈은 시편 19:7과 사도행전 17:26에 대한 주석에서도 하나님의 예술작품으로서의 세계를 "극장"이라고 부른다.
37) Moltmann, *Theology of Play*, 18-19.

이렇게 자신의 동의를 표시한다. "만약 우리가 창조의 목표 곧 하늘과 땅과 모든 피조물 전체의 목표에 대해 묻는다면, 그것은 하나님의 영광의 극장이 되기 위해서라고 나는 대답할 수 있을 뿐이다."[38] 세계가 가치를 지니는 것은 그것이 하나님의 어떤 형이상학적 필요를 충족시켜주기 때문이 아니라, 하나님의 존재케 하는 기쁨과 예술적 창조성이 하나님 밖으로 자연스럽게 드러난 결과이기 때문이다. 창조는 하나님의 존재케 하는 기쁨의 표현이다. 따라서 하나님의 창조는 "왜"라는 형이상학적 이유를 넘어서 "영광"이라는 미학적인 이유만을 가진다. 하나님은 존재의 아름다움을 창조하신다.

우리는 일과 노동의 강박에 시달리며 자신이 무언가 일할 때에만 스스로가 가치 있는 존재라고 오해한다. 청교도들은 게으름이 종교적 죄악이라고 여겼으며, 자신의 경제적 생산물에서 하나님이 부여한 소명을 발견하였다. 이 때 우리 존재의 가치는 우리 존재 밖의 어떤 결과물에 소외될 뿐이다. 그러나 몰트만의 놀이의 신학은 하나님의 창조의 이유를 달리 본다. "놀이에서 중요한 것은 완료·성공·업적이 아니라, 창조주의 무한한 기쁨에 대한 유한한 모방으로서의 끝없는 아름다움과 자유이다."[39] 창조의 이유는 하나님의 존재케 하는 기쁨 외에 다른 어떤 필요성이 있는 것이 아니다. 하나님의 창조는 일종의 놀이이며, 하나님은 놀이의 하나님(*Deus ludens*)이시다. 여기에 바로 하나님의 형상으로서의 인간도 하나님을 모방하는 놀이의 인간(*homo ludens*)이 되어야 할 이유가 있다. 놀이는 단지 자본주의적 향락이나 소외된 노동을 지탱하는 비상구급약을 가리키는 것이 아니라, 하나님의 창조 호흡과 우주의 존재 가치를 가장 잘 드러내어주는 근본 상징이다. 우리 존재의 가치는 자신의 성취나 실패 여부에 앞서, 이미 하나님의 창조물로서 아름답게 존재함으로 정당화되는 것이다. 우리는 이유를 넘어서 단지 존재함으로 가치

---

38) Karl Barth, *Dogmatics in Outline*, trans. G. T. Thomson (London: SCM Press, 1949), 58.
39) Moltmann, *Theology of Play*, 23.

있다. 놀이는 존재의 가치의 가장 깊은 상징이다.

> 놀이로서의 세계라는 상징은 우리로 하여금 행동·소유·성취의 범주들을 넘어서서 존재함·본질적인 인간 실존·그것의 명시적인 축하와 같은 범주들로 나아가게 만든다. 놀이는 생산보다는 창조를 강조하고, 윤리적인 것(the ethical)보다는 미학적인 것(the aesthetic)을 강조한다. 땅에서의 노동은 축제, 춤, 가락, 그리고 놀이에서 쉼을 발견하게 된다.[40]

III. 놀이의 기독론: 왜 하나님은 인간이 되셨는가?

나사렛의 예수가 곧 그리스도라는 기독론은 레싱(G. E. Lessing)이 이른바 "특정성의 스캔들"(scandal of particularity)이라 부른 것을 불러일으켰다. 왜 하나님은 한 특정한 인간이 되셨는가? 왜 하필 그 시간에 그 장소에서, 여러 사람들이 아니라 예수라는 한 역사적 개인의 모습으로 나타나셨는가? 레싱은 성육신이 비록 역사적 진리일지는 모르지만 철학적 진리는 될 수 없다고 주장한다. 왜냐하면 역사의 우연한 진리와 이성의 필연적인 진리 사이에는 건널 수 없는 "끔찍하고 거대한 도랑"이 놓여있기 때문이다.[41] 기독교의 실증성이 철학의 형이상학적 필연성을 대답하지는 않는다는 레싱의 논지이다.

성육신의 이유가 합리적으로 설명 가능할까? 안셀름(St. Anselm of Canterbury)의 저작 《왜 하나님은 인간이 되셨는가》(*Cur Deus homo*)는 성서의 권위에 의존함 없이 순전히 이성적 논의를 통해 교회가 가르치는 성육신 교리의 논리적 필연성을 논증하려 시도한다. 그의 만족설 혹은 대리적 보상설에 따르면, 하나님의 공의가 만족스럽게 충족되려면

---

40) Moltmann, *Theology of Play*, 23-24.
41) Alister E. McGrath, *Christian Theology: An Introduction* (Oxford: Blackwell, 1997), 363-364. 김홍기, 이형기, 임승안, 이양호 역, 《역사 속의 신학: 그리스도교 신학 개론》(서울: 대한기독교서회, 1998), 474-476.

인간의 죄에 대한 보상이 반드시 주어져야 한다. 하지만 인간은 그러할 여력이 없다. "어느 누구도 아닌 하나님만이 보상을 지불할 수 있고, 어느 누구도 아닌 인간만이 보상을 지불해야 한다. 바로 이러한 필연적 이유 때문에 하나님-인간(God-Man)이 보상을 지불해야 하는 것이다."[42] 죄와 보상의 이러한 논리적 상관관계가 당시 중세 봉건제 아래 독일의 법률제도에 기초하든 혹은 가톨릭교회의 참회제도에 기초하든, 안셀름의 기독론은 보편적 신성의 한 역사적 구체화에 대한 합리적인 필연성을 제시하는데 집중하고 있다. 하나님은 인간이 되셨어야만 했다는 것이다.

거의 천 년이 지난 후 몰트만은 *Cur Deus homo*라는 안셀름의 질문을 다시 묻는다. 물론 그는 "신학의 전통이 인간의 죄에 대한 치유책으로 성육신의 필연성을 주장하였다"는 것을 잘 알고 있다.[43] 하지만 이러한 전통적인 기독론은 하나님이 인간이 되어야 했던 필요성을 설명할지는 몰라도, 하나님이 인간이 되고자 한 자발적 자유를 설명하지는 못한다고 몰트만은 생각한다. 또한 그것은 여전히 하나님이 나사렛의 예수라는 한 개인이 되신 이유도 설명하지 못한다. 성육신의 신비에 대한 형이상학적 필연성의 고찰은 이성을 추구하는 신학의 한 필요조건일지는 몰라도, 그것이 기독론적 설명의 전부일 수는 없는 것이다. 사실 몰트만은 하나님이 나사렛의 예수라는 모습으로 성육할 어떠한 강제적이고 필연적인 이유도 없다고 본다.[44] 하나님은 아테네의 소크라테스나 중국의 공자가 될 수도 있었을 것이다. 이처럼 몰트만은 인간의 죄와 하나님의 치유책이라는 필연의 고리 안에서 조차도 활동하고 있는 하나님의 자유를 감지한다. 신비는 설명되어야 하지만, 설명된 신비도 여전히 신비로 남는 것이다.

---

42) Anselm of Canterbury, "Why God Became Man," in *The Major Works* (Oxford: Oxford University Press, 1998), book 2, sec. 6.
43) Moltmann, *Theology of Play*, 25.
44) Moltmann, *Theology of Play*, 25-26.

신학은 필연적인 동시에 필연적이지 않다. 신학은 인간의 소용과 필연성에 관계가 있다. 그럼에도 불구하고, 신학은 그리스도의 이야기에 대한 인간의 경이(驚異, wonder)와 그러한 이야기가 전해주는 하나님의 이유 없는 은혜를 기뻐하는 데서 시작한다. 그러한 경이를 통해 자유의 영역은 이미 소용과 필연성의 영역 속으로 들어가서 그 [필연성의] 사슬을 끊게 되는 것이다.[45]

신비에 직면한 인간은 사유하기 이전에 놀라워한다. 아리스토텔레스(Aristotle)에 따르면, "인간은 경이를 통해서 철학하기를 시작했고 지금도 철학한다."[46] 이들 모두는 인간의 논리적 사유의 필연성을 앞질러 신비에 직면한 인간에게 미학적 경이로움이 먼저 일어난다고 본다. 신학은 신비의 경이로움에 먼저 기뻐하고, 오직 이러한 경이가 나중에 생각하게 만드는 것이다. 칼 바르트는 사실 안셀름도 이런 경이로움에서 논증으로 움직였다고 해석한다. 안셀름의 《왜 하나님은 인간이 되셨는가》는 성육신에 대한 논리적 증거들을 제공하려는 위대한 시도였지만, 그는 여기서도 신학의 즐거움을 자신의 첫째 과제로 삼았고 논쟁과 변증은 오직 두 번째 과제였다고 바르트는 평가한다.[47]

그렇다면 성육신의 필연성이 아닌 성육신의 자유를 주목하는 신학은 구체적으로 어떤 모습인가? 몰트만은 불트만과 바르트의 기독론이 각각 이 두 양태를 잘 표현하고 있다고 본다. 루돌프 불트만(R. Bultmann)은 비참한 죄의 현실이라는 인간의 비본래적 실존이 그 본래적 모습을 회복하기 위해서 그리스도의 케리그마가 꼭 필요했다고 본다.[48] 하지만 이러한 인간의 필요성에 주목하는 신학에 앞서, 바르트는 신학이 하나님의 사랑하시는 자유에 먼저 주목해야 한다고 주장한다. 인간의 비참한 현실

---

45) Moltmann, *Theology of Play*, 27.
46) Aristotle, *Metaphysics*, I. ii. 9.
47) Karl Barth, *Church Dogmatics*, II. 1: *The Doctrine of God*, Part 1 (Edinburgh: T.&T. Clark, 1957), 656-657.
48) Moltmann, *Theology of Play*, 27.

이 하나님의 성육화를 강요한 것이 아니라, 하나님의 자유롭고 이유 없는 사랑이 인간의 이유를 초월하여 먼저 성육신으로 다가왔다는 것이다. 하나님은 이유 없이, 이유를 넘어서 인간이 되셨다. 몰트만은 이러한 하나님의 주권적 자유의 신학을 "하나님 안에서 넘치는 즐거움, 하나님의 은혜로 인한 사유·언어·이미지·노래의 자유로운 놀이"의 신학, 곧 "영광송"(doxology)의 신학이라고 부른다.⁴⁹⁾ 신학은 자유로운 놀이, 영광송, 예술, 고귀한 게임이다.

> 하나님과 함께 말할 수 있는 자유 혹은 하나님에 대해 말할 수 있는 자유는 하나님의 기쁨에 의해 개방된다는 것을 가리킨다. 그것은 강요될 수 없는 것이다. 왜냐하면 진정한 앎은 강요적일 수 없기 때문이다. 그것은 권위적인 강압이나 혹은 논리의 설득력에 의해 생겨나지 않는다. 그것은 자유를 전제한다. 하나님을 안다는 것은 예술(art)이며, 이런 표현이 가능하다면, 일종의 고귀한 게임(a noble game)이다.⁵⁰⁾

놀이의 신학은 부활의 아침에서 그 기독론적 성찰을 시작한다. 부활의 아침은 사망의 노예상태에 대한 저항의 시작이다. 하지만 중요한 것은 그러한 저항이 어떤 윤리적 명령이 아니라 자유의 사건에 대한 경이와 감사로서 시작된다는 점이다. 부활의 아침은 축제의 시간이다. 하지만 동시에 몰트만은 부활이 십자가에 달리신 하나님의 부활이라는 점을 놓치지 말아야 한다고 강조한다. "하나님의 부활의 영화롭고 해방된 미래를 향해 우리보다 앞서 가신 분은 또한 십자가에서 우리를 위해 죽으신 분이다."⁵¹⁾ 바로 여기에 하나님의 자유로운 사랑의 놀이 곧 하나님의 드라마로서의 그리스도가 항상 그리고 동시에 "희비극"(喜悲劇, *a seriousmerry play*)인 이유가 놓여있는 것이다.⁵²⁾ 기독교는 철저한 비극

---

49) Moltmann, *Theology of Play*, 27.
50) Moltmann, *Theology of Play*, 27.
51) Moltmann, *Theology of Play*, 30.
52) Moltmann, *Theology of Play*, 33.

을 불가능하게 하며, 또한 경박한 희극에도 자리를 내어주지 않는다. 하나님의 희비극으로서의 그리스도가 부활의 아침에서 십자가를 돌아다보며 동시에 종말의 영광을 예견하기 때문이다.

IV. 놀이의 종말론: 역사의 궁극적 목적은 무엇인가?

현대인은 목적 없이 사는 삶이 가치 없는 것이고, 어쩌면 나쁜 것이라고 여기는 경향이 있다. 릭 워렌(R. Warren)의《목적이 이끄는 삶》이 세계적으로 베스트 셀러가 된 것은 이러한 맥락에서 중요한 시사점을 제공한다. 목적 지향적인 사람은 그와 유사한 역사관과 신관을 낳게 된다. 그는 역사에서 하나님의 궁극적 목적이 무엇인지를 묻기 시작한다. 기독교 신학의 종말론(終末論, eschatology)을 이러한 역사의 궁극적 목적에 대한 물음과 동일시하기도 한다. 하지만 과연 이 둘이 동일한 것일까?

몰트만은 종말론을 이러한 목적론적 오해에서 구출하고자 한다. 역사의 궁극적 목적만이 배타적으로 모든 의미를 가진다면, 그러한 목적이 실현되었다고 한번 가정해 보자. 실현 이전의 모든 삶과 실현 이후의 모든 삶은 평가 절하되어 거의 공허하게 될 뿐이다. "삶의 의미가 목적과 목표에 의해서만 만들어진다면, 그러한 삶은 천국의 소망을 아주 끔찍하게 여길 것이다. 그 소망이 목적 없는 무한한 지루함만을 선사하기 때문이다."[53] 기독교 신학은 종말론을 단지 윤리적 신앙의 봉급날로 여기지는 않았다. 오히려 종말의 풍경은 항상 하나님과의 즐거운 사귐으로, 목적을 뛰어넘는 미학적 놀이로 묘사되곤 하였다. 영원의 지평에 놓인 종말은 목적의 실현이라는 시간적 구조로는 포착될 수 없는 것이다. 몰트만에 따르면, "기독교 종말론은 역사의 종말을 미학적 범주들(aesthetic

---

53) Moltmann, *Theology of Play*, 34.

categories)을 가지고 색칠해왔다."54) 삼위일체 하나님과의 끝없이 영원한 기쁨의 원무(圓舞)로서의 종말은 윤리의 언어가 아닌 미학의 언어로만 표현될 수 있는 것이다.

하지만 위로받지 못한 역사의 슬픔은 어떻게 될 것인가? 미학적 종말론에 신정론의 자리는 없는가? 몰트만은 죽음과 악의 경험 한가운데서 뱉어진 '하나님, 왜?'라는 절규가 신정론에 의해 마치 의미 있는 고통처럼 미화되어서는 안 된다고 생각한다. "세계의 수난의 역사는…어떠한 목적을 가지지도 않으며, 신정론 즉 하나님의 공의의 입증도 될 수 없다."55) 세계의 고통은 목적이 없으며, 목적이 없어야 하며, 목적의 설명을 해서도 안 된다. 고통과 악의 경험은 오직 부활의 아침에 그것들의 실제적 극복을 통해서만 대답될 수 있는 것이다. 고문을 받아 절뚝거리는 자는 실제로 회복되어야 하며, 죽임을 당한 자는 다시 살아야 한다. 부활의 아침이 역사의 고난을 극복하는 것이다.

고대 형이상학의 시원적 시간관에 대항하여, 몰트만은 기독교의 종말적 시간관을 대칭시키고 있다. 기존의 시간관이 시간을 '과거→현재→미래'의 방향으로 움직인다고 보았다면, 몰트만의 희망의 시간관은 '과거←현재←미래'의 방향으로 움직여서 미래가 역방향으로 침범한다고 보았다. "미래란 과거와 현재로부터 되거나 될 수 있는 무엇이 아니며 현재로 다가오는 것이다."56) 미래는 시간의 수원지 곧 근원이기 때문에, 미래의 종말론적 환희가 현재의 수난의 역사를 재해석하는 것이다. 희망은 현실보다 크며 위대하다. 이러한 희망의 미학적 종말론에 의해 역사가 재해석될 때, "삶은 투쟁이 아니라 미리 맛본 놀이(preplay)이며,

---

54) Moltmann, *Theology of Play*, 34. 키에르케고르(S. Kierkegaard)가 삶의 "윤리적" 단계보다 삶의 "미학적" 단계를 마지막 세 번째 "종교적" 단계에 더 가까운 것으로 본 점을 몰트만은 주목한다. 아브라함이 신앙의 아버지가 될 수 있었던 것도 이러한 도약이 가능했기 때문이다. 여기에 대해서는 ibid., 35를 참조하라.
55) Moltmann, *Theology of Play*, 36.
56) 위르겐 몰트만, "희망의 신학과 철학," 한국조직신학회 편,《희망과 희망 사이: 몰트만과 그의 신학》(서울: 한들출판사, 2005), 14.

준비하는 노동이 아니라 즐거운 미래의 삶을 미리 보는 것이다."[57] 부활의 아침은 역사의 십자가를 구속한다.

> 수난과 고통 속에서 물어진 '왜?'라는 고뇌의 질문은 설명을 허락하지 않는다는 사실에서 그 질문의 존엄한 위엄을 드러낸다. 그것은 오직 새로운 창조에 의해 대답될 수 있을 뿐이다. 거기서 다시는 슬픔도 울부짖음도 고통도 없을 것이다. 이전 것들이 다 사라져 버렸기 때문이다(계시 21:4).[58]

V. 놀이의 신론: 하나님은 아름다우신가?

몰트만은 유럽의 개신교 신학 전통에서 하나님을 감히 "아름다우시다"라고 말한 유일한 신학자로 칼 바르트를 높이 평가한다. 바르트가 구약과 신약에 드러난 하나님의 "영광"(kabod, doxa)을 하나님의 아름다움으로 재발견하였기 때문이다.[59] 영광은 하나님의 신성(神性)을 가리키는 미학적 개념이다. 이러한 하나님에 대한 미학적 인식은 동방교회의 영광송의 신학에서를 제외하고는, 서방교회와 특히 개신교 교회에서는 거의 망각된다. 대신 하나님의 "통치"(dominion)에 대한 윤리적인 해석이 주도하게 된 것이다. 몰트만은 이러한 미학신학의 부재를 교정하지 않으면 기독교가 또 다른 율법주의로 추락할 위험이 있다고 본다.

구약의 "카보드"(kabod)는 하나님의 구체적이고 가시적인 현현(顯現, theophanies)을 가리키는 말로 일종의 신비적 경험을 함의한다. 몰트만에 따르면, 구약성서는 하나님의 통치에 대한 윤리적 이해와 더불어 하

---

57) Moltmann, *Theology of Play*, 35.
58) Moltmann, *Theology of Play*, 36.
59) Moltmann, *Theology of Play*, 38. 바르트의 하나님의 "영광"에 대한 설명은 Karl Barth, *Church Dogmatics*, II. 1: *The Doctrine of God*, Part 1 (Edinburgh: T & T Clark, 1957), 640ff.을 참조하라.

나님의 영광에 대한 미학적 강조를 항상 함께 말한다. 하나님의 현현으로서의 카보드는 "인간이 감당할 수 없는 어떤 것"으로 묘사되는데, 하나님을 본 사람은 아무도 살 수 없기 때문이다(출애 33:20).[60] 그래서 모세는 야훼의 영광과 아름다움이 지나갈 때까지 바위틈에 몸을 숨겼고, 그 등만을 볼 수 있었다. 몰트만은 하나님의 카보드의 아름다움을 시인 릴케가 《두이노의 悲歌》(Duineser Elegien)에서 언급한 공포스러운 아름다움에 견준다: "아름다움은 공포의 시작이기 때문이다."[61] 몰트만은 구약성서의 예언자들이 도래하는 하나님의 통치와 약속을 선포할 때, 그것은 최종적으로 분석해 볼 때 하나님의 가시적 현현을 가리켰다고 본다. 하나님을 볼 것이라는 미래적 소망은 단지 그리스의 철학적 사유에 뿌리를 가지는 것이 아니라, 하나님의 궁극적이고 보편적 영화(榮化)와 새로운 피조물에 대한 히브리, "종말론적" 사유에 기원한다고 평가한다.[62]

신약성서의, "독사"(doxa)는 단지 성부의 신성뿐 아니라, 성자의 신성도 가리킨다. 성부의 영광에 의해 예수는 부활하였고, 성부가 그러한 예수에게 영광을 수여하였기 때문이다(로마 6:4; 벧전 1:21). 몰트만은 구약성서의 영광이 하나님의 미래에 대한 일종의 예견이었다고 한다면, 십자가에 달리신 하나님의 부활로서의 신약성서의 영광은 그러한 영광의 미래가 이미 현재에 도래하기 시작하였음을 알린다고 본다. 신약성서가 말하는 십자가와 부활의 변증법으로서의 "영광"을 이해하려면—비록 몰트만 자신은 이런 표현을 사용하고 있지는 않지만—우리는 기독론의 미학적 역설, 미학적 회심, 그리고 미학적 저항을 모두 말해야 한다.

미학적 역설(aesthetic paradox)은 예수 그리스도의 영광이 역설적이게도 곧 그의 수난과 죽음이라는 선포이다. 몰트만에 따르면, "예수의 수치의 십자가형은 곧(is) 그의 영광이다."[63] 이것은 언어의 역설적 교란

---

60) Moltmann, *Theology of Play*, 39.
61) Moltmann, *Theology of Play*, 40.
62) Moltmann, *Theology of Play*, 40.

을 넘어서 깊은 형이상학적이고 신학적인 통찰을 전달하는 진술이다. 그렇게 기다렸던 메시아적 영광이 수난의 십자가에서만 고스란히 드러난다는 기독론의 미학적 역설은 신성에 대한 고대세계의 전통적 이해를 완전히 끊어버리는 혁명적 도발이다. 이러한 십자가와 영광의 등치화(等值化)가 ㅡ "하나님의 영광에 대한 우리의 이해에 있어 일종의 근본적인 전환"을 가져온다고 몰트만은 본다.[64] 그러한 전환은 결코 연역적으로 사유된 결과가 아니라, 역사 속에서 계시된 사건의 결과이다. 영광이 드러나리라 전혀 기대되지 않았던 곳에서 하나님의 영광이 드러난 것이다. 기독론의 미학적 역설은 하나님의 아름다움이 십자가에서 계시되었다는 것이다.

미학적 회심(aesthetic conversion)은 역설적 아름다움의 계시에 대한 신앙의 응답이다. 십자가와 영광의 등치화는 기존의 통념적 가치체계를 전복시키고 교란시킨다. 십자가에 달리신 하나님은 추함의 아름다움과 아름다움의 추함을 동시에 계시하신다. "하나님의 영광은 피안적인 권세의 위용이 아니라, 자신을 비우지만 자신을 잃어버리지 않고 용서하지만 자신을 헐값에 팔아버리지 않는 사랑의 아름다움이다. … 십자가에 달리신 하나님의 영광은 모든 가치들의 전복(transformation of all values)을 가져오고, 그 스스로를 신처럼 영화롭다고 선언한 자들에게서 그 영광을 빼앗는다."[65] 여기서 우리는 둘 중 하나를 선택해야 한다. 세상의 가치체계를 그대로 따르거나, 십자가 밑에서 모든 가치들의 전복을 따르거나 양자택일해야 한다. 리차드 빌라데서(R. Viladesau)는 기독교 미학신학의 이러한 독특한 미의식을 표현하기 위해 최초로 미학적 회심이라는 표현을 제안한다. 그에 의하면, "'미학적 회심'이라는 관념은 우리가 예술에 대해 단지 기교, 상상력, 형식적 뛰어남 등의 척도를 가지고 판단할 수 있을 뿐 아니라, 또한 그것이 진리와 선의 계시에 가지는 관계에

---

63) Moltmann, *Theology of Play*, 40.
64) Moltmann, *Theology of Play*, 41.
65) Moltmann, *Theology of Play*, 41-42.

기초해서 판단할 수도 있다는 것을 함의한다."⁶⁶⁾ 현대 미학신학의 아버지인 폰 발타자(Hans Urs von Balthasar)도 십자가의 아름다움 밑에서 회심을 거치지 않은 철학적 미학을 단호히 거부한다.⁶⁷⁾ 오직 역사의 십자가에서 회심을 겪은 자만이 참된 아름다움을 볼 수 있다. 십자가에 달린 아름다움은 그 도덕적 얼굴을 계시한다.

마지막으로, 미학적 저항(aesthetic resistance)은 미학적 회심을 경험한 자가 실천하는 고난 받는 세계와의 연대의 표시이다. 이는 정치적·문화적 저항운동으로 이어진다. 회심은 단지 산 위에서 이루어질 수 있는 것이 아니라, 길에서 그리고 구체적 실천의 장에서 일어나야 하는 것이다. "하나님을 본다(vision)는 것은 영구적인 회개와 현재 조건들의 끊임없는 변혁을 통해서 십자가에 달리신 이를 좇을 때 그 생명력을 가진다."⁶⁸⁾ 미학적 저항은 세계가 가르쳐주는 '주인의 미학'에 저항하여 '희생자의 미학'을 옹호한다. 세계의 주인들은 그 부와 힘으로 영광을 과시하지만, 역사의 십자가에서 미학적 회심을 경험한 자는 그러한 아름다움의 추함을 보며 동시에 그리스도의 부서진 아름다움의 호소를 전파한다. 희생자의 미학은 아름다움이 도덕적 얼굴을 가지며, 또 도덕적 얼굴을 가져야만 한다고 선언한다. 몰트만이 "윤리와 미학의 관계"를 환원시킬 수 없지만 분리시킬 수도 없는 유기적인 변증법으로 본 이유가 바로 여기에 있다.⁶⁹⁾ 아름다움의 자유로운 놀이를 간과하면 신학은 다시 율법주의로 전락하게 될 것이고, 부서진 아름다움의 아픈 도덕적 호소를 듣지 못하는 신학은 이미 신학이기를 거부한 공허하고 귀먹은 취미생활로 전락할 것이다. 본회퍼(D. Bonhoeffer)는 그레고리오 성가를 부르기를

---

66) Richard Viladesau, *Theological Aesthetics* (Oxford: Oxford University Press, 1999), 211. 리차드 빌라데서/ 손호현 옮김,《신학적 미학》(서울: 한국신학연구소, 2001), 386.
67) Hans Urs Von Balthasar, *The Glory of the Lord: A Theological Aesthetics*. Volume 1: Seeing the Form (San Francisco: Ignatius Press, 1998), 38 참조.
68) Moltmann, *Theology of Play*, 44.
69) Moltmann, *Theology of Play*, 43.

매우 좋아했지만, 히틀러의 통치 아래 독일교회가 침묵할 때 "우리가 유태인을 위해 울지 못한다면 그레고리오 성가를 부를 권리도 없다"고 했다.70) 십자가의 아름다움이 계시하는 미학적 역설, 미학적 회심, 미학적 저항에 동참하지 않는 이는 하나님의 아름다움을 보지 못할 것이다. 십자가에 달리신 하나님이 아름다우시다.

이 글에서 우리는 몰트만의 놀이의 신학이 제시한 다섯 가지 중요한 생각들을 살펴보았다. 첫째, 우리는 현대의 업적 지향적이고 경제논리 중심적인 환경에서 놀이와 예술이라는 미학적 반(反)환경이 지닌 현실 전복성을 신학적으로 주목할 필요가 있다. 둘째, 하나님의 세계 창조는 단지 형이상학적인 필연성으로 설명될 수 없는 하나님의 존재케 하시는 자유와 기쁨의 표현이다. 셋째, 그리스도의 성육신은 비참한 죄의 현실을 구속하기 위한 필연성을 지니는 동시에, 그러한 필연성을 초월하여 하나님의 희비극(喜悲劇)으로서의 경이로운 자유를 드러낸다. 넷째, 위로받지 못한 역사의 신정론에 대한 갈망은 새로운 창조에 대한 희망의 종말론에 의해서만 대답될 수 있다. 마지막으로, 우리는 미학적 역설·회심·저항을 통해서 십자가에 달리신 하나님의 아름다움을 선포하여야 한다.

미국의 비평가들은 이러한 놀이의 신학에 어떤 반응을 보였을까? 몰트만은 신학이 도덕적으로 미화된 폭력의 수사학으로 하나님을 오용하고 이용하기를 그치고, 대신 하나님을 진정 즐거워하는 놀이의 미학적 실존방식으로 거듭나야 한다고 제안한다. 하지만 논평자 중 하나인 로버트 닐(R. E. Neale)은 몰트만이 가장 중요한 절정에서 놀이의 신학을 포기했다고 본다. 즉 십자가를 하나님의 놀이의 영역에서 제외시켰다는 것이다.71) 여기에 대해 몰트만은 이렇게 응답한다. "죽은 자가 다시 살아나고 만물이 새롭게 변화되어서 모두가 춤출 수 있는 그 때까지는 그리스

---

70) Moltmann, *Theology of Play*, 43.
71) Robert E. Neale, "The Crucifixion as Play," *Theology of Play*, trans. Reinhard Ulrich (New York: Harper & Row, 1972), 76-77.

도의 십자가는 여전히 걸림돌로 남는다. 그리고 아우슈비츠는 여전히 아우슈비츠로 남는다.… 놀이의 열광주의자가 되지 말고, 놀이의 변증법주의자(a dialectician of play)로 남아라!"[72] 십자가의 노동과 죽음을 심각하게 여기지 않는 놀이의 신학은 일종의 신적인 사랑의 자기 유희일 뿐이다(헤겔). 미학적 역설, 미학적 회심, 미학적 저항으로 이루어진 해방의 놀이는 그렇기 때문에 십자가의 부정의 노동을 피하지 않는다. 십자가의 노동과 부활의 놀이는 둘 모두 서로에게 결코 생략될 수 없는 타자이기 때문이다. 십자가와 부활 사이에서 이 둘을 함께 사는 것이 몰트만이 원했던 진정한 놀이의 변증법주의자로 남는 것이다.

---

72) Moltmann, *Theology of Play*, 112.

6장 한 멋진 삶의 풍경화: 유동식의 예술신학 연구

I. 한국 최초의 예술신학자 유동식

어떤 한 신학자의 개인사와 한국 신학 전체의 역사가 너무도 밀접하게 겹치는 경우는 그리 흔하지 않을 것이다.[1] 시대정신이 그러한 역사적 개인을 매개로 표현될 때 오직 가능한 일이다. 소금(素琴) 유동식(柳東植, 1922-) 선생에게서 우리는 그러한 예를 찾아볼 수 있다. 그는 한국의 신학계에서 시대정신의 감식자(鑑識者)라는 독특한 사상사적 위치를 차지하고 있다. 유동식 선생에게는 한국 최초의 신학자라는 명칭이 적절한 경우가 여러 번 있다.[2]

---

1) 이 글은 손호현, "한 멋진 삶의 풍경화: 유동식의 예술신학 연구", 〈문화와 신학〉 1집 (2007), 95-129에 발표되었던 것을 재수록한 것이다.
2) 김용옥에 따르면, "유동식 선생님의 책들은 한국적 신학의 남상(濫觴)이라고 보아야 한다. 앞으로도 영원히 빛날 시도이다. 한국감리교 교단의 건강한 정신을 대변하고 있으며, 우리민족 고유의 영성을 발현하여 외래 기독교를 토착화시킬 수 있는 실마리를 제공하고 있다." 김용옥,《요한복음강해》(서울: 통나무, 2007), 508. "남상"이란 양쯔 강(揚子江) 같은 큰 하천도 그 근원은 술잔을 띄울 만큼 좁다랗게 흐르는 시냇물이라는

첫째로, 그는 1954년 10월에 해방 이후 한국인 최초의 예수전이라 할 수도 있는《예수의 근본문제》를 출판했다.³⁾ 이때까지 서구 신학자들의 번역서 외에는 예수의 교훈의 핵심을 모아 펴낸 한국인 신학자의 예수전 저작이 없었다. "하늘나라", "심허(心虛)", "아버지"의 세 장으로 구성된 이 책은 한국의 토착적 복음이해의 단초를 마련한 시도이다.

둘째로, 그는 1959년에 루돌프 불트만(R. Bultmann)의 논문 "신약성서와 신화론"을《성서의 실존론적 이해》라는 제목으로 번역하여 한국에 불트만의 저작을 최초로 소개하였다.⁴⁾ 그때 간행한 3천부가 모두 나갔다고 하니, 당시 출판계의 규모를 고려할 때 이 책이 한국 신학계에 끼친 영향은 가히 짐작할 만한 것이다. 불트만의 비신화론화에 대한 그의 관심은 자연스럽게 복음의 선교와 토착화라는 해석학적 관심으로 다시 이어졌다.

셋째로, 유동식 선생은 한국에서 토착화(土着化) 신학의 논쟁을 일으킨 장본인이다. 1956년에 미국 보스턴으로 유학간 그는 거기서 존 맥쿼리(J. Macquarrie)의《실존주의 신학》과 불트만의《케리그마와 신화》라는 두 권의 책을 통해 불트만의 신학세계와 비신화론화 이론을 처음으로 접하게 된다.⁵⁾ 귀국한 후 그는 1962년에 감리교신학대학교 학보에 복음의 선교가 가지는 토착화의 문제점에 대한 글을 기고하였다. 이듬해에 전경연(全景淵, 1916-2004) 교수는 이 글에 대한 비판적 평가의 글

뜻에서, 사물의 처음이나 시작을 일컫는 말이다. 유동식 선생에 대한 "한국적 신학의 남상"이라는 그의 평가는 적절하다고 할 수 있다.
3) 유동식,《예수의 根本問題》(心友園, 1954).
4) R. 불트만/ 유동식 역,《聖書의 實存論的 理解》(서울: 新楊社, 1959). 이것은 불트만의 글 *Neues Testament und Mythologie*를 Reginald H. Fuller가 영역한 "New Testament and Mythology"를 다시 번역한 것이다.
5) John Macquarrie, *An Existentialist Theology: A Comparison of Heidegger and Bultmann* (London: SCM Press, 1955). Hans Werner Bartsch (ed.), *Kerygma and Myth: A Theological Debate With Contributions by Rudolf Bultmann* (London: S.P.C.K., 1953).

을 발표하게 된다. 이 두 신학의 거장들의 토착화 논쟁은 1963년 〈기독교사상〉의 지면을 계속해서 뜨겁게 달구었고, 이어서 윤성범 교수와 박봉랑 교수를 포함한 다른 여러 신학자들도 여기에 동참하였다.[6]

넷째로, 한국신학사상사(韓國神學思想史)라는 기존에는 없던 새로운 신학적 장르를 최초로 개척한 사람도 유동식 선생이다. 1968년부터 〈기독교사상〉에 게재하기 시작한 그의 한국 신학자들에 대한 역사적 고찰은 당시 서구의 수입된 신학만이 대접받던 분위기에서 한국 신학의 광맥을 발견한 중요한 사건이었다. 한국인 신학자들에 대한 한국인 신학자의 이런 내재적 평가는 이후 한국 신학의 주체성을 고양하는데 중요한 동인이 되었다. 이 글들은 후에《한국신학의 광맥: 한국신학사상사 서설》로 모아져 출판되었다.[7]

다섯째로, 그는 한국의 토착종교인 무교(巫敎)에 대한 역사적이고 신학적인 해석을 시도한 최초의 신학자이다. 앞서 탁사 최병헌(崔炳憲, 1858-1927) 선생은 주저인《만종일련(萬宗一臠)》(1922)에서 기독교가 단지 동양 종교들을 배척하지 않고 수용하고 완성해야 한다는 입장을 펼쳤다. 유동식 선생은 이러한 종교신학의 전통을 계승하며, 보다 구체적으로 한국의 종교인 무교에 대한 실증적이고 역사적인 사료연구와 함께 거기에 대한 신학적 성찰을 병행하였다.《한국 무교의 역사와 구조》가 이러한 노고의 학문적 결실이다.[8]

마지막 여섯째로, 유동식 선생은 한국에서 예술신학(藝術神學)이라는

---

[6] 처음 학보에 발표되었던 유동식 선생의 글은 그의 저서《道와 로고스: 宣教와 韓國神學의 課題》(서울: 대한기독교출판사, 1978)에 "福音의 土着化와 宣教的 課題"라는 제목으로 실려 있다. 전경연 교수는 다음해에 "기독교 문화는 토착화할 수 있는가?"를 〈신세계(新世界)(1963년 3월호)에 기고한다. 이어서 유동식 선생은 "基督教의 土着化에 대한 理解"(〈기독교사상〉, 1963년 4월호)를, 전경연 교수는 "基督教 歷史를 무시한 土着化 이론은 原始化를 의미"(〈기독교사상〉, 1963년 5월호)를 각각 싣게 된다.

[7] 유동식,《韓國神學의 鑛脈: 韓國神學思想史 序說》(서울: 전망사, 1982). 개정판이 2000년에 다산글방에서 출판되었다.

[8] 유동식,《韓國 巫敎의 歷史와 構造》(서울: 연세대학교, 1975).

미지의 분야를 개척한 최초의 신학자이다. 이미 6·25 전쟁 중에《택함 받은 나그네들에게》라는 기독교적 서사시를 발표하며 그는 신학, 회화, 그리고 문학이 결코 무관하지 않다는 것을 예감한다.[9] 예술과 신학은 시간과 영원이 만나는 사건을 표현하는 두 형제 양식이다. 이런 예감에서 시작된 그의 예술신학의 여로는 70년대 말에 탈춤과 같은 민중 예술에 대한 관심으로 이어졌고, 이제 새로운 천년을 맞이하며 그간의 예술에 대한 사유와 성찰을 모은 저작인《풍류도와 예술신학》으로 꽃피게 된다. 이 저작은 한국에서 "예술신학"이라는 제목을 담고 있는 최초의 신학적 저작이라는 의의를 가지는 것으로, 유동식 선생 특유의 자유로움과 그 끝없는 청년성이 잘 드러나고 있다. 그의 예술신학을 통해 이제 예술이 한국신학의 한 텍스트로서의 위치를 공고하게 획득하게 된 것이다.[10]

한국 신학이 보여주는 과감한 모험과 도전적 생산성은 이처럼 많은 부분에 있어 새로운 시대정신의 감식자로서의 유동식 선생에게 빚지고 있다. 필자는 이 소고에서《민속종교와 한국문화》(1978),《풍류도와 한국의 종교사상》(1997),《한국문화와 풍류신학》(2002),《종교와 예술의 뒤안길에서》(2002),《영혼의 노래》(2005),《풍류도와 예술신학》(2006), 《풍류도와 요한복음》(2007) 등의 저작들을 중심으로 유동식 선생의 예술신학의 풍경을 몇몇 해석적 주제들을 중심으로 재구성해보고자 한다. 먼저 토착화 신학으로서의 예술신학이라는 문제를 다룬 후에 예술신학의 배경과 구조, 삼위일체론적 예술신학, 그리고 예술과 악의 문제 등을 순차적으로 분석할 것이다.

---

9) 유동식,《택함 받은 나그네들에게》(전주: 南門外敎會基督靑年會刊行, 1951). 누가복음 15:11-24에 나오는 탕자의 이야기에 기초한 이 서사시는 두 개의 간단한 풍경 스케치도 담고 있다.

10) 유동식,《풍류도와 예술신학: 유동식 신학수첩》(서울: 한들출판사, 2006). 이신(李信) 교수의 박사학위논문 "The Phenomenon of Avant-garde Apocalyptic: Phenomenological Resources for the Interpretation of Apocalyptic"(Nashville: Vanderbilt University, 1971)도 함께 중요하게 언급되어야 할 것이다. 이 논문은《李信의 슐리얼리즘과 歲의 신학》(종로서적, 1992) 에 수록되어 있다. 이신 교수의 때 이른 죽음

II. 서양의 논리적·과학적 마음 바탕, 동양의 예술적·미학적 마음 바탕

한국이 죽어야 기독교가 산다? 기독교가 죽어야 한국이 산다? 이러한 질문을 다른 방식으로 물을 수도 있을 것이다. 과연 복음은 토착화될 수 있는가? 김동리의 소설《무녀도》는 외래종교인 기독교와 토착적인 한국문화의 비극적 충돌을 생생하게 문학적으로 증언한다. 한국문화가 서양에서 전해진 기독교를 버려야 한국적인 정신을 제대로 이어갈 수 있다고 보는 사람이 있는 것 같다. 혹은 기독교가 불필요한 불순물로서의 한국문화를 버려야 기독교의 순수성을 지킬 수 있다고 생각하는 사람도 있는 것 같다. 하지만 이런 국적 없는 신앙과 문화 없는 기독교가 어찌 한국인의 혼을 움직일 수 있겠는가? 김인서(金麟瑞, 1894-1964) 선생은 일찍이 이렇게 말한다.

> 번역신학(飜譯神學)과 고용(雇庸)신학에서는 조선의 영(靈)을 움직일 활력(活力)이 나오기 어렵습니다. 정통(正統)이라 할지라도 조선인 신앙정신에서 쏟아져 나오는 조선인 독창의 신학, 조선인의 손으로 발행하는 조선인 독립의 신학이래야 조선의 령을 움직일 수 있습니다.[11]

조선인 신앙정신에서 쏟아져 나오는 조선인 독창의 신학, 조선인 독립의 신학, 조선의 영과 조선의 혼을 담은 신학을 하려 한 이가 바로 소금 유동식 선생이다. 그러한 토착화 신학의 한 형태가 바로 풍류신학이며 예술신학인 것이다. 한국교회사 학자인 민경배 선생은 한국적 신학의

은 한국 예술신학의 발전에 큰 손실이 아닐 수 없다. 그에 대한 연구논문으로는〈신학과 세계〉2002년 봄호(통권 44호)에 실린 이정배 교수의 "李信의 예술신학 연구: 묵시문학적 상상력과 슐리얼리즘의 해석학"이 있다. 유동식 선생과 이신 교수 둘 다 신학자이면서 동시에 그림을 그린 화가이다.

11)〈신앙생활〉, vol. VI, no. 10, 10쪽 (1935년 11월). 민경배,《교회와 민족》(서울: 연세대학교 출판부, 2007), 275에서 재인용되고 있다.

형성과 민족교회론 사이의 상관관계에 주목하며, 유동식 선생의 업적에 대해 이렇게 말하고 있다. "감리교회가 한국에서 최병헌(崔炳憲, 1858-1927)과 같은 국학계 신학자들을 1900년대에 벌써 배출하고, 최근에 이르러서는 윤성범(尹聖範, 1916-1979)이나 유동식(柳東植, 1922-)과 같은 이들이 한국의 종교적 민속적 전통에서 기독교를 이해 해석해서 그 선교의 방도를 추구하고 있는 대담한 실험들이 다 이러한 감리교 본래의 광활한 신학적 바탕에서 비롯된 것이다. 확실히 한국 기독교에서 감리교처럼 이 국학에 대하여 남다른 정열을 보이고 있는 곳이 따로 없었다."[12]

그렇다면 한국적 신학은 왜 예술신학인가? 조선의 혼을 담은 국학적 신학은 왜 예술을 논해야 하는가? 유동식 선생은 한국인의 의식과 무의식에 놓인 가장 기본적인 영성적 바탕 혹은 궁극적 관심의 원형적 구조가 풍류도(風流道)라는 심미적·종교적 세계관이라고 본다. 바탕은 밭이다. 밭이 다르면 거기서 농부의 숨 고르는 법이 같을 리 없다. 또한 마음 바탕이 다르면 세상을 느끼는 법이 같을 수 없다. 유동식 선생의 해석학적 심전론(心田論)에 따르면, "천성 과학적이요 철학적인 서양의 마음과 천성 시(詩)적이요 종교적인 동양의 마음과는 호흡이 같을 리 없다."[13] 서양에서 논리가 보다 발전하고, 동양에서 예술이 보다 번창한 것은 결코 우연한 것이 아니다. 이런 문화의 뿌리가 다름을 망각하고 서양을 서투르게 모방만 하려는 한국 신학은 마치 "갓 쓰고 자전거 타는 격"으로 어색할 수밖에 없는 것이다.[14] 미학적 지평을 선이해의 조건으로 가지는 우리에게 가장 한국적인 신학은 예술신학인 것이다. 서양의 철학자 노드

---

12) 민경배,《교회와 민족》, 275.
13) 한국문화신학회 엮음,《한국문화와 풍류신학: 유동식 신학의 조감도》(서울: 한들출판사, 2002), 14. 한국인의 원형적 영성인 무교(巫敎)가 지닌 예술문화적 "오락성"(娛樂性)에 대해서는 유동식,《韓國宗教와 基督敎》(서울: 대한기독교서회, 1965), 36-37을 참조하라.
14)《한국문화와 풍류신학》, 16.

롭(F. S. C. Northrop)도 이와 유사한 관찰을 제공한다. "동양은 대체로 사물들을 미학적(美學的, aesthetic) 요소를 통해 탐구하여 왔고, 서양은 사물들을 이론적(理論的, theoretic) 요소를 통해 탐구하여 왔다."[15]

유동식 선생은 서구의 논리 중심적인 복음 해석의 한계를 극복하고, 한국의 심미적·예술적인 마음 바탕에서 복음을 전개시킨 이용도, 함석헌, 이연호 같은 예술신학의 선구자들을 주목한다. 특히 한국적인 신앙 체험에 입각한 이용도의 요한복음 이해는 유동식 선생의 한국적 예술신학의 여로를 마치 예언처럼 드러내어준다. 이용도에 따르면,

> 서양인은 공관복음적, 동양인은 요한복음적. 서양의 未完成品인 기독교에서는 만족을 얻을 수 없는 것이며 심령 방면, 신비 방면에서 새로운 것을 발견해야겠다. 동양적이란 것은 요한 발견적인 것이다.[16]

유동식 선생은《풍류도와 요한복음》에서 "기독교와 한국문화와의 구체적인 만남의 양상을 요한복음과 풍류도의 만남에서 보려고 한다."[17] 요한서신 주석에서 시작한 그의 한국적 신학이라는 사유의 길은 풍류도와 요한복음의 창발적 만남으로 꽃피고 있는 것이다. 그에게 제4복음서는 동양의 자연 중심적인 미학적 세계관과 서양의 말씀 중심적인 종교적 세계관을 다리 놓는 필연적인 매개체로서 이해된다. 요한복음의 핵심은 말씀이 육신이 된 그리스도이기 때문이다. 이처럼 한국의 토착화 신학으로서의 예술신학은 단지 기독교 외부로부터 오는 어떤 이질적 혹은 비신학적 영향에 기인한 것이 아니라, 기독교의 핵심 복음인 말씀의 육화하는 세계화·세계됨에 기초하고 있는 기독론적 신학이다. 바로 로고스의 성육신(成肉身, incarnation)이 예술신학의 뛰는 심장인 것이다.

---

15) F. S. C. Northrop, *The Meeting of East and West: An Inquiry concerning World Understanding* (Woodbridge, Connecticut: Ox Bow Press, 1979), 375.
16) 柳東植,《風流道와 한국의 종교사상》(서울: 연세대학교 출판부, 1997), 317.
17) 유동식,《풍류도와 요한복음: 유동식 신학수첩 2》(서울: 한들출판사, 2007), 16.

하지만 유동식 선생의 동양적인 심미적 세계관에 대한 관심을 단지 조잡한 오리엔탈리즘과 혼동해서는 안 될 것이다. 그는 동서양의 다른 문화를 단지 분리시켜 이질성과 우열을 논하려는 것이 아니라, 동서양이 공통으로 책임져야 할 문화형성의 사명을 위해 한국인이 보다 잘 기여할 수 있는 것이 무엇인지 살펴보아야 한다는 가르침이다. "곧 모든 문화사의 궁극적 지향은 창조주 하나님의 뜻의 실현에 있다. 그러므로 우주의 출발이 하나이듯, 동서 문화의 도달점도 하나이다."[18] 유동식 선생은 바로 이러한 창조적 문화형성의 공통적 사명을 위해 한국의 예술신학이 기여할 점이 분명 있다고 본다. 예를 들어 한국의 문화사를 보면 불교가 철학적 깊이를, 유교가 도덕적 정갈함을 보태었고, 이제 기독교가 예술적 상상력을 공헌해야 한다는 것이다. 또한 보다 거시적으로 세계의 문화사에서 볼 때도 이제 예술은 주변적 문제가 아니라 중심적 관심으로 대두되고 있다. "제1 천년기의 문화가 초월적인 종교에 치우친 종교문화였고, 제2 천년기의 문화가 세속에 치우친 세속문화였다고 한다면, 제3 천년기의 문화는 종교와 세속, 영원과 시간이 하나로 아우러진 임마누엘의 예술문화로 전개될 것이다."[19] 이제 서구가 꽃피운 "합리적 율법文化"와 한국이 꽃피운 "심미적 풍류文化"가 함께 숲을 이루며, 십자가의 저녁을 넘어 부활의 아침을 준비해야 한다.[20] 바로 그것이 그의 요한복음적 예술신학이 추구하는 동서양 문명의 대화인 것이다. "야곱의 우물"이 율법을 꽃피운 십자가의 문화라고 한다면, "단군의 우물"은 풍류도와 예술을 꽃피운 부활의 문화이다. 하지만 야곱의 우물과 단군의 우물이 오직 하나의 전체 숲에서 깊이 서로를 만날 때 영원한 생명의 문화를 흘려보내는 "예수의 우물"이 되는 것이다. 십자가와 부활의 만남이 복음원리의 핵심이다.

---

18) 《풍류도와 요한복음》, 43.
19) 《풍류도와 요한복음》, 47.
20) 《풍류도와 요한복음》, 155.

유대적 율법문화의 전통 위에 전개된 서구 기독교의 중심은 율법의 완성인 십자가에 있었다. 율법은 합리적인 법치주의를 낳고, 이것이 민주주의의 꽃을 피우기도 했다. 풍류문화의 전통 위에 전개되는 한국 기독교의 중심은 그리스도 안에서 하나님과 우리가 하나가 되는 부활에 있다. 거기에서 자유와 평화와 사랑의 기쁨을 낳는 한 멋진 삶의 풍류문화가 전개된다. 풍류도를 기저로 한 한국 문화는 과거에서처럼 앞날에도 예술적 문화의 전개를 통해 인류문화에 공헌할 수 있을 것이다. … 그런데 율법도 풍류도도 그리스도 안에서 그 완성을 볼 수 있었다. 그러므로 이제는 동서의 그리스도인들이 자신의 문화적 전통 위에 서서 서로 보완하는 가운데 조화로운 인류문화의 전개를 도모해야 할 것이다.[21]

III. 예술 기독론과 기독 예술론

예수와 예술은 시간과 영원이 만나는 두 사건이다. 유동식 선생은 예술이 지니는 존재론적 혹은 신학적인 의미를 예수 그리스도의 다리 혹은 길(道)과 같은 진리로 본다. 풍류신학에서 예술을 설명하는 것과 예수를 설명하는 것이 구조적인 유사성(parallel structure)을 드러내는 이유가 바로 여기에 있다. 먼저 예수를 예술적 의미로 사유하는 유동식 선생의 예술 기독론(藝術 基督論, Art Christology)에 따르면, 예수 그리스도는 시간과 영원 혹은 말씀과 육신을 매개하는 하나님의 궁극적 예술이다.

그리스도 안에서 영원과 시간이 만난 것이며, 하나님과 인간이 동행하게 된 것이다. … 역사적 예수는 전경이요, 하나님의 말씀은 후경이다. 그리스도는 실로 하나의 위대한 예술작품이요, 그의 복음은 예술이다.[22]

---

21) 《풍류도와 요한복음》, 66. "야곱의 우물," "단군의 우물," "예수의 우물"에 대해서는 같은 책, 48-66을 참조하라.
22) 《풍류도와 요한복음》, 46-47.

다음으로, 예술을 예수의 존재론적 혹은 신학적 의미를 통해서 사유하는 그의 기독 예술론(基督 藝術論, Christological Art)에서도 이러한 영원과 시간의 만남이라는 모티브는 그대로 이어진다. 영원과 시간의 만남인 예수의 존재론적 기적을 그대로 다시 재현하는 문화적 사건이 바로 예술이다.

> 예술이란 미적 이념의 형상화 작업이다. 미는 영원에 속한 것이요, 형상은 시간과 공간 세계에 속한 것이다. 그러므로 시공 안에 있는 예술작품이 전경이라면, 그 안에 내재해 있는 미적 이념은 후경이 되는 셈이다.[23]

> 종교가 신적인 영원을 추구하는 것이요, 문화가 인간적인 역사, 곧 시간과 공간 안의 현상이라고 한다면, 예술은 종교와 문화 사이, 하나님과 인간 사이에 다리를 놓는다. 예술은 곧 하나님과 인간 사이의 심연을 없이 하는 복음에 동참하는 것이다.[24]

신학에서 예수가 하나님과 인간 사이에 다리를 놓는 것으로 이해하듯, 문화에서 예술이 하나님과 인간 사이의 다리를 놓는 것으로 이해하는 것이다. 예수와 예술이 항상 만나야 하는 문화신학적 이유가 바로 여기에 있다. 결코 예술은 단지 세속적인 인간 창조활동일 수만은 없다. 나무가 그 기반인 땅에서 뽑혀서는 살 수 없기 때문이다. 시간과 영원, 흙과 영, 땅과 하늘을 만나게 하는 예술은 그러한 만남의 원형적 구조이며 하나님의 예술인 예수와 함께 사유되어져야 한다. 이것이 예술에 대한 신학적 해석을 할 수 있는 가장 중요한 근거를 제공하는 것이다.

예술은 종교의 전경이고, 종교는 예술의 후경이다. 예술은 종교에서 말하는 시간과 영원의 만남을 항상 암시적으로 지향하고 있으며, 종교는 그러한 만남을 예술을 통해 항상 문화적으로 표현하고 있다. 이처럼 예술과 종교의 상호 조명을 통해 예술이 신학에 주는 함의와 신학이 예술

---

23) 《풍류도와 요한복음》, 46-47.
24) 《풍류도와 예술신학》, 112.

에 주는 함의를 둘 다 성찰하려는 것이 유동식 선생의 예술신학이다.

> 예술신학은 예술의 신학인 동시에 신학의 예술이다. 예술현상에 대한 신학적 해석인 동시에 신학에 대한 예술론적 해석이다.[25]

예술을 통해 신학은 그 작업을 표현할 수 있는 개념들과 언어들을 제공받을 수 있으며, 동시에 예술은 신학을 통해 그 존재의 형이상학적 깊이를 드러낼 수 있다는 것이다. 예수와 예술은 둘이 아닌 하나이다.

유동식 선생의 예술신학이 형성되는데 있어 영향을 끼친 요소들은 다양하다. 하르트만의 미학이론, 틸리히의 문화신학과 예술신학, 하비 콕스와 몰트만의 놀이신학, 조선을 사랑한 일본인 야나기 무네요시의 예술관, 이용도의 시적인 서간집과 일기, 이연호의 그림, 요한복음, 그리고 무엇보다도 유동식 선생 자신의 회화 작품 활동을 들 수 있을 것이다. 여기서는 그 중에서 몇몇 영향들만을 보도록 하겠다.

하르트만(Nicolai Hartmann)은 《미학》(Ästhetik, 1953)에서 직접적이고 감각적인 "전경"(前景)으로서의 예술작품을 꿰뚫고 투시하여, 그것이 담고 있는 정신적 이념세계인 "후경"(後景)을 발견하고자 하였다.[26] 예술적 전경과 종교적 후경은 유기적으로 관련되어 있다. 어떤 정신적 소재로서의 후경이 아무 종류의 예술적 전경으로 드러날 수 있는 것도 아니고, 반대로 어떤 예술적 표현이 모든 이념세계의 후경을 전달할 수 있는 것도 아니다. 이러한 예술적 전경과 종교적 후경의 밀접한 관계는 이 둘을 함께 사유할 수 있는 기초를 제공한다. 이런 이유에서 하르트만은 창작과정과 해석과정을 서로 반대 방향으로 움직이는 인간 정신의 두 활동으로 보았다. 예술가의 창작이란 정신적 후경을 예술적 전경으로 가져오는 작업이며, 감상자의 해석이란 예술적 전경을 뚫고 정신적 후경을 향해 나아가는 작업이다. 서양의 예술신학에서 꼭 언급되어야 할 이가

---

25) 《한국문화와 풍류신학》, 225.
26) N. 하르트만/ 전원배 옮김, 《미학》 (서울: 을유문화사, 1995), 108.

폴 틸리히(Paul Tillich)다. 그는 예술신학(theology of art)을 자신의 문화신학(theology of culture)의 가장 중요한 예로 여긴다. 문화 혹은 예술과 같은 인간실존의 표현양식은 단지 고립적 현상이라기보다는 인간의 본질적인 종교적 깊이를 시공간의 형태로 드러낸 것이다. "문화는 종교의 표현 형식(a form of expression, *Ausdrucksform*)이며, 종교는 문화의 실체(substance, *Inhalt*)이다."[27] 일본의 지성인 야나기 무네요시(柳宗悅)도 예술과 종교의 뿌리를 하나로 보았다. "예술의 생명은 영원한 종교를 드러내 보이는 데 있다."[28]

유동식 선생은 이 모든 통찰들을 참조하셨지만, 이것들보다 선행하여 그의 예술론(藝術論)에 독자적인―어쩌면 가장 중요한―기초를 제공한 것은 영원한 로고스의 말씀이 역사 속의 한 인간이 되어 오셨다는 요한복음의 '로고스 기독론'(Logos Christology)이다. 영원이 시간 속에 들어왔으며, 말씀이 세계화되었다. 요한복음의 로고스 기독론은 유동식 선생의 독특한 우주론(宇宙論)이 전개될 수 있게 하였던 가장 중요한 논리적 전제이다. 시간과 공간이라는 범주 속에 존재하는 우주, 물질, 생명, 그리고 인간은 영원한 것이 아니라 하나님의 창조적 행동의 결과로서 시작된 "시공우주"(時空宇宙)의 구성요소이다. 이와는 대조적으로 창조되지 않은 영원한 초월적 세계가 바로 "영성우주"(靈性宇宙)로서, 삼위일체 하나님의 세계, 즉 하나님과 그에 속한 영성과 하나님의 말씀(로고

---

27) Paul Tillich, *What is Religion?* (New York: Harper & Row, 1969), 73; *Gesammelte Werke* (Stuttgart: Evangelisches Verlagswerk), 1:329. 김경재 선생은 신학적 방법론에 있어 유동식 선생과 폴 틸리히의 중요한 차이점을 지적하고 있다. "즉 '형식'과 '실체'를 대립적으로 구별하는 이원론적 사고가 틸리히의 명제 속에는 남아 있는데 반하여, 유동식의 종교-문화신학은 體-相-用이라는 유기체적 사유방식 안에서 형식과 실체의 상호침투성(mutual interpenetration), 상호의존성(mutual interdependence), 상호내포성(mutual containedness)이 작동하고 있는 것이다." 김경재, "종교 간의 만남에서 해석학적 접목모델," 소석 유동식 박사 고희기념논문집, 《韓國宗敎와 韓國神學》(서울: 한국신학연구소, 1993), 84.
28) 《풍류도와 예술신학》, 15.

스) 등으로 태초 이전부터 존재하는 우주이다. 유동식 선생은 영성우주가 시공우주 안으로 침투해 오는 사건이 바로 요한복음이 증언하고 있는 성육신의 사건, 즉 "우주를 창조하신 하나님의 말씀 곧 '로고스'가 인간이 되어 이 세상에 들어 왔다는 기독교적 표현"이라고 본다.[29]

이러한 거시적인 우주론은 미시적인 인간론(人間論)과 관련하여 영성, 종교, 예술에 대한 방법론적인 성찰로 발전된다. 유동식 선생은 인간의 "무의식"과 "의식"의 관계를 빙산의 예를 통해 설명한다. 예술문화와 종교문화는 함께 수면 위의 인간의 의식을 이루게 되고, 이것의 수면 밑에는 엄청나게 광활한 영성의 후경 혹은 깊이가 존재하고 있는 것이다. 이처럼 종교와 예술은 인간에게만 주어진 영성우주의 분리될 수 없는 두 가지 특권이다. 따라서 크게 보아서 무의식적 영성과 의식적 문화는 둘이면서도 하나로 이어져있고, 보다 작게는 의식적 문화의 두 양태인 예술과 종교도 둘이면서도 하나로 이어져있는 것이다. "영성과 종교문화는 둘이면서 하나요, 종교문화와 예술문화가 또한 둘이면서 하나이다. 그것은 하나의 빙산 위의 두 봉우리와도 같다." 유동식 선생은 무의식적 영성과 의식적 문화(종교, 예술)의 관계를 다음과 같은 그림으로 표현하고 있다.[30]

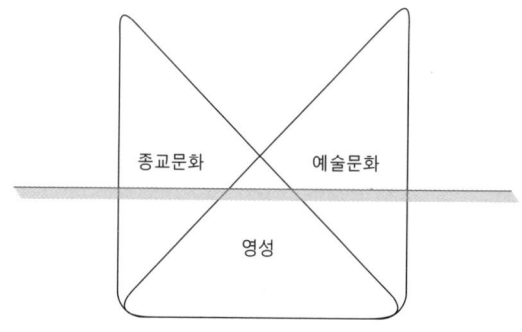

---

29) 《風流道와 한국의 종교사상》, 22.
30) 《風流道와 한국의 종교사상》, 29-30.

유동식 선생의 예술론, 인간론, 우주론, 기독론은 구조적 유사성을 지닌 전체와 부분의 역동적 관계를 보여준다. 마치 헤겔적인 원 속의 원의 순환(perichoresis)을 떠올리게 하는 그의 예술론(藝術論: 예술적 전경과 종교적 후경), 인간론(人間論: 의식적 문화와 무의식적 영성), 그리고 우주론(宇宙論: 시공우주와 영성우주)은 그 궁극적인 신학적 근거로서 영원한 말씀이 한 역사적 인간이 되었다는 요한복음의 로고스 기독론(基督論: 역사적 예수와 영원한 로고스)에 뿌리를 두고 있다. 예술론, 인간론, 우주론 모두 기독론이라는 하나님의 예술적 창조 사건의 구조적 특성을 거울 혹은 그림자처럼 반영하고 있는 것이다.

> … 그리스도의 탄생은 영원한 하나님의 로고스가 인간이 되어 예수로 오신 사건이다. 천지를 창조하시고 생명의 원천이 되는 로고스가 인간이 되어 이 세상에 오신 창조적 사건이었다. 역사적 예수는 우리의 감각으로 볼 수 있는 전경이요, 영원한 로고스는 우리의 신앙적 영안으로 통찰할 수 있는 후경이다. 그리스도 안에서 영원과 시간이 하나가 되었다. 이것은 그리스도로 말미암아 인간을 새로운 존재로 재창조하기 위한 하나님의 예술적 창조작업이었다.[31]

하나님의 우주적 예술은 인간의 문화적 예술의 존재론적 근거이다. 바로 그것이 말씀이 육신이 되었다는 요한복음적 미학신학의 핵심이다. 현대 미학신학의 거장 발타자(Hans Urs von Balthasar)도 "요한신학"에 근거하여 예수를 "하나님의 아름다움의 감각적 경험"(a *sensatio* of the divine beauty)이라 하였다.[32] 아무런 직접적 교류가 없었음에도, 유동식 선생과 발타자가 모두 예술신학 혹은 미학신학의 궁극적 근거를 요한복음의 로고스 기독론에서 찾은 것은 시사하는 바가 크다. 예수의 성육신이 모든 예술과 아름다움의 원형이라고 보고 있기 때문이다.

---

31) 《풍류도와 예술신학》, 117.
32) Hans Urs von Balthasar, *The Glory of the Lord: A Theological Aesthetics, vol. 1: Seeing the Form* (San Francisco: Ignatius Press, 1998), 234.

IV. 삼위일체 하나님과 한·멋·삶

유동식 선생의 신학적 사유는 철저하게 삼위일체론적(Trinitarian)이며, 그 통찰의 깊이와 구조적 조직성에 있어 아우구스티누스(Aurelius Augustinus)의 예술신학의 맥을 잇고 있다고 볼 수 있다. 아우구스티누스는 피조된 세계가 하나님의 "신성한 예술작품"(ars divina)이라고 하였다. 따라서 세계에는 "존재하는 모든 것들의 근원"인 성부와 "가장 완벽한 아름다움"인 성자와 "지고의 즐거움"인 성령의 삼위일체론적 "흔적"(vestigium)이 항상 드러난다는 것이다(De Trinitate, vi. 12). 이와 유사한 맥락에서 유동식 선생은 삼위일체의 흔적이 한국인의 민족적 영성인 풍류도(風流道)의 "한 멋진 삶"이라는 3·1적 구조에서 어떻게 드러나는지 분석한다.[33]

풍류도 영성은 어떤 구체적인 고대종교에 대한 명칭이 아니라, 한국인의 마음 바탕과 얼을 구성하는 "불변의 원리이며, 보편적인 것"이다.[34] 일본 민족의 영성이 무사도라고 한다면, 한국인에게 열어 주신 계시의 길이 심미적인 풍류도인 것이다. 물론 심미적 풍류개념은 동양 문화권이 일정 정도 공유하는 이상적 실존의 형태로서, 인생과 예술과 자연이 혼연일체가 된 경지이다. 하지만 이러한 동양 문화권에서 통용되는 일반적인 풍류의 의미와는 구별되게, 유동식 선생은 고유한 한국적인 영성으로서의 풍류도를 "종교적 기초를 가진 미의식"으로 규명한다.[35]

> 여기에서 사용된 '풍류'(風流)에는 두 가지 뜻이 들어 있다. 하나는 동양인에게 공통된 이상경에 대한 미적 개념이다. 일반적으로는 인생과 예술과 자연이 혼연일체가 된 경지를 뜻한다. 또 하나는 풍류라는 한자가 '부루'(불, 환, 하늘)라는 우리말의 이두식 표기라고 보는데서 오는 개념

---

33) 《한국문화와 풍류신학》, 56-57.
34) 《풍류도와 예술신학》, 23.
35) 《풍류도와 예술신학》, 22.

이다. 곧 제천의식에서 보듯 풍류도에는 하나님을 섬기는 종교적 개념이 들어 있다. 요약한다면, 풍류도는 종교·예술적 도리요 영성이다.[36]

풍류도는 이처럼 예술적 심미관과 형이상학적 종교관이 하나로 융합된 독특한 한민족의 세계인식의 틀이다. "단적으로 말해서, '풍류'는 예술적 미적 개념이요, '도'는 종교적 개념이다. 그러므로 '풍류도'는 종교·예술적 도리요 영성이다."[37]

중국과 일본과 한국 세 나라의 풍류사상을 대조한 한 연구에 따르면, 중국의 풍류개념이 주로 노장적(老莊的) 성향의 "정신의 자유분방함"을 특징으로 하고, 일본의 풍류개념이 "세련됨, 華美함, 장식성, 섬세함" 등과 같이 사물의 외면에 드러나는 미적 요소를 강조한다면, 한국의 풍류 개념은 "형이상학적 요소, 즉 宗敎性이나 思想의 측면"을 강조한다고 한다.[38] 한국의 풍류도는 고대 제천의례나 화랑도의 예에서 볼 수 있듯이, 예술적·심미적 전경을 통해 형이상학적·영성적 후경으로 나아가는 종교성에 그 독특성이 있는 것이다. 이런 측면에서 유동식 선생이 평생을 추구했던 풍류신학과 최근의 예술신학은 결코 이질적인 단절이 아니라 하나의 연속적인 사유의 흐름이다. 예술신학으로 만개한 것이 풍류신학이기 때문이다. 처음부터 그에게 종교와 예술은 둘이 아니었다.

유동식 선생은 최치원이 쓴 화랑 난랑의 비문에서 풍류(風流), 포함삼교(包含三敎), 접화군생(接化群生)이라는 한국인의 삼위일체론적 영성 구조를 발견한다. "풍류도가 얼의 본체라고 한다면, 포함삼교는 그 양상이요, 접화군생은 그 작용이다. … 멋(體)과 한(相)과 삶(用)은 서로 유기적인 관계를 가진 개념이요, 셋이면서 하나를 이루는 개념이다. '삶'이 사회 윤리적 존재를 뜻하고, '한'이 영적 종교적 존재를 뜻한다면, '멋'은 창조, 예술적 존재를 뜻한다."[39] 유동식 선생은 멋·한·삶 혹은 아름

---

36) 《풍류도와 요한복음》, 21.
37) 《풍류도와 요한복음》, 61.
38) 辛恩卿, 《風流: 동아시아 美學의 근원》(서울: 보고사, 1999), 64-65.

다움·진리·선함이 과거 서양의 형이상학적 삼위일체론이 범했던 종속론적 오류들에서처럼 어느 하나가 다른 것들을 지배하는 것으로 이해되어서는 안 되며, 서로가 서로의 안에서 내재적으로 순환하며 존재하는 체상용의 논리적 구조로 거듭나야 한다고 본다. 이 중 어느 하나에서도 신학은 시작할 수 있다. 그리고 그의 예술신학은 한국적 아름다움인 멋에서 시작하는 것이다.

유동식 선생은 삼위일체 하나님의 자취가 한국인의 한·삶·멋의 풍류도 영성(靈性)에서 발견될 뿐 아니라, 한국의 종교문화사(宗敎文化史)와 기독교 신학사상사(神學思想史) 같은 다른 영역에서도 또한 드러난다고 본다. "무교는 원시적 형태의 '멋'의 종교요, 불교는 철학적 '한'의 종교요, 유교는 윤리적 '삶'의 종교이다."[40] 그리고 기독교 신학에서 볼 때, 풍류도의 영성은 독특한 한국의 세 신학, 즉 종교신학, 민중신학, 예

---

39) 《풍류도와 예술신학》, 21, 26. 또한 풍류도의 체상용 구조에 대해서는 《風流道와 한국의 종교사상》, 340; 《한국문화와 풍류신학》, 105-107; 유동식, 《종교와 예술의 뒤안길에서: 종교와 예술이 어우러진 신학적 수필집》(서울: 한들출판사, 2002), 127-129를 참조하라.

김경재 선생의 논문 "유동식의 문화신학에서 삼태극적 구조론의 의미"(2007)는 풍류신학의 체상용 구조에 대한 아주 뛰어난 설명을 제공하고 있다. 이를 옮겨보면 다음과 같다: "체용은 어떤 하나의 실재 및 진리가 나타나는 과정에서 본질과 기능관계가 상호 불가분리적이며, 불가혼동적인 상호관계성을 가진다는 것을 나타내는 개념이다. 예를 들면, 본질과 현현의 관계, 형체와 기능 혹은 속성관계가 그것인데, 원래는 동일한 '하나'를 두 가지 원리로 나누어 파악하되, 체용에는 선후관계가 없고 상즉불리(相卽不離)를 강조한다. 체용론(體用論)에서 유의할 점은 성리학의 집대성자 주희가 말한 바처럼 '양(陽)의 측면에서 말하자면 양(陽)이 체(體)이고 음(陰)이 용(用)이며, 음의 측면에서 말하자면 음이 체이고 양이 용이다' 朱子語類, 권6). 주희의 이 말은 '체용 개념이 고정적으로 적용되는 것이 아니라, 관계를 나타내는 범주임을 단적으로 보여주고 있다.' 이 점은 뒤에 언급하겠지만, 소금선생의 풍류도에서 '한·멋·삶'을 체상용(體相用) 삼태극적 관계개념으로 설명할 때, 왜 '멋'을 '체'라고 보는지, 그리고 그렇게 볼 때 의미가 무엇인지 이해하는 실마리가 된다." 김경재, "유동식의 문화신학에서 삼태극적 구조론의 의미", 한국문화신학회, 〈문화와 신학〉 창간호 (2007년 10월), 31-60 참조. 인용문은 33.

40) 《風流道와 한국의 종교사상》, 74.

술신학을 낳았다. "민중신학이 접화군생하는 풍류도와 성육신하신 그리스도의 만남을 중심에 둔 신학이요, 종교신학이 포함삼교하는 풍류도와 천지의 주재자이신 하나님과의 만남을 중심에 둔 신학이라면, 좁은 의미의 풍류신학은 종교・예술적 풍류도와 창조적 성령과의 만남을 중심에 둔 신학이다.… 그러므로 성령과의 만남을 기초로 한 풍류신학은 성령의 신학이며, 문화의 신학이며, 예술의 신학이다."[41] 이처럼 유동식 선생의 풍류신학은 한국인의 영성구조, 한국의 종교문화사, 한국신학사상사 등에서 한 멋진 삶의 하나님을 발견하려는 전통적인 삼위일체론의 정당한 신학적 동기를 보여준다. 철저히 토착화된 삼위일체론이 바로 풍류신학인 것이다. "풍류신학은 풍류도의 눈으로 삼위일체 신을 신앙하고 신학화 하는 것이라 하겠다."[42]

V. 최초의 예술가 하나님

유동식 선생의 삼위일체론은 풍류도의 영성, 한국의 종교문화사, 한국신학의 발전사를 거쳐 예술신학의 성찰에 와서 그 절정에 이른다. "예술은 미적 이념의 형상화를 통해 새로운 세계를 열어가는 창조적 작업이다."[43] 그리고 이러한 형상화의 작업은 항상 새롭게 다른 시간과 다른 문화에서 다시 시도된다. 여기서 우리는 삼위일체의 흔적이 이번에는 예술의 세 요소인 미적 이념, 형상화의 창조적 작업, 그리고 새로운 예술작품으로 드러나는 것을 볼 수 있다. 성부 아버지 하나님은 미적 이념의 원천이며, 성자 하나님은 그러한 이념의 가장 완벽한 형상화이며, 성령 하나님은 인생을 그리스도의 행위예술로 다시 거듭나게 한다.

태초에 하나님의 예술이 있었다. 많은 오해들에도 불구하고 예술은

---

41) 《종교와 예술의 뒤안길에서》, 141. 또한 《風流道와 한국의 종교사상》, 174-175; 《풍류도와 예술신학》, 102를 참조하라.
42) 《한국문화와 풍류신학》, 64.

인간이 존재하면서 시작된 것이 아니다. 인간의 예술 이전에 하나님의 예술로서 우주창조가 있었다. "우주는 우연히 생긴 것이 아니라 하나님의 창조물이다. 창조작업은 창조주의 이념을 조형화하는 것이며, 궁극적으로는 자신의 역사적 실현 작업이다."[44] 즉 "하나님은 자신의 미적 이념을 형상화한 최초의 예술가시다."[45] 성부 하나님 혹은 내재적 삼위일체는 미적 이념 즉 형이상학적 정신세계에 속하는 진여(眞如) 혹은 아름다움의 이데아를 시공간에 실현시켜 천지와 인간을 만드셨다. 창세기 1:28의 하나님이 "자기의 형상"(imago Dei)대로 사람을 창조하셨다는 말은 하나님이 자신의 "미적 이념" 혹은 "미의 극치"로서의 "진 ? 선 ? 미로 상징되는 하나님의 완전성"을 표현하여 사람을 만드셨다는 뜻이다.[46] 이처럼 유동식 선생은 하나님의 형상을 인간의 이성 혹은 합리성과 동일하게 보는 기존의 지나친 지성주의적 해석을 경계하고, "하나님의 형상이란 예술가를 뜻한다"는 새로운 예술신학적 해석의 지평을 연다. 그리고 "예술가 하나님의 형상대로" 창조된 인간도 본질적으로 "예술가" 혹은 "종교-예술적 존재"인 것이다.[47]

그렇다면 예술가 하나님의 형상(*imago Dei*)과 예술가 하나님의 모방(*imitatio Dei*)은 결코 인간에게서 분리될 수 없다. "우주와 인생의 존재 이유는 하나님의 뜻인 아름다움(眞如)의 형상화에 있다."[48] 이러한 하나님의 창조 이유에 대한 유동식 선생의 설명은 화이트헤드의 과정철학적 설명을 연상시킨다. 둘 다 하나님의 우주창조의 원초적 이유를 새로운 문명적 가치의 예술적 창조로 보기 때문이다. 화이트헤드(A. N. Whitehead, 1861-1947)에 따르면, "하나님의 목적은 시간적 세계 내에

---

43) 《풍류도와 예술신학》, 112-113.
44) 유동식, "하늘 나그네의 사랑과 평화-풍류신학 풀이", 소석 유동식 박사 고희기념 논문집,《韓國宗敎와 韓國神學》(서울: 한국신학연구소, 1993), 13.
45) 《풍류도와 예술신학》, 116.
46) 《풍류도와 예술신학》, 116.
47) 《한국문화와 풍류신학》, 84. 또한 《종교와 예술의 뒤안길에서》, 18-19를 참조하라.
48) 《풍류도와 요한복음》, 27.

서 가치의 획득에 있다."⁴⁹⁾ 유동식 선생에 따르면, "그리스도인이 된다는 것은 바로 이러한 미적 가치를 생산하는 예술가가 된다는 뜻이다."⁵⁰⁾

유동식 선생은 예술신학이 종교신학(宗敎神學)의 발전을 위해서도 새로운 통찰을 제시할 수 있을 것으로 본다. 마리아상 조각으로 유명한 가톨릭 예술가 최종태 교수가 서울의 길상사에 관세음보살상을 조각한 일을 가리켜, "예술을 통한 종교신학의 새로운 차원을 열어준 사건"이라 평한다.⁵¹⁾ 하나님이 인간을 창조하실 때 옛 흙을 "없애버리는 것"이 아니라 그것을 "없애 가지고" 새로운 존재를 창조하신 것처럼, 예술적 창조 작업의 원리는 승화(昇華)에 있다. 이처럼 종교신학도 예술적 승화의 방법을 통해 한국의 전통종교를 단지 없애버리는 것이 아니라 없애 가지고 자기 성장을 도모할 때, 풍류신학은 또한 "풍유신학"(豊裕神學)이 될 것이다.⁵²⁾ 예술신학은 분명 종교들 간의 평화로운 만남에 공헌을 할 것이다. 피카소에 대한 타인의 열정을 존중하면서도 자신의 김홍도에 대한 사랑을 의심할 필요가 없듯이, 예술신학은 자신의 종교가 지닌 진리를 의심함이 없이 다른 종교들의 진리를 기꺼이 축하할 수 있는 마음의 미학적 영성을 가지게 할 것이다.

VI. 예수와 예술

신천옹 함석헌(咸錫憲, 1901-1989) 선생은 하나님의 아들을 "생명의

---

49) "The purpose of God is the attainment of value in the temporal world," A. N. Whitehead, *Religion in the Making: Lowell Lectures,* 1926 (New York: The Macmillan Company, 1926), 100.
50) 《풍류도와 요한복음》, 94.
51) 《종교와 예술의 뒤안길에서》, 104.
52) 《풍류도와 예술신학》, 38, 109-111. 김지하는 소금 선생의 풍류신학이 지닌 이러한 예술적 포월성을 가리켜 "한살림"의 사상이라고 해석한다. 김지하, "풍류정신을 되살리자", 《김지하 전집, 제1권 철학사상》 (서울: 실천문학, 2002).

뜻을 말하는 시"라고 부르며 이렇게 감탄했다. "그보다 더 큰 시가 어디 있느냐? 그 외에 또 시가 어디 있느냐." 이를 유동식 선생은 "하나님의 뜻을 드러낸 예수는 최대의 시요, 시인이다"라고 보다 폭넓게 해석한다.[53] 유동식 선생의 예술 기독론(藝術 基督論), 시 기독론(詩 基督論), 시인 기독론(詩人 基督論)을 차례로 보도록 하자.

이미 앞에서 예술 기독론을 언급했듯이, 유동식 선생의 가장 중요한 통찰 중의 하나는 예수가 하나님의 예술작품이라는 것이다. 예수의 탄생은 하나님의 이러한 예술작업의 역사적 현실화이다.

> 하나님이 우리와 함께 계시다는 '임마누엘'은 그리스도 안에서 성취되었다. 그리스도는 영원한 하나님의 말씀이 인간이 되어 이 세상에 오신 분이기 때문이다. 그리스도 안에서 영원과 시간이 만난 것이며, 하나님과 인간이 동행하게 된 것이다. 하나님과 인간이 동행하는 문화 곧 그리스도를 모신 문화는 예술적 문화이다. 예술이란 미적 이념의 형상화 작업이다. 미는 영원에 속한 것이요, 형상은 시간과 공간 세계에 속한 것이다. 그러므로 시공 안에 있는 예술작품이 전경이라면, 그 안에 내재해 있는 미적 이념은 후경이 되는 셈이다. 역사적 예수는 전경이요, 하나님의 말씀은 후경이다. 그리스도는 실로 하나의 위대한 예술작품이요, 그의 복음은 예술이다.[54]

> 풍류도의 초석은 신과 인간의 만남, 영원과 시간의 합일에 있다. 곧 '한'과 '삶'의 수렴에서 '멋'이 있게 되는 것이다. 이러한 사실을 역사화한 사건이 예수의 탄생이다. 그는 영원한 하나님의 말씀이 육신이 되어 시간 안에 들어온 존재이기 때문이다(요한 1:14). 예수는 실로 풍류도인이요, 풍류도 자체이기도 하다. 그리고 그는 우리가 또한 풍류도인이 되게 하는 길을 열어 주셨다. 그것이 그의 십자가와 부활이다.[55]

---

53) 《風流道와 한국의 종교사상》, 342.
54) 《풍류도와 요한복음》, 46-47.
55) 《풍류도와 요한복음》, 65.

예수의 탄생은 전무후무한 예술적 사건이다. 예술 기독론과 기독 예술론이 병행구조적 설명을 공유하는 이유가 여기에 있다. 예수는 하나님의 예술이며, 예술은 예수의 우주적 의미를 모방하는 것이다. 유동식 선생은 그러한 예술 기독론을 보다 심화시켜서 존재론적(ontological) 차원에서의 시 기독론과 기능론적(functional) 차원에서의 시인 기독론으로 발전시키고 있다.

먼저 유동식 선생의 시(詩) 기독론에 따르면, "시(詩)라는 한자는 말씀 언(言) 변에 모실 시(寺)로 되어 있다. 말씀이란 '로고스'요 하나님의 말씀이다. … 이 '말씀'을 모신 글이 곧 시이다."[56] 예수 그리스도는 후경인 하나님의 미적 이념 혹은 영원한 로고스가 전경인 나사렛의 한 역사적 청년으로 형상화된 위대한 예술작품이다. "역사적 예수는 우리의 감각으로 볼 수 있는 전경이요, 영원한 로고스는 우리의 신앙적 영안으로 통찰할 수 있는 후경이다."[57] 역사적 예수는 하나님의 시이고, 기독론 혹은 그리스도적 예수론은 곧 예술론이다.

예수는 인간의 제2 창조자, 인간 예술가이다. "본래적인 인간으로 회복하게 함으로써 새로운 존재가 되게 하는 인간 예술가이다."[58] 시 기독론이 예수의 인격에 집중하는 존재론적 기독론이라면, 시인(詩人) 기독론은 예수의 사역에 집중하는 기능론적 기독론이다. 예수 자신이 하나님의 시이듯, 예수는 죄인을 불러 하나님의 시로서의 형상을 다시 회복할 수 있도록 재창조하는 시인 예술가이다. "죄인을 불러 하나님의 자녀로 승화시키는 그리스도야말로 '최대의 예술가'라 하겠다(반 고흐)."[59] 예수는 인간들을 하나님의 아름다운 풍경화가 되게 하는 인간 예술가이다.

---

56) 유동식 엮음,《영혼의 노래: 휜돌 윤정은 시집》(서울: 한들출판사, 2005), 15.
57)《풍류도와 예술신학》, 117. 또한《風流道와 한국의 종교사상》, 352-353을 참조하라.
58) 유동식,《風流道와 韓國神學》(서울: 전망사, 1992), 179.
59)《風流道와 한국의 종교사상》, 356. 또한《한국문화와 풍류신학》, 84, 227-229를 참조하라.

유동식 선생은 예술신학이 민중신학(民衆神學)에도 공헌할 점이 있다고 본다. 민중신학이 한국의 군사독재시대에 민중의 정치경제적 억압을 대변한 것은 옳았다. 하지만 지금 민중을 억압하는 것은 정치경제라기보다는 현대문명의 성격 자체이다. 따라서 삶의 윤리적 차원의 강조만으로는 역사 속의 인간을 전인적으로 구원할 수 없는 것이다. "풍류신학으로서의 민중신학의 관심은 정치, 경제, 사회적으로 소외된 민중의 해방과 인간회복에 앞서 한국인의 얼인 풍류도를 상실한 민중의 인간 회복에 있다."[60] 민중신학에 시(詩)를 회복시키자는 것이다. 민중이 그 안에 존재하는 시성(詩性)을 다시 회복할 때, 민중은 시간과 역사의 주체적 예술가로 다시 서게 될 것이다. 예술은 위험한 기억이며 동시에 희망의 약속일 수 있는 것이다.

VII. 행위예술로서의 성례전

예술이 미적 이념의 형상화 과정을 거쳐 새로운 예술작품으로 거듭 완성되듯, 하나님의 인간 창조와 그리스도의 인간 재창조 과정은 성령을 통해 새로운 인간존재의 완성으로 나아간다. 창조적 자유의 바람을 상징하는 성령은 "문화를 창조하는 예술적 존재"이다.[61] 기독교의 성서에서 성령의 역사를 "바람의 흐름(風流)"에 비유하는 이유도 성령의 제어할 수 없는 예술적 창조성과 생동감 때문이다.[62] 풍류와 바람의 성령은 세계 안에 있는 창조적 행위예술의 하나님이다.

보다 구체적으로 유동식 선생은 기독교의 성례전(聖禮典, sacrament)

---

60) 《풍류도와 예술신학》, 104.
61) 《한국문화와 풍류신학》, 229. 성령과 예술작품 창작의 관계에 대한 신학적 고찰로는 Patrick Sherry, *Spirit and Beauty: An Introduction to Theological Aesthetics* (Oxford: Clarendon Press, 1992) 참조.
62) 《風流道와 한국의 종교사상》, 59.

전통을 성령의 행위예술(行爲藝術, performance art)로서 재규정하는 매우 독창적이고 생산적인 해석을 제공한다. 세례식과 성찬식이란 성령 하나님과 참여자 인간이 함께 연출하는 행위예술이다.

> 물과 성령으로 거듭난다는 것은 세례를 뜻한다. 세례란 십자가와 부활의 복음을 형상화한 예술이다. 예술이란 형식으로서의 전경과 그 내용으로서의 후경의 결합체이다. 예술에서 전경과 후경은 불가분리의 실존이 되는 것이다. 세례식은 복음에 동참하는 행위예술이다. 물은 세상적인 것이요, 성령은 하나님의 능력이다. 물론 베푸는 세례식을 통해 성령께서 사람들로 하여금 거듭나게 하신다. 곧 그리스도의 십자가와 함께 옛 사람은 죽고 그리스도와 함께 새로운 존재로 부활하는 것이다. 이것은 상징이 아니라 실존적인 현실이다. 우리는 눈에 보이는 세례식을 통해 그리스도의 구원사건에 동참함으로써 그와 하나가 되는 것이다. 이것을 가능하게 하는 것이 하나님의 능력이신 성령이다.[63]

> 성찬식에서 먹고 마시는 떡과 포도주 안에는 그리스도의 살과 피가 들어있다. 이 성찬식에 참여함으로써 우리는 그리스도와 하나가 된다. 곧 그의 영원한 생명을 소유하게 되는 것이다. 이것이 믿음이요, 예배의식이다.… 하나님이 주시는 영원한 영적 생명은 지적으로 파악함으로써 소유할 수 있는 것이 아니라, 그리스도의 십자가와 부활을 믿고 받아드림으로써 갖게 된다. 곧 그의 살을 먹고 피를 마심으로써 얻어지는 것이다. 이것을 형상화한 것이 세례식과 성찬식이다.[64]

세례식과 성찬식에 대한 행위예술적 설명은 이전까지는 없었던 기독교 성례전에 대한 독특한 해석이라고 볼 수 있다. 현대에 있어 가톨릭의 화체설(化體說, transubstantiation)이나 루터의 공재설(共在說, consubstantiation)이 이해할 수 없는 형이상학적 곡예로 여겨질 수도 있고, 쯔빙글리의 상징설(象徵說, symbolism) 혹은 기념설(記念說, memorial-

---

63) 《풍류도와 요한복음》, 73.
64) 《풍류도와 요한복음》, 89-91.

ism)이 종교적 신비를 간과하는 모더니즘의 위험성을 가지는 것으로 이해될 수도 있다면, 유동식 선생의 행위예술로서의 성례전 이해는 깊이 사유되어야할 새롭고도 중요한 신학적 제안일 것이다. 성례전은 단지 마술이나 상징을 넘어서 성령 하나님과 인간 참여자가 같이 만나서 수행하는 공동의 드라마 혹은 행위예술인 것이다. 일상의 예술과 종교적 성례가 둘이 아닌 이유가 또한 여기에 있을 것이다.

성령으로 거듭난 풍류객은 단순히 과거의 문화적이고 종교적인 유산을 발견하는데 그치지 않고 멋의 흥겨운 생동감, 멋의 초월적인 자유, 멋의 조화를 통해 새로운 이상적 실존의 형태를 열어 보인다. "풍류객은 단순히 스스로의 자유를 즐기는 존재일 뿐 아니라, '소리' 곧 '삶'의 문화를 창조하는 예술가이다. 성령을 속에 모신 풍류객은 막힌 담(죄)을 헐고, 자유와 사랑의 기쁨과 평화를 창조하며 살아간다. 이런 뜻에서 풍류신학은 성령의 신학이요, '멋'의 신학이다."[65] 여기서 멋 혹은 "아름다움이란 인생이 개입된 예술적 미"를 가리킨다.[66] 인생이란 성령이 그린 존재의 깊은 풍경화이다.

VIII. 악에 대항하는 저항의 힘으로서의 예술

악의 처절한 현실 앞에서 예술신학은 이빨 없이 유순한 배부른 자의 신학인가? 유동식 선생은 예술신학이 민중의 저항적 신학일 수 있다고 본다. 그는 악에 저항하는 네 가지 길을 말한다. 힘을 힘으로 대항하는 길, 타협하고 굴복하는 길, 도피하는 길, 그리고 노래와 춤이라는 예술적 차원에서 도전하는 길이 그것이다. 이 마지막 네 번째 길을 "예술적 방법"이라고 부른다.[67] 분노와 힘의 길이 아닌 한의 슬픔을 표출하는 예술

---

65) 《한국문화와 풍류신학》, 113.
66) 《風流道와 한국의 종교사상》, 61.
67) 유동식, 《民俗宗敎와 韓國文化》 (현대사상사, 1978), 10 그리고 12-13.

적 저항만이 진정한 용서와 평화 그리고 악의 극복을 가져올 수 있다는 것이다.

그는 처용가(處容歌)에서 예술적 저항의 한 중요한 예를 발견한다. 자기의 처가 악한 귀신에 겁탈당하는 사건을 직면하여, 처용은 악을 악으로 되갚지 않고 악을 슬퍼하고 또한 그 슬픔조차 유머로서 극복한다. "처용가의 특색은 무엇보다도 그 유모어에 있다.… 현실을 바라볼 수 있는 초월적 위치에 선 자만이 유모어를 가질 수 있다."[68] 악의 세력이 두려워하는 것이 바로 이러한 예술의 힘이다. 힘의 힘에 대한 저항보다 더 두렵고 무서운 것이 바로 예술적 저항이며 한의 저항이며 한풀이다.

웃을 수 있는 자는 초월할 수 있는 자이다. 악의 현실을 웃어버리는 유머에는 지극히 초월적인 혁명성이 담겨있다. 여기에는 동서양이 따로 없다. "黑人들은 노래로써 어두운 과거와 슬픔을 달래었고 희랍인 조르바는 춤으로써 괴로움과 절망을 극복하려 했다."[69] 또한 우리의 산대놀이와 봉산탈춤은 바로 이러한 예술적 유머의 반항과 혁명을 전형적으로 보여준다.

> 지배층이 외세와 합세하여 민중을 억압할 때 민중은 이에 대항하며 예술적 방법론을 몸으로 터득해 갔다. 그 전형적인 유산이 산대놀이나 봉산탈춤이 아닌가 한다. 민중을 멸시하던 타락한 양반층이나 승려 층을 야유하는 말뚝이는 민중의 유모어를 대변하는 존재이다. 한국적 슬기와 예술적 방법론은 이제 민중에게로 계승되어 가고 있다. 지배층이 감투와 도포자락 속에서 얼어붙어 있을 때 민중은 노래하며 춤을 추어 왔다. 노래와 춤이 있는 한 유모어가 있고, 유모어가 있는 한 승리의 길이 있다. 노래와 춤이 있는 한, 아무도 그들을 정복할 수 없다. 여기에 악의 세력에 대항하여 승리를 거두는 한국적 슬기가 있고 승리의 미래를 내다보는 우리들의 힘의 근거가 있다.[70]

---

68) 《民俗宗教와 韓國文化》, 13-14.
69) 《民俗宗教와 韓國文化》, 16.
70) 《民俗宗教와 韓國文化》, 24. 유동식 선생의 이러한 분석에는 몰트만과 더불어 Harvey

춤과 노래의 황홀경은 나를 잊는 경지이며, 이것은 바로 무(無)에 처한 나의 공(空)의 체험이다. 현실의 절대성을 유머로 부정하고 무를 가슴에 품고 사는 민중을 누가 대적할 수 있단 말인가?

위르겐 몰트만은《놀이의 신학》(Theology of Play)에서 놀이의 종교적 혁명성을 이렇게 증언한다. "놀이를 노는 자유에 대한 순수한 미학적 관심은 몇몇 고집스러운 리얼리스트 혁명가들이 주장하듯 단지 반동적(counterrevolutionary)이지만은 않다. 오히려 그것은 잘 알려져 있고 또한 계속적으로 관찰되듯, 변화에 대한 메시아적 희망을 보다 나은 세상에 대한 신비주의로 전환시킨다. 즉 외부적인 실망을 내향적인 관심으로 변신(metamorphosis)시키고, 정치적인 패배를 영혼에 대한 발견의 여행으로 변신시키는 것이다."[71] 바로 이러한 민중의 예술적 저항의 방법론에서 유동식 선생은 자신의 예술신학과 몰트만의 놀이의 신학이 서로 만나는 것을 발견한다. "굿놀이 탈춤에서 민중은 현실을 상대화함으로써 초월할 수 있었다. 이러한 뜻에서 탈춤은 인간 해방의 프로그램이기도 하다"(J. Moltmann).[72] 민중은 이 땅에서 하늘을 살아감으로써 유토피아적 저항의 혁명을 이어간다. 그리고 해학과 유머는 단순히 정치적

Cox의 The Feast of Fools: A Theological Essay on Festivity and Fantasy (Cambridge: Harvard University Press, 1969)의 영향이 일정 정도 작용하였다. 놀이나 유희가 지닌 신학적 해방성 혹은 자유성에 주목한 또 다른 이가 바로 김교신이었다. 그는 유희의 신학을 무교회주의의 한 유형적 신학으로 착상하게 된다. "유희(遊戱)란 것처럼 유쾌한 것은 없습니다. 유희는 체조가 아니요, 경기가 아니요, 물론 직업도 아닙니다. 유희에 의하여 이(利)를 탐하고자 함이 아니요, 당세(黨勢)를 확장하고자 함도 아닙니다. 도리어 신체의 피로(疲勞)를 초래할 수 있고 피복(被服)의 손상(損傷)을 받을 수 있을지라도 무아중(無我中)에 일심열중(一心熱中)하여 마지 않습니다. 그럼으로 우리는 영구히 '서생(書生)의 유희'를 계속할 것입니다."(《신앙저작집》, 제Ⅱ권, 246) 민경배,《교회와 민족》(서울: 연세대학교 출판부, 2007), 358에 재인용되고 있다.
71) Jürgen Moltmann, Theology of Play (New York: Harper & Row, 1972), 5.
72) 《民俗宗敎와 韓國文化》, 72. 또한 이현주, "한 멋진 삶의 예언자", 소석 유동식 박사 고희 기념논문집,《韓國宗敎와 韓國神學》(서울: 한국신학연구소, 1993), 90과 95-96 참조.

저항을 넘어서, 그리고 한의 슬픔도 넘어서, 신과의 합일을 향한 종교적 초월성의 경험으로 이어진다. 이것이 바로 삶과 몸으로 하늘에 그려낸 민중의 시이다. 민중신학과 예술신학은 바로 이러한 민중의 시성(詩性)에서 만나고 있다.

IX. 나오는 말 : 성령의 피리가 되어

태초에 하나님의 아름다운 사건이 있었다. 그리고 이천년 전 나사렛 예수의 아름다운 사건이 있었다. 그리고 이제 한국의 하늘과 흙과 바람의 흐름 속에 성령의 아름다운 사건이 일어나고 있다.[73] 소금 유동식 선생은 하나님의 아름다움에 취해 하늘 나그네가 된 시인이며 화가이며 신학자이다. 그가 그린 한 멋진 삶의 풍경화는 예수의 핵심을 그 매이지 않는 자유의 아름다움으로 보여준다. 예수의 근본문제는 하늘 나그네의 "심허속천"(心虛屬天), 곧 마음을 비우고 하늘에 속하는 절대 신앙이다.[74] 우리도 그렇게 하늘의 바람을 피리소리로 옮기라고 하신다. 한국의 흙과 땀과 눈물과 신명으로 신학을 하라고 하신다. 한국의 혼을 고스란히 담은 신학을 하라고 하신다. 조선의 영을 움직이는 성령의 피리가 되라고 하신다.

> … 소리의 창조이다. 바람은 소리를 낸다. 바람은 대상과의 만남을 통해 소리를 낸다. 소리는 바람과 피리 사이의 상관관계를 통해 창조되는 것이다. 바람은 하나지만 피리 따라 구멍 따라 다른 소리를 낸다. 성령은 바람이요, 우리는 피리이다. 성령으로 거듭난 우리는 성령께서 자유로이 연주하시는 피리이다. … 각자는 은사를 받은 대로 자기 소리를 내야 한

---

73) 연희전문대학 시절 유동식 선생은 윤동주 시인과 같은 기숙사 건물을 쓰며 알고 지냈다고 한다. 이처럼 한국인들의 예술적 영성은 화이트헤드가 말한 것처럼 우주에 객관적으로 불멸하는 가치로 영원히 하나님의 기억 속에 남을 것이다.

74) 《예수의 根本問題》, 57.

다. 그리하여 다른 악기들과 화음을 이루어 가야 한다. 인생과 성령의 역사는 하나님을 찬양하는 하나의 우주적 교향악을 전개한다. 우리는 성령께서 연주하시는 피리이다. 피리가 소리를 내기 위해서는 속이 비어있어야만 한다. 사욕으로 속이 가득 차 있는 한 피리는 소리를 낼 수 없다. 인생은 한 곡조의 피리소리이다. 각자는 성령의 역사에 힘입어 자신의 곡조를 연주해야 할 책임을 진 존재이다.[75]

---

75) 《풍류도와 요한복음》, 78.

참고문헌

김경재. "죽음의 영생과 그 현존 방식에 관하여: 개신교의 제례 토착화와 '성도의 교제'(communio sanctorum) 재해석". 〈문화와 신학〉 2 (2008), 9-29.
김용옥. 《요한복음 강해》. 서울: 통나무, 2007.
김지하. "풍류정신을 되살리자". 《김지하 전집, 제1권 철학사상》. 서울: 실천문학, 2002.
_____. "해제". 장파 저. 《동양과 서양, 그리고 미학》. 파주: 푸른숲, 1999.
맥그래스. 《역사 속의 신학: 그리스도교 신학 개론》. 서울: 대한기독교서회, 1998.
몰트만/ 한국조직신학회 편. 《희망과 희망 사이: 몰트만과 그의 신학》. 서울: 한들출판사, 2005.
민경배. 《교회와 민족》. 서울: 연세대학교 출판부, 2007.
불트만/ 유동식 역. 《聖書의 實存論的 理解: 新約聖書와 神話論》. 서울: 新楊社, 1959.
빌라데서/ 손호현 역. 《신학적 미학》. 서울: 한국신학연구소, 2001.
소석 유동식 박사 고희 기념 논문집. 《韓國宗敎와 韓國神學》. 서울: 한국신학연구소, 1993.
손호현. "그림은 '빈자(貧者)의 성서'(biblia pauperum)인가?: 그레고리우스 I세의 기독교 예술교육론". 〈기독교교육정보〉 제14집 (2006), 283-311.
_____. "몰트만의 놀이의 신학". 〈신학사상〉 137집 (2007), 129-159.
_____. "한 멋진 삶의 풍경화: 유동식의 예술신학 연구". 〈문화와 신학〉 1집 (2007), 95-129.
쉬벨부쉬/ 이병련 · 한운석 역. 《기호품의 역사: 파라다이스, 맛과 이성》. 서울: 한마당, 2000.
辛恩卿. 《風流: 동아시아 美學의 근원》. 서울: 보고사, 1999.
심광섭. 《기독교 신앙의 아름다움》. 서울: 다산글방, 2003.
유동식. 《택함 받은 나그네들에게》. 전주: 南門外敎會基督靑年會刊行, 1951.
_____. 《예수의 根本問題》. 心友園, 1954.
_____. 《韓國宗敎와 基督敎》. 서울: 대한기독교서회, 1965.

_____.《韓國 巫敎의 歷史와 構造》. 서울: 연세대학교, 1975.
_____.《道와 로고스: 宣敎와 韓國神學의 課題》. 서울: 대한기독교출판사, 1978.
_____.《民俗宗敎와 韓國文化》. 현대사상사, 1978.
_____.《韓國神學의 鑛脈: 韓國神學思想史 序說》. 서울: 전망사, 1982; 증보판, 서울: 다산글방, 2000.
_____.《風流道와 韓國神學》. 서울: 전망사, 1992.
_____.《風流道와 한국의 종교사상》. 서울: 연세대학교 출판부, 1997.
_____.《종교와 예술의 뒤안길에서: 종교와 예술이 어우러진 신학적 수필집》. 서울: 한들출판사, 2002.
_____.《풍류도와 예술신학: 유동식 신학수첩》. 서울: 한들출판사, 2006.
_____.《풍류도와 요한복음: 유동식 신학수첩 2》. 서울: 한들출판사, 2007.
유동식 엮음.《영혼의 노래: 흰돌 윤정은 시집》. 서울: 한들출판사, 2005.
이덕형.《비잔티움, 빛의 모자이크》. 서울: 성균관대학교 출판부, 2006.
이은선, 이경 엮음.《李信의 슐리얼리즘과 靈의 신학》. 종로서적, 1992.
임영방.《중세미술과 도상》. 서울: 서울대학교출판부, 2005.
타타르키비츠/ 손효주 역.《미학사 2: 중세미학》. 서울: 미술문화, 2006.
파노프스키/ 임산 역.《인문주의 예술가 뒤러》. 파주: 한길아트, 2006.
폴킹혼/ 이정배 역.《과학시대의 신론》. 서울: 동명사, 1998.
푹스/ 박건택 역.《신학으로 그림보기》. 서울: 솔로몬, 2007.
하르트만/ 전원배 역.《미학》. 서울: 을유문화사, 1995.
한국문화신학회 엮음.《한국문화와 풍류신학: 유동식 신학의 조감도》. 서울: 한들출판사, 2002.
화이트헤드/ 오영환 역.《과정과 실재》. 서울: 민음사, 1991.
화이트헤드/ 정강길 역.《형성과정에 있는 종교》. 서울: 동과서, 2003.

Adams, Marilyn McCord. *Horrendous Evils and the Goodness of God*. Ithaca and London: Cornell University Press, 1999.
Adams, Marilyn McCord and Robert Merrihew Adams. ed. *The Problem of Evil*. Oxford: Oxford University Press, 1990.
Adorno, Theodor. "Commitment"(1962). *Art in Theory, 1900-1990: An Anthology of Changing Ideas*. Eds. Charles Harrison and Paul Wood. Oxford, UK: Blackwell, 1992.
Anselm. *The Major Works*. Oxford: Oxford University Press, 1998.

Balthasar, Hans Urs von. *The Glory of the Lord: A Theological Aesthetics, Volume 1: Seeing the Form*. San Francisco: Ignatius Press, 1998.

_____. *Theo-Drama: Theological Dramatic Theory*. 5 vols. San Francisco: Ignatius Press, 1988-1998.

_____. *Theo-Logic: Theological Logical Theory*. vol. 1, *Truth of the World*. Trans. Adrian J. Walker. San Francisco: Ignatius Press, 2000.

_____. "In Retrospect." *The Analogy of Beauty: The Theology of Hans Urs von Balthasar*. Ed. John Riches. Edinburgh: T & T Clark, 1986.

_____. "Another Ten Years." *The Analogy of Beauty: The Theology of Hans Urs von Balthasar*. Ed. John Riches. Edinburgh: T & T Clark, 1986.

Bartsch, Hans Werner. ed. *Kerygma and Myth: A Theological Debate With Contributions by Rudolf Bultmann*. London: S.P.C.K., 1953.

Barth, Karl. *Dogmatics in Outline*. Trans. G. T. Thomson. London: SCM Press, 1949.

_____. *Church Dogmatics, II. 1: The Doctrine of God*, Part 1. Edinburgh: T & T Clark, 1957.

Baumgarten, Alexander Gottlieb. *Reflections on Poetry. Trans. Karl Aschenbrenner and William B. Holther*. Berkeley and Los Angeles: University of California Press, 1954.

_____. *Aesthetica*. Hildesheim: Georg Olms Verlagsbuchhandlung, 1961.

Brown, Frank Burch. *Religious Aesthetics: A Theological Study of Making and Meaning*. Princeton, New Jersey: Princeton University Press, 1989.

Calvin, John. *Institutes of the Christian Religion,* vol. 1. Philadelphia: The Westminster Press, 1960.

_____. *Commentaries on the Epistle of Paul the Apostle to the Hebrews*. Trans. John Owen. Grand Rapids, MI: Christian Classics Ethereal Library, 2005. Http://www.ccel.org.

Camille, Michael. "Seeing and Reading: Some Visual Implications of Medieval Literacy and Illiteracy." *Art History,* vol. 8, no. 1, 1985.

Capps, Walter H. "Theology as Art Form." *The Journal of the American Academy of Religion* 50, March 1982.

Chazelle, Celia M. "Pictures, books, and the illiterate: Pope Gregory I's letters to Serenus of Marseilles." Word & Image, vol. 6, no. 2, 1990.

Coleman, Earle J. *Creativity and Spirituality: Bonds between Art and Religion*. Albany: State University of New York, 1998.

Coomaraswamy, Ananda K. *The Transformation of Nature in Art: Theories of Art in Indian, Chinese, and European Medieval Art; Iconography, Ideal Representation, Perspective and Space Relations*. New York: Dover Publications, 1934.

Cox, Harvey. *The Feast of Fools: A Theological Essay on Festivity and Fantasy*. Cambridge, M.A.: Harvard University Press, 1969.

Daly, Mary. *Beyond God the Father: Toward a Philosophy of Women's Liberation*. Boston: Beacon Press, 1973.

Davis Stephen T. ed. *Encountering Evil: Live Options in Theodicy. New edition*. Louisville: Westminster John Knox Press, 2001.

DeHart, Paul J. Beyond the Necessary God. Georgia: Scholars Press, 1999.

Dostoevsky, Fyodor. *The Idiot*. Trans. Alan Myers. Oxford: Oxford University Press, 1992.

Duggan, Lawrence G. "Was art really the 'book of the illiterate'?." *Word & Image,* vol. 5, no. 3, 1989.

Eco, Umberto. *The Aesthetics of Thomas Aquinas*. Trans. Hugh Bredin. Cambridge, Mass.: Harvard University Press, 1988.

Elison, George. *Deus Destroyed: The Image of Christianity in Early Modern Japan*. Cambridge, MA: Harvard University Press, 1973.

Farley, Edward. *Faith and Beauty: A Theological Aesthetic*. Aldershot: Ashgate, 2001.

Freud, Sigmund. "The Relation of the Poet to Day-Dreaming"(1908). *Collected Papers*. vol. 4. London: The Hogarth Press, 1953.

_____. "Formulations regarding the Two Principles in Mental Functioning" (1911). *Collected Papers*. vol. 4. London: The Hogarth Press, 1953.

_____. *The Future of Illusion*. Trans. James Strachey. New York and London: W. W. Norton & Company, 1961.

_____. *Civilization and Its Discontents. Trans. James Strachey*. New York and London: W. W. Norton & Company, 1961.

Gadamer, Hans-Georg. *Truth and Method*. Second Revised Edition. New

York: Continuum, 1996.

Green, Garrett. *Imaging God: Theology and Religious Imagination*. Grand Rapid, Michigan: Eerdmans, 1989.

Gruchy, John W. de. *Christianity, Art and Transformation: Theological Aesthetics in the Struggle for Justice*. Cambridge: Cambridge University Press, 2001.

Haldane, J. B. S. "Science and Theology as Art-Forms." Ed. John Maynard Smith. *On Being the Right Size and other essays*. Oxford and New York: Oxford University Press, 1985.

Hamburger, Jeffrey F. *The Visual and the Visionary: Art and Female Spirituality in Late Medieval Germany*. New York: Zone Books, 1998.

Harrison, Carol. *Beauty and Revelation in the Thought of Saint Augustine*. Oxford: Clarendon Press, 1992.

Hegel, G. W. F. *Lectures on the Philosophy of Religion, Volume 1: Introduction and The Concept of Religion*. Ed. Peter C. Hodgson. Berkeley, Los Angeles, London: University of California Press, 1984.

_____. *The Difference between Fichte's and Schelling's System of Philosophy*. Trans. H. S. Harris and Walter Cerf. Albany: State University of New York Press, 1977.

Heidegger, Martin. *Identität und differenz*. Günther Neske Pfullingen, 1957.

Henry, Avril. *Biblia Pauperum: A Facsimile and Edition*. Ithaca, New York: Cornell University Press, 1987.

Hick, John. *Evil and the God of Love*. Revised edition. San Francisco: Harper & Row, 1977.

Hodgson, Peter C. *The Mystery beneath the Real: Theology in the Fiction of George Eliot*. Minneapolis: Fortress Press, 2000.

Hume, David. *Principal Writings on Religion including Dialogues Concerning Natural Religion and The Natural History of Religion*. Ed. J. C. A. Gaskin. Oxford and New York: Oxford University Press, 1993.

John of Damascus. *On the Divine Images*. Tr. David Anderson. Crestwood, N.Y.: St. Vladimir's Seminary Press, 1980.

_____. *Three Treatises on the Divine Images*. Tr. Andrew Louth. Crestwood., N.Y.: St. Vladimir's Seminary Press, 2003.

Jüngel, Eberhard. *God as the Mystery of the World*. Edinburgh: T. & T. Clark, 1983.

_____. *Theological Essays II*. Ed. J. B. Webster. Edinburgh: T&T Clark, 1995.

Kant, Immanuel. *Critique of Pure Reason*. Trans. W. S. Pluhar. Indianapolis: Hackett Publishing Company, 1996.

_____. *Critique of the Power of Judgment*. Trans. P. Guyer and E. Matthews. Cambridge: Cambridge University Press, 2000.

Kaufman, Gordon D. *An Essay on Theological Method*. Atlanta: Scholars Press, 1975.

_____. "Theology as Imaginative Construction." *Journal of the American Academy of Religion* 50, March 1982.

Kelly, Joseph F. *The Problem of Evil in the Western Tradition: From the Book of Job to Modern Genetics*. Collegeville, Minnesota: The Liturgical Press, 2002.

Leeuw, Gerardus Van der. *Sacred and Profane Beauty: The Holy in Art*. Trans. David E. Green. New York: Holt, Rinehart and Winston, Inc., 1963.

Leibniz, G. W. *Theodicy: Essays on the Goodness of God, the Freedom of Man and the Origin of Evil*. Ed. Austin Farrer. Trans. E. M. Huggard. Chicago and La Salle, Illinois: Open Court, 1990.

_____. *Philosophical Essays*. Trans. R. Ariew and D. Garber. Indianapolis & Cambridge: Hackett Publishing Company, 1989.

Levinas, Emmanuel. "Reality and Its Shadows." *The Levinas Reader*. Ed. Sean Hand. Oxford, UK: Blackwell, 1996.

Lindbeck, George A. *The Nature of Doctrine: Religion and Theology in a Postliberal Age*. Philadelphia: The Westminster Press, 1984.

Lovejoy, Arthur O. *The Great Chain of Being: A Study of the History of an Idea*. Cambridge, MA: Harvard University Press, 1939.

Macquarrie, John. *An Existentialist Theology: A Comparison of Heidegger and Bultmann*. London: SCM Press, 1955.

Maritain, Jacques. *Art and Scholasticism with Other Essays*. New York: Charles Scribner's Sons, 1930.

_____. *Creative Intuition in Art and Poetry*. New York: Pantheon Books,

1953.

Martin, James Alfred. Jr. "The Significance of Aesthetics for Theology as Imaginative Construction." *The Journal of the American Academy of Religion* 50, Mr 1982.

_____. *Beauty and Holiness: The Dialogue between Aesthetics and Religion*. Princeton, NJ: Princeton University Press, 1990.

McFague, Sallie. *Metaphorical Theology: Models of God in Religious Language*. Philadelphia: Fortress Press, 1982.

McGrath, Alister E. *Christian Theology: An Introduction*. Oxford: Blackwell, 1997.

Miles, Margaret R. *Reading for Life: Beauty, Pluralism, and Responsibility*. New York: Continuum, 1997.

Moltmann, Jürgen. *Theology of Play*. Trans. Reinhard Ulrich. New York: Harper & Row, 1972.

Northrop, F. S. C. *The Meeting of East and West: An Inquiry concerning World Understanding*. Woodbridge, Connecticut: Ox Bow Press, 1979.

Ogden, Schubert M. *On Theology*. Dallas: Southern Methodist University Press, 1986.

Otto, Rudolf. *The Idea of the Holy*. London: Oxford University Press, 1950.

Oulton, John E. L. and Henry Chadwick. eds. *Alexandrian Christianity: selected translations of Clement and Origen*. Philadelphia: The Westminster Press, 1954.

Palmer, Michael F. *Paul Tillich's Philosophy of Art*. Berlin: de Gruyter, 1984.

Pannenberg, Wolfhart. *Systematic Theology*. vol. 2. Trans. Geoffrey W. Bromiley. Grand Rapids, Michigan: William B. Eerdmans Publishing Company, 1994.

Pattison, George. *Art, Modernity and Faith: Towards a Theology of Art*. Basingstoke: Macmillan, 1991.

Pelikan, Jaroslav. *Imago Dei: The Byzantine Apologia for Icons*. Princeton, New Jersey: Princeton University Press, 1990.

Plantinga, Alvin C. *God, Freedom, and Evil*. Grand Rapids, Michigan: William B. Eerdmans Publishing Company, 1977.

Plotinus. The Enneads. *Trans. Stephen MacKenna.* New York: Larson, 1992.
Pöltner, Günther and Helmuth Vetter. ed. *Theologie und Ästhetik.* Wien, Austria: Herder & Co., 1985.
Quinn, Philip. "God, Moral Perfection, and Possible Worlds." *God: The Contemporary Discussion.* Ed. F. Sontag and M. Bryant. New York: The Rose of Sharon Press, 1982.
Rahner, Karl. "Poetry and The Christian." *Theological Investigations.* vol. 4. London: Darton, Longman & Todd, 1966.
_____. "Purgatory." *Theological Investigations.* vol. 19. New York: Crossroad, 1983.
_____. *Spirit in the World.* Trans. William Dych. New York: Continuum, 1994.
Ricoeur, Paul. *The Conflict of Interpretations.* Ed. Don Ihde. Evanston: Northwestern University Press, 1974.
_____. "Evil, A Challenge to Philosophy and Theology." *Journal of the American Academy of Religion* 53.4, December 1985.
Sahas, Daniel J. *Icon and Logos: Sources in Eighth-Century Iconoclasm.* Toronto: University of Toronto Press, 1986.
Santayana, George. *The Sense of Beauty: Being the Outline of Aesthetic Theory.* 1896; reprint ed., Dover Publications, 1955.
Schaff, Philip and Nenry Wace. eds. *The Seven Ecumenical Councils.* Peabody, MA: Hendrickson, 1995.
Schiller, Friedrich. *On the Aesthetic Education of Man.* Trans. E. M. Wilkinson and L. A. Willoughby. Oxford: Clarendon Press, 1967.
Sherburne, Donald W. *A Whiteheadian Aesthetic.* New Haven: Yale University Press, 1961.
Sherry, Patrick. *Spirit and Beauty: An Introduction to Theological Aesthetics.* Oxford: Clarendon Press, 1992.
Surin, Kenneth. *Theology and the Problem of Evil.* Oxford: Basil Blackwell Inc., 1986.
Tatarkiewicz, Wladyslaw. *History of Aesthetics, Volume II, Medieval Aesthetics.* The Hague and Paris: Mouton, 1970.
Taylor, Mark C. and Esa Saarinen. *Imagologies: Media Philosophy.* London:

Routledge, 1994.
Tilley, Terrence W. *The Evils of Theodicy*. Washington, D.C.: Georgetown University Press, 1991.
Tillich, Paul. *Systematic Theology*. Chicago: University of Chicago Press, 1951-63.
_____. *Theology of Culture*. New York: Oxford University Press, 1959.
_____. *What is Religion?* New York: Harper & Row, 1969.
_____. *On Art and Architecture*. Ed. John Dillenberger and Jane Dillenberger. New York: Crossroad, 1987.
_____. "Zur Theologie der bildenden Kunst und der Architektur." Main Works / Hauptwerke. Ed. Carl Heinz Ratschow. vol. 2. Berlin and New York: De Gruyter, 1990.
Towne, Edgar A. "Imaginative Construction in Theology: An Aesthetic Approach." *American Journal of Theology & Philosophy*. vol. 19, no. 1, January 1998.
Tracy, David. *The Analogical Imagination*. New York: Crossroad, 1991.
Viladesau, Richard. *Theological Aesthetics*. Oxford: Oxford University Press, 1999.
_____. *Theology and the Arts: Encountering God through Music, Art and Rhetoric*. New York and Mahwah, NJ: Paulist Press, 2000.
Von Rad, Gerhard. *Old Testament Theology*, vol. 1. New York: Harper & Row, 1962.
Weber, Max. *The Protestant Ethic and the Spirit of Capitalism. Trans. Talcott Parsons*. New York: Charles Scribner's Sons, 1930.
Whitehead, A. N. *Religion in the Making*. New York: Macmillan Company, 1926.
_____. *Process and Reality*. Corrected edition. New York: Free Press, 1978.
Wittgenstein, Ludwig. *Tractatus Logico-Philosophicus*. London and New York: Loutledge, 1961.
Wolterstorff, Nicholas. *Art in Action: Toward a Christian Aesthetic*. Grand Rapids, Michigan: William B. Eerdmans Publishing Company, 1980.